戰國文字編

顧　　問　李學勤

主　　編　湯餘惠

副 主 編　賴炳偉

編　　纂　徐在國　吴良寶

海峽出版發行集團

THE STRAITS PUBLISHING & DISTRIBUTING GROUP

福建人民出版社

圖書在版編目(CIP)數據

戰國文字編/湯餘惠主編.2版
—福州:福建人民出版社,2015.12(2020.7重印)
ISBN 978-7-211-07240-8

Ⅰ.①戰… Ⅱ.①湯… Ⅲ.①漢字—古文字—研究—戰國時代
Ⅳ.①H121

中國版本圖書館CIP數據核字(2015)第256213號

ISBN 978-7-211-07240-8

戰國文字編
ZHANGUO WENZI BIAN

主　　編：湯餘惠　　扉頁題字：湯餘惠
責任編輯：賴炳偉　　封面設計：黄　勤
出版發行：福建人民出版社　　電　　話：0591－87533169（發行部）
網　　址：http://www.fjpph.com　　電子郵箱：fjpph7211@126.com
地　　址：福州市東水路76號　　郵政編碼：350001
經　　銷：福建新華發行（集團）有限責任公司
排　　版：上海傑申電腦排版有限公司
地　　址：上海新閘路1209弄60號　　郵政編碼：200041
印　　刷：福州德安彩色印刷有限公司
地　　址：福州金山工業區浦上標準廠房B區42幢　　郵政編碼：350008
開　　本：787mm×1092mm　1/16
印　　張：75.75
版　　次：2015年12月第2版　　2020年7月第2次印刷
書　　號：ISBN 978-7-211-07240-8
定　　價：360.00元

修訂説明

《戰國文字編》二〇〇一年出版以來，得到廣大讀者的關注和好評，於二〇〇三年榮獲第六届國家圖書奬提名奬。這期間也收到一些學界讀者對本書提出的寶貴意見，在此我們表示衷心的感謝。

這次重印修訂原則上尊重原著的學術觀點和編纂體例，主體内容和釋字不作大的變動。修訂工作主要是：一、勘正初版編排録入所致的訛誤；二、更换去一些不清晰的字形；三、調整部分字形的援引資料出處；四、删除重複、殘泐嚴重的字形；五、增補個别初版編排疏漏的字目和字形。

福建人民出版社
二〇一五年十二月

序言

《戰國文字編》一書，由湯餘惠教授任主編，賴炳偉任副主編，徐在國、吴良寶共同編纂，經過多年努力，終告完成，蒙福建人民出版社刊行。这部書規模宏大，材料豐富，匯集了學術界最新研究成果，無疑將和《甲骨文編》、《金文編》等名作一樣，成爲所有關注古文字人們案頭必備的工具書。

戰國文字包括秦文字與六國文字，是中國古文字發展中的一個特殊階段。这個歷史時期，如許慎《説文解字·叙》所説，出現了分歧混亂的局面。及至秦代統一，『丞相李斯乃奏同之，罷其不與秦文合者』。漢以下通行文字只上承秦文字傳統，六國文字於是不再爲一般人所能讀解。

六國文字的發現和研究，事實上在漢初已經開始了。漢惠帝四年（公元前一九一年），除挾書律，結果在秦暴政下隱藏的古文舊書陸續出世，例如張蒼獻《左傳》，顔芝獻《孝經》之類，这些書籍自然都是以六國文字書寫的。特別是景帝晚年，魯恭王壞孔子宅，從壁中得到古文《尚書》等等，經博士孔安國隸定釋讀，爲學術史上的重大事件。古文之學，由此勃興。以前秦書八體，不含古文，到西漢末的六書，首先就是『孔子壁中書』的古文，其次還有『古文而異』的奇字。看《説文》所收古文、奇字，以及魏三體石經的古文，可知都是本於六國文字。

儘管許慎已提到『往往於山川得鼎彝』，但源自六國文字的古文，由漢至唐一直是古文字研究的主體。正是出於这樣的原因，西晉初荀勖、束皙等人才能順利地釋讀當日發現的汲冢竹書。五代末至宋初郭忠恕所編《汗簡》，和稍晚一些夏竦在《汗簡》基礎上纂成的《古文四聲韻》，可稱这種古文之學的小結。

情況到北宋後期有了改變。先是有歐陽修等學者提倡，繼之受朝廷的鼓勵，商周青銅器的收藏蔚然成風，從而古文字研究的中心轉移至金文。《汗簡》、《古文四聲韻》那種古文開始顯得不夠高古，隨後竟深受譏評，被指爲上不若商周，下不合《説文》，原來的古文之學遂漸歸湮没。

學術界重新把目光集中到戰國文字上來，已經是現代的事了。最近我有小文[二]，説明現代的戰國文字研究肇端於王國維先生。王國維曾長期從文獻和文字學角度探討晚清以來學者熱中討論的『古文』問題，他研究《説文》的古文、籀文，寫出了名文《史籀篇疏證序》、《戰國時秦用籀文六國用古文説》、《桐鄉徐氏印譜序》等，揭示戰國文字西土、東土的區分，反駁許書古文爲漢人僞造之論，實有鑿破混沌之功。

王國維的卓識表現在他整體地考察戰國文字。戰國文字研究的一個難點，是其材料的零碎分散。王國維指出：商代以至春秋的文字有甲骨金文，戰國重要金文數少，『幸而任器之流傳乃比殷周爲富，近世所出，如六國兵器，數幾逾百，其餘若貨幣，若璽印，若陶器，其數乃以千計，而魏石經及《説文解字》所出之壁中古文亦爲當時齊魯間書。此數種文字皆自相似，……而同時秦之文字，則頗與之異』[二]。只有將戰國文字看作古文字演進的一個階段，真正的深入研究始有可能。

進一步刺激戰國文字研究的，是有關文物的大量出土。其間影響最大的，首推一九三三年安徽壽縣李三孤堆楚金文與一九四二年湖南長沙子彈庫楚帛書这兩大發現。因其性質十分重要而文字又甚難辨識，使學者們認識到推進戰國文字研究的必要。雖然當時的戰争動蕩延緩了这一趨勢，到五十年年代，戰國文字研究終於有了明顯進展。

和别的學科一樣，中國古文字學在改革開放後前進非常迅速。戰國文字研究这時已形成古文字學的一個主要分支，有不少專攻的學者。近年，楚簡連續被發現，如荆門包山、郭店，還有上海博物館藏的幾批，珍貴異常，更成爲海内外學術界關注熱點。

吉林大學自七十年代末即成爲戰國文字研究的中心之一。于省吾先生門下，这方面的學者輩出，多有重大貢獻，湯餘惠教授即其間突出的一位。他是長春市人，生於一九四三年，一九六六年在吉大歷史系畢業，一九七八至一九八四年師從于省吾先生爲研究生，先後取得碩士、博士學位，曾任吉大古籍研究所古文字教研室主任、教授、博士生導師。他精習甲骨金文，尤重戰國文字研究，著述衆多，影響深遠。一九九三年印行的《戰國銘文選》[三]，立説精當矜慎，爲世所重。《戰國文字編》是他多年投入巨大精力的項目，協作的幾位學者均爲上選。可惜未及書的出版，湯餘惠教授竟在二〇〇一年八月二十日遽爾逝世，使我們深覺哀悼和遺憾。

戰國文字研究在未來一個時期裏，將會有超過預期的進步。謹在《戰國文字編》問世之際，向獻身於这一學科分支的湯餘惠教授表示懷念。

李學勤　二〇〇一年十二月

［一］李學勤：《清華與中國考古學》，《清華大學學報》（哲學社會科學版）二〇〇一年第二期。

［二］王國維：《桐鄉徐氏印譜序》，《王國維遺書》第一册《觀堂集林》卷六。

［三］湯餘惠：《戰國銘文選》，吉林大學出版社，一九九三年。

目録

凡例

一、本書以收戰國時期文字爲主，包括銅器、兵器、貨幣、陶器、璽印、封泥、刻石、金銀器等各類器物銘文及竹簡、帛書文字。同時酌收少量春秋晚期和秦代文字，力求完整地反映戰國文字的全貌。

二、本書主體由正編、合文、附録三部分組成。正編按照《説文解字》一書順序排列，不見《説文解字》的字，按偏旁部首附于相應各部之後，在該字右上角標＊號；合文部分專收合書字例；附録部分收録構形不明、難以隸定的字，以待研究考索。

三、爲避免字形失真，本書字形大多爲原大複印，少數原字形過大或過小的作適當放縮處理，個别字形筆畫不清晰的則以摹寫代替。

四、字例的選擇，以字形清楚的爲首選，同時兼顧各種异體；字迹不清或字形无特點的一般不收。

五、戰國文字的地域性特點十分突出。本書按照目前學術界廣爲通行的秦、楚、三晉、齊、燕五系文字分法，對所收字例略加甄别，在各字例之下分别用 A、B、C、D、E 的形式予以標示（某些一時難以確定的，暫付闕如），以備讀者參考。

六、本書采用資料截止于 2000 年。正編所收字目 5618 條，字形 18266 字，合文所收字目 338 條，字形 633 字，附録所收字目 959 條，字形 1113 字，基本上反映了戰國時期的文字面貌。

七、本書所用文字除特殊情況外，一般使用新字形。

八、檢字表中相同筆畫的字，以出現先後爲序。

出處簡稱表

簡稱	全稱
璽彙	古璽彙編
官印	秦漢南北朝官印徵存
故宫	故宫博物院藏古璽印選
上博	上海博物館藏印選
湖南	湖南省博物館藏古璽印集
吉林	吉林出土古代官印
吉大	吉林大學藏古璽印選
津藝	天津市藝術博物館藏古璽印選
山東	山東新出土古璽印
十鐘	十鐘山房印舉
鐵雲	鐵雲藏印初集
鐵續	鐵雲藏印續集
金薤	金薤留珍
善齋	善齋吉金録
澂秋	澂秋館印存
方氏	方氏集古印譜
擷華	擷華齋印譜
集林	璽印集林
珍秦	珍秦齋古印展
香續一	香港中文大學文物館藏印續集一
香續二	香港中文大學文物館藏印續集二
輯存	古代璽印輯存
金符	十六金符齋印存
吉金	吉金齋古銅印譜
續齊	續齊魯古印攈
齊魯	齊魯古印攈

簡稱	全稱
赫連	赫連泉館古印存
玉印	古玉印精萃
平庵	平庵考藏古璽印選
集粹	中國璽印集粹
集證	秦文字集證
秦陶	秦代陶文
封成	古封泥集成
陶彙	古陶文彙編
侯馬	侯馬盟書
貨系	中國歷代貨幣大系・先秦貨幣
三晉	三晉貨幣
聚珍	燕下都東周貨幣聚珍
錢典	古錢大辭典
幣編	古幣文編
東亞	東亞錢誌

簡稱	全稱
齊幣	齊幣圖釋
先秦	中國錢幣大辭典・先秦卷
雲夢	睡虎地秦墓竹簡
龍崗	雲夢龍崗秦簡
隨縣	曾侯乙墓
仰天	長沙仰天湖楚簡
信陽	信陽楚墓
望山	望山楚簡
包山	包山楚簡
九店	九店楚簡
郭店	郭店楚墓竹簡
天星	天星觀楚簡
類編	中國璽印類編
簠齋	簠齋手拓古印集

戰國文字編卷一

一

A 雲夢・答問9

B 隨縣2

B 信陽2・2

B 郭店・老甲22

B 郭店・緇衣17

《説文》：『弌，古文一。』

B 郭店・窮達14

B 郭店・六德39

C 十一年皋落戈

D 集林23・2

E 重金壺

元

A 雲夢・編年5

B 書也缶

B 攻敔王夫差劍

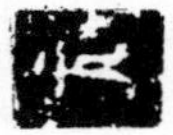
B 楚屈叔佗戈

天

B 邗王是埜戈

C 侯馬

C 元年鄭令矛

D 陳逆簠

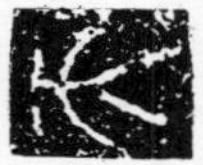
A 商鞅方升

A 陶彙5・384

B 信陽1・12

B 包山243

B包山 213

B包山 219

B郭店・老甲 18

B郭店・老乙 8

B郭店・語叢 1·3

B郭店・語叢 1·36

B郭店・唐虞 16

B郭店・太一 5

C中山方壺

C中山侯鉞

D幣編 25

D幣編 25

史

A雲夢・效律 24

B郭店・尊德 22

B郭店・語叢 4·17

B郭店・語叢 4·20

B郭店・六德 14

C司馬成公權

C安邑下官鍾

C侯馬

C璽彙 1810

D子禾子釜

上

A四年相邦樛斿戈

A官印 0015

A新郪虎符

A雲夢・秦律 8

B鄂君啟舟節

B璽彙 0008

B隨縣 151

B包山 181

B包山10

B包山150

B包山245

B郭店・老丙8

B郭店・老乙11

B郭店・老甲3

C中山方壺

C中山圓壺

C中山方壺

C甘單上庫戈

C貨系2469

C璽彙4207

C璽彙3123

C璽彙4081

D璽彙3666

D陶彙3·329

E陶彙4·93

E燕下都214·8

帝

A商鞅方升

A陶彙5·399

B越王者旨於賜鐘

B越王者旨於賜鐘

B九店56·43

B郭店・緇衣37

B郭店・唐虞9

B郭店・六德38

B帛書甲

B帛書乙

C中山方壺

旁

A 雲夢・日乙 147

B 越王者旨於賜鐘

B 帛書甲

C 梁十九年鼎

下

A 集證 223・278

A 陶彙 5・388

B 𪏽鐘

B 璽彙 0309

B 信陽 1・12

B 包山 62

B 包山 182

B 九店 56・45

B 郭店・老甲 29

B 郭店・老甲 4

C 中山方壺

C 魚顛匕

璽彙 4529

E 璽彙 0619

示

A 秦印

A 秦陶 1087

C 貨系 350

C 貨系 351

禮

A 十鐘

A 集粹

B 九里墩鼓座

禄

A 珍秦 126

A 珍秦 114

A 璽彙 5423

A 考古與文物 2000.1

神

A 詛楚文

A 秦玉版

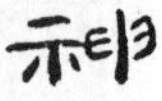
A 雲夢・日甲 3

B 郭店・太一 5

C 中山圓壺

E 螽生戈

祇

A 石鼓文・作原

B 者沏鐘

B 郭店・老乙 12

C 中山方壺

B 郭店・語叢 4・3

B 郭店・成之 17

B 帛書乙

C 中山方壺

B 璽彙 4685

B 包山 205

B 包山 206

B 郭店・老甲 38

福

A 赫連 16

A 雲夢・日乙 146

B 王子午鼎

B 貨系 4277

祥

D 陳逆簠

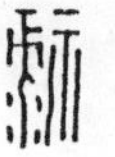
A 集證 182・717

A 雲夢・日甲 75 反

齋

B 郭店·唐虞 15

B 帛書乙

C 行氣玉銘

D 陳肪簋蓋

A 詛楚文

B 望山 1·132

C 建信君鈹

祭

A 雲夢·日乙 155

B 書也缶

B 包山 237

B 郭店·老乙 16

B 九店 56·33

B 帛書乙

C 中山方壺

D 十四年陳侯午敦

D 莒侯少子簋

D 陶彙 3·838

D 陶彙 3·842

D 陶彙 3·843

D 陶彙 3·845

祀

A 集證 133·12

A 雲夢·日乙 155

B 酓璋鐘

B 郯陵君豆

B 郭店·性自 66

B 郭店·老乙 16

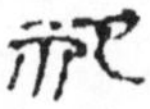
B 帛書乙

C 中山圓壺

	 E 璽彙2726			
	 B 包山237	 B 帛書甲	 C 侯馬	 C 侯馬
祝	 A 集證133·11	 A 石鼓文·吳人	 A 雲夢·日乙194	 B 包山217
	 C 趙孟庎壺			
祠	 A 雲夢·封診92	 A 集證133·13	 B 九店56·41	 C 中山圓壺
	 B 包山266	 C 中山王鼎	 C 中山方壺	 D 陳逆簋
祖〔禔〕	 A 秦王版	 B 書也缶	 B 鄒陵君豆	 B 鄒陵君豆
	 C 中山方壺			

祈

B 包山 266

禱

A 雲夢·日甲 101

B 包山 202

B 包山 203

B 包山 214

B 包山 229

B 包山 240

B 包山 248

B 天星

B 望山 1·90

禖

A 雲夢·日甲 156 反

社〔祍〕

A 雲夢·日乙 164

B 包山 210

B 包山 248

C 中山王鼎

禍〔祡〕

B 郭店·尊德 2

B 帛書甲

C 中山方壺

祟

A 雲夢·日乙 216

B 包山 239

B 包山 243

B 包山 245

B 包山 247

禁

A 集證 149·256

A 雲夢・秦律 117

A 龍崗 208

祚

B 包山 141

B 包山 209

祇*

B 帛書乙

社*

B 禽□鼎

B 包山 224

B 包山 225

B 郭店・老丙 2

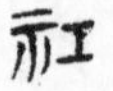
B 郭店・太一 12

B 郭店・窮達 9

祀*

B 郝公豆

祅*

B 包山 210

B 包山 218

B 包山 243

B 望山 1·79

⿱尸示*	 B 鄂君啟車節	 B 包山 162	 B 包山 197	 B 包山 228
⿰礻亟*	 C 侯馬	 C 侯馬	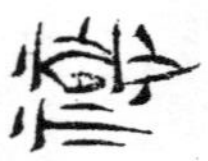 C 侯馬	 C 侯馬
⿱乒示*	 B 天星			
⿰礻立*	 B 包山 205	 B 包山 206		
⿴行示*	 B 包山 210	 B 包山 219		
⿱亦示*	 B 珥篙鐘	 B 包山 4	 B 包山 172	 B 包山 200
	 B 包山 207			
⿰礻台*	 A 雲夢・日書殘			

祙*

A 雲夢・日甲27反

祱*

B 包山214

B 包山214

B 包山231

禜*

B 包山203

B 包山218

B 包山222

B 包山235

⿱明示*

B 包山123

同盟。

崇*

B 酓忎鼎

B 酓□固

B 酓□盤

B 酓□鼎

B 郭店・成之31

⿱同示*

B 郭店・老甲34

⿱禽示*

B 望山1・137

禕*

B 帛書甲

褙*

B 包山213

袼*

B 包山202

B 包山202

裩*

D 陳昉簋蓋

褋*

B 秦家嘴
同世。

禞*

B 天星

䙖*

C 中山王鼎
同稷。

D 子禾子釜

襆*

B 天星

⿰礻喬*

E 燕侯載簋

⿰礻童*

B 望山 1·120

⿰礻盧*

B 包山 211

B 包山 241

⿰礻萬*

B 天星

三

A 平宮鼎

B 帛書乙

B 信陽 2·18

B 九店 56·7

B 包山 116

B 郭店・老甲 1

C 中山圓壺

D 陶彙 3·1

E 十三年乘馬戈

王

A 新鄭虎符

A 珍秦 121

A 雲夢・編年 1

B 曾侯乙鐘

B 救秦戎鐘

B 會璋戈

B 會□盤

B 敚戟

B 王句鑃

B 越王者旨於賜鐘

B 越王者旨於賜劍

B 包山 2
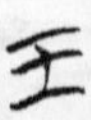
B 郭店・老甲 3

B 郭店・唐虞 1

C 中山方壺

C 璽彙 0627

D 陳昉簋蓋

D 璽彙 0575

D 璽彙 0577

D 璽彙 0633

D 陶彙 3·624

D 陶彙 3·727

E 燕王喜矛

E 陶彙 4·20

E 璽彙 0519

閏

A 雲夢・爲吏 22

B 帛書甲

皇

A 陶彙 5·386

A 考古與文物 2000.1

B 郪陵君豆

玉

B 郯陵君豆

B 曾侯乙鐘

B 書也缶

B 郭店·緇衣46

B 郭店·忠信3

B 隨縣石磬

C 中山方壺

C 璽彙1283

C 侯馬

D 陳曼簠

D 禾簋

D 陳昉簋蓋

D 陳逆簠

D 陳侯因資敦

A 雲夢·答問140

B 包山3

B 仰天8

B 隨縣137

B 郭店·老甲38

B 璽彙1471

C 璽彙0897

C 璽彙1452

瓊

A 雲夢·答問202

璧

A 詛楚文

C 侯馬

瑗

B 包山 5

環

A 雲夢・日甲 77 反

B 包山 213

B 包山 213

璜

B 楚屈子赤目匿

B 望山 2·50

琥

B 包山 218

B 包山 218

C 中山玉虎

璋

B 酓璋戈

D 璽彙 0232

D 陶彙 3·119

璽彙 1640

琰

B 望山 2·56

瑞

B 包山 22

珥

A 雲夢・答問 80

B 信陽 2·2

B 隨縣 64

理

A 陶彙5·355

瑣

A 珍秦62

珠

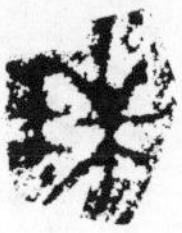
A 貨系4069

A 貨系4073

A 雲夢·爲吏36

玫

B 包山146

靈

A 詛楚文

A 陶彙9·88

珈

B 曾侯乙鐘

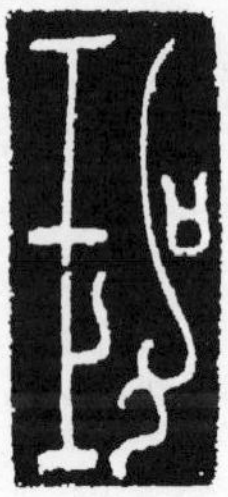
B 曾侯乙鐘

班

A 珍秦157

B 包山85

玢*

A 陶彙5·23

字頭	字形	出處	字形	出處	字形	出處
⿰王弋*		B 隨縣 42		B 隨縣 60		
琭*		B 包山 34		B 包山 39		B 包山 91
玾*		B 包山 214				
琛*		B 包山 226		B 包山 236		
珞*		B 包山 167				
珓*		B 望山 2·6				
琱*		B 隨縣 4		B 隨縣 13		
堅*		B 隨縣 123		B 隨縣 137		

⿰王備*		B 包山 219						
⿰王票*		B 隨縣 23		B 隨縣 46		B 隨縣 213		
⿰王朋*		B 包山 74						
⿰王豐*		璽彙 0635						
瓔*		C 璽彙 0785		E 璽彙 3504		E 璽彙 5349		E 璽彙 5350
		E 璽彙 5664		璽彙 0527				
⿰王責*	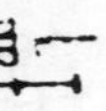	璽彙 0550						
琦*		B 信陽 2·12						

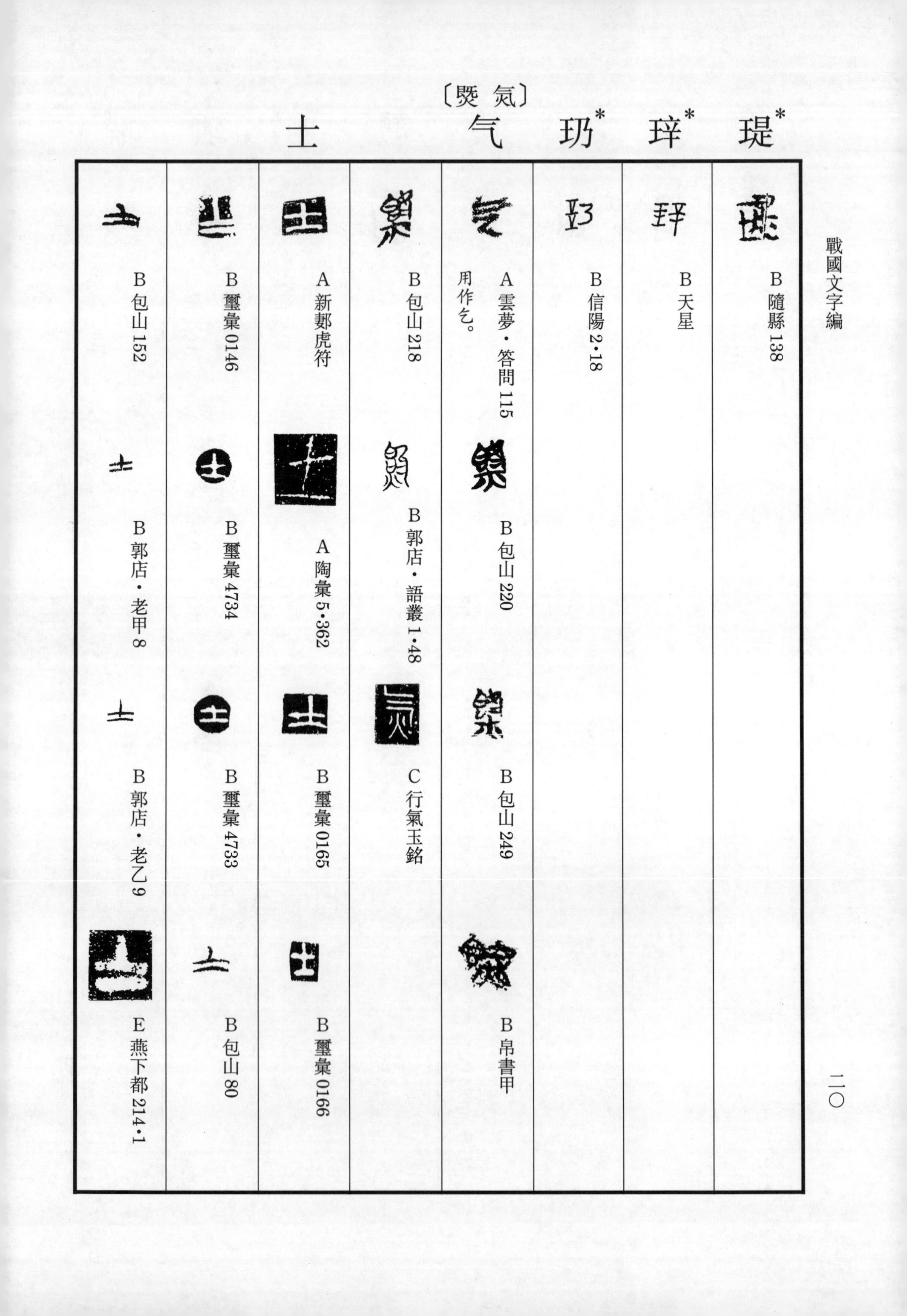

堤*

B 隨縣 138

琗*

B 天星

玏*

B 信陽 2·18

气

A 雲夢・答問 115
用作乞。

B 包山 220

B 包山 249

B 帛書甲

B 包山 218

B 郭店・語叢 1·48

C 行氣玉銘

〔熋 氛〕

士

A 新郪虎符

A 陶彙 5·362

B 璽彙 0165

B 璽彙 0166

B 璽彙 0146

B 璽彙 4734

B 璽彙 4733

B 包山 80

B 包山 152

B 郭店・老甲 8

B 郭店・老乙 9

E 燕下都 214·1

中

B 貨系 4276

B 湖南 8

B 包山 138

B 包山 140 反

A 六年漢中守戈

A 十鐘

A 石鼓文・吳人

B 鄂君啟車節

䒦*

B 郭店・老甲 34

璽彙 0308

壯

B 郭店・窮達 10

B 郭店・尊德 20

B 郭店・性自 63

C 中山王鼎

A 集粹

A 集粹

A 陶彙 5·60

A 雲夢・秦律 190

壻

A 雲夢・爲吏 19

璽彙 5593

	 B 郭店・老乙 9	 B 郭店・語叢 1・21	 B 郭店・語叢 3・33	 B 郭店・唐虞 16
	 B 郭店・老甲 22	 B 郭店・老甲 24	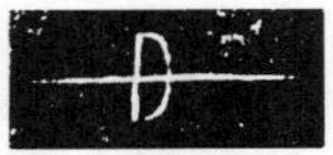 C 中山方壺	 C 中山王鼎
	 C 中山侯鉞	 C 春成侯鍾	 C 三晉 74	 C 璽彙 2681
	 C 璽彙 3296	 C 陶彙 6・17	 C 温縣	 C 侯馬
	 D 子禾子釜	 D 璽彙 0047	 D 陶彙 3・109	 D 陶彙 3・815
	 D 陶彙 3・288	 E 璽彙 0368	 E 璽彙 5351	 E 燕下都 215・6
串	 B 包山 66	 B 九店 56・27		
屮	 C 貨系 3964	 D 陶彙 3・627		

字頭	字形	出處
屯		A 屯留戈
		B 鄂君啟舟節
		B 隨縣 14
		B 隨縣 10
		B 信陽 2·13
		B 信陽 2·23
		B 信陽 2·24
		B 包山 147
		B 郭店・老甲 9
		B 郭店・緇衣 1
		C 令瓜君壺
		C 貨系 4046
		C 三晉 94
		C 三晉 94
		C 三晉 94
每		B 郭店・語叢 1·34
		C 中山圓壺
		C 侯馬
毒		A 雲夢・秦律 5
𡴀		C 璽彙 3502
艸		B 信陽 2·13
		D 陶彙 3·233
		D 陶彙 3·372

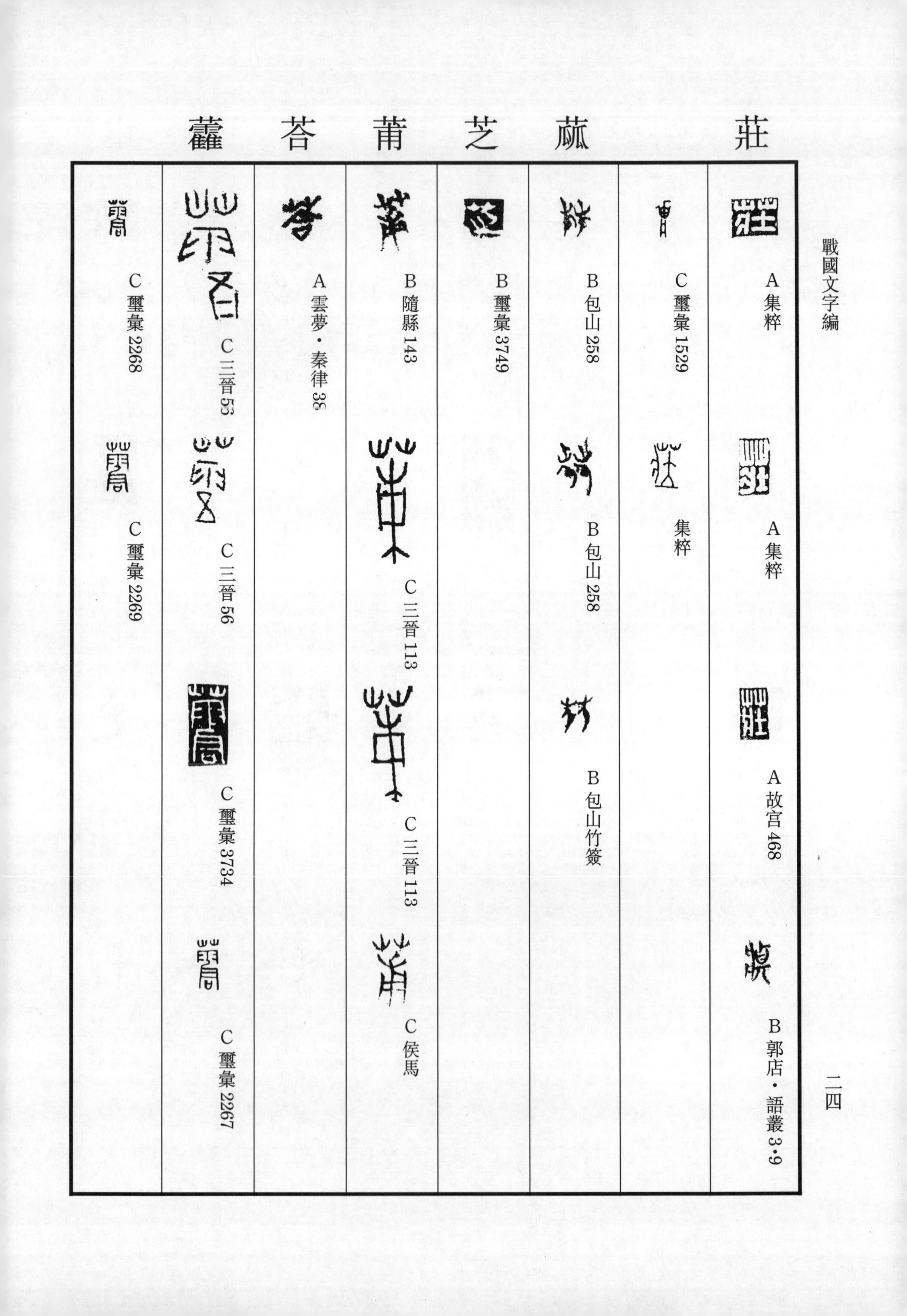

莊

A 集粹　A 集粹　A 故宫 468　B 郭店・語叢 3・9

C 璽彙 1529　集粹

蓏

B 包山 258　B 包山 258　B 包山竹簽

芝

B 璽彙 3749

莆

B 隨縣 143　C 三晉 113　C 三晉 113　C 侯馬

苔

A 雲夢・秦律 38

藿

C 三晉 53　C 三晉 56　C 璽彙 3734　C 璽彙 2267

C 璽彙 2268　C 璽彙 2269

莠

A 雲夢・日甲 63 反

萉

A 十鐘

⿱艹異

B 隨縣 15

B 隨縣 84

蘇

A 十鐘

A 集粹

A 集粹

A 集粹

A 湖南 98

蘁

B 包山 258

芋

B 包山竹牘

B 璽彙 2262

C 陶彙 6・105

蘘

A 十鐘

蘆

D 陶彙 3·335

D 陶彙 3·341

D 陶彙 3·1268

D 陶彙 9·45

D 璽彙 3755

苹

D 山東 006

藍

A 考古與文物 2000.1

A 陶彙 5·176

B 包山 7

B 包山 92

茝

A 官印 0004

A 陶彙 5·346

A 陶彙 5·347

A 秦陶 1223

茖

A 十鐘

B 信陽 2·28

B 郭店・窮達 13

C 十一年皋落戈

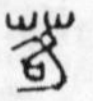
C 璽彙 0045

C 璽彙 3421

蒁

A 秦印

荑

B 文物 1988.6

B 包山 85

B 包山 109

薛

A 吉大 141

A 考古 1995.10

璽彙 2281

苦

A 秦印

茅

A 十鐘

A 故宮 458

A 秦代印風 207

B 璽彙 2249

B 隨縣漆書

C 中山圓壺

C 陽安君鈹

菅

A 官印 0086

莞〔莢〕

B 信陽 2・23

B 包山 263

藺

A 雲夢・日乙 175

蒲

A 集證 217·232

A 考古與文物 1996.5

萑

璽彙 1754

璽彙 2021

璽彙 3763

璽彙 3764

蘈

B 包山 140 反

蓨

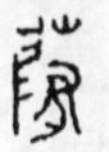
C 璽彙 2641

茈

B 包山 258

B 包山竹簽

D 璽彙 3142

萴

B 包山 216

菟

C 中山圓壺

C 侯馬

苞

A 璽彙 5493

艾

A 秦印

葦

B 包山 125

芹

B 隨縣 212

芸

B 鄂君啟舟節

薺

A 印典

陶彙 9·75

A 秦代印風 87

董

A 珍秦 135

A 陶彙 6·12

蔆

B 包山 153

B 包山 154

B 湖南 1

菿〔菼〕

D 陶彙 3·708

《說文》：『菿或从炎。』

著〔菅〕

B包山40

蕭

A十鐘

萩

香續145

藺

A雲夢·爲吏15

葛

A陶彙5·458

荅〔荇〕

B包山164

《説文》：『荅或从行。』

莨

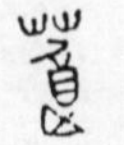

C璽彙2293

荆

A秦印

D陶彙3·1146

芒	 B 信陽2·23	 B 郭店·緇衣9	 B 郭店·語叢4·3	 B 郭店·語叢4·6
茇	 B 包山255	 B 璽彙3995	 璽彙2126	
萋	 A 石鼓文·靈雨			
薾	 B 包山150	 B 包山150		
蔈	 A 秦印			
英	 C 璽彙2296	 璽彙1333		
葉	 A 龍崗208	 A 雲夢·日乙158		
莖	 A 集粹			

		C 璽彙 0089		C 璽彙 2248		A 封成 864		
茲〔兹〕		A 石鼓文・吾車		B 郭店・緇衣 1 『茲』與玄部『玆』今均寫作『茲』。				
芮		A 珍秦 97		A 集粹		B 包山 127		
菅		A 十鐘		A 陶彙 9・76		A 考古與文物 2000.1		
		A 考古與文物 2000.1		B 包山 176		B 郭店・老乙 15		C 璽彙 0967
		C 璽彙 3996						
萃		A 珍秦 99		A 珍秦 116		A 集粹		A 秦印
		C 陶彙 6・157		E 燕王職戈				

苗		A 十鐘						
苛		B 酓志鼎		B 卑寿匕		B 包山 42		B 包山 157
		B 包山 277		B 璽彙 2258		璽彙 3230		
蕪		B 包山 263						
荒		C 中山方壺						
蔡		A 十鐘		A 集粹				
薄		A 十鐘						
苑		A 故宫 429	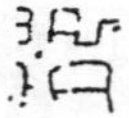	A 集證 148·251		A 雲夢·效律 55		

菑

A 陶彙 3·687

A 陶彙 3·689

苐

A 珍秦 129

A 珍秦 147

A 考古與文物 2000.1

C 十二年邦司寇矛

苾

B 郭店·語叢 4·10

芳

B 郭店·窮達 13

B 九店 56·44

藥

A 印典

B 郭店·五行 8

B 郭店·五行 28

B 郭店·五行 29

C 璽彙 1384

蕝

B 郭店·緇衣 21

B 郭店·性自 13

蓋

A 秦公簋蓋

A 十鐘

A 雲夢・日甲 117

B 郭店・窮達 3

若

A 集粹

A 陶彙 5·98

A 雲夢・效律 27

莜

C 璽彙 2289

莫

C 兆域圖

菎

B 郭店・語叢 4·26

芻

A 十鐘

A 雲夢・秦律 174

B 包山 95

C 公芻權

D 璽彙 0234

D 璽彙 0570

薪

A 六年上郡守戈

A 七年上郡守戈

A 雲夢・秦律 88

菌

 A 雲夢・封診36

折

 A 雲夢・答問75

 B 王孫誥鐘

 B 郭店・成之31

 B 郭店・語叢4·16

 B 郭店・六德2

 B 郭店・性自59

 B 郭店・緇衣26

 B 九店56·20

卉

 C 中山王鼎

 璽彙4299

 B 帛書乙

艽

 C 璽彙0677

 C 璽彙2294

芥

 A 珍秦89

 A 雲夢・秦律126

莎

 A 雲夢・日甲65反

董	葦	茘	蒙	曹	范		芑
 B郭店·老甲33  B郭店·窮達13	 A雲夢·日甲39反	 A雲夢·秦律4	 A上博38  A十鐘  C中山方壺	 C四年咎奴令戈	 C璽彙3417  C璽彙5348  D陶彙3·859  璽彙1825	 E璽彙2285  E璽彙2286  E璽彙2288	 B信陽1·24

茆

宋公差戈

荼

A 龍崗 195

蒿

B 曾姬無卹壺

B 璽彙 0283

B 包山 211

B 包山 227

C 中山圓壺

C 璽彙 1374

蘬

A 秦代印風 213

葆

A 雲夢・秦律 89

B 郭店・語叢 4・11

蕃

A 雲夢・秦律 127

茸

A 秦印

草

A 石鼓文・作原

A 雲夢・答問 210

菆

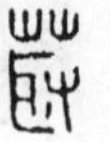
璽彙 0549

萅〔春〕

A 集粹

B 書也缶

B 壽春府鼎

B 越王者旨於賜鐘

B 隨縣 1

B 包山 203

B 包山 214

B 包山 240

B 郭店・六德 25

B 郭店・語叢 3・20

B 郭店・語叢 1・40

B 帛書丙

C 廿五年戈

C 春平侯劍

C 璽彙 0005

C 湖南 24

芺

B 包山 119

蓀

A 秦印

藏〔臧〕

 B郭店・老甲36

 B郭店・太一6

 B仰天12

蓄*

 B包山151

 B九店56・13

 B九店56・20

 B九店56・22

芏*

 B仰天5

 B仰天27

苙*

 璽彙2069

芯*

 D璽彙3676

茉*

 璽彙2297

茬*

 B隨縣65

 B隨縣71

 B隨縣71

 B郭店・語叢1・73

茴*

 A二年寺工壺

 B包山255

字頭	字形	出處	字形	出處
菓*		B 隨縣 62		
荌*		C 疋郾戈		D 陶彙 3·908
荁*		B 巨荁鼎		C 璽彙 2279
⿱艹外*		C 貨系 2478 同萠。	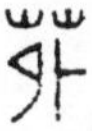	C 珍秦 1
苒*		A 秦印		
苐*		A 集粹		
⿱艹⿱九心*	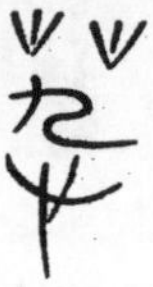	C 中山鳥柱盆		
莆*		右□公鼎		

莘*

C 璽彙 2259

莣*

B 郭店・老甲 34

B 郭店・性自 2

苔*

A 珍秦 64

A 集粹

A 集粹

A 陶彙 9·91

A 陶彙 5·350

菴*

A 陶彙 9·33

茌*

B 信陽 2·27

⿱艹医*

C 璽彙 0089

萗*

C 璽彙 2260

⿱艹貝*

C 璽彙 2265

茖*

B 包山 268

⿱艹胃*

B 郭店・性自 26

C 璽彙 2299

蒂*

C 璽彙 2707

荳*

D 璽彙 0277

蒥*

B 包山 169

⿱艹嗕*

B 包山 125

⿱艹坙*

B 帛書丙

蔻*

B 包山 150

菓*

B 郭店・性自 47

蒲*

A 十鐘

蒦*

D 璽彙 2301

D 蒦昜里銅豆

D 陶彙 3·126

D 陶彙 3·168

D 陶彙 3·287

D 陶彙 3·288

蔦*

B 包山 267

B 包山 267

萓*

璽彙 5513

𧆠*

璽彙 3454

字	字形	出處	字形	出處	字形	出處	字形	出處
⿱艹⿰虘攴*	[字形]	B 仰天 1 同苴。	[字形]	B 包山 154	[字形]	B 包山 255	[字形]	B 包山 255
⿱艹⿰高力*	[字形]	C 璽彙 0966						
⿱艹垔*	[字形]	C 璽彙 2343	[字形]	C 璽彙 2679				
萬*	[字形]	B 包山 255						
⿱艹曾*	[字形]	B 隨縣 3						
⿱艹巽*	[字形]	B 包山 103	[字形]	B 包山 115				
⿱艹集*	[字形]	B 包山 258	[字形]	B 郭店・尊德 39				
萈*	[字形]	集粹						

蕢*		B 望山1·8
⿱艹聚*		璽彙1904
⿱艹啓*		C 璽彙2276
		C 璽彙2277
⿱艹⿱幺皿*		D 璽彙0243
⿱艹隼*		B 包山258
⿱艹枸*		B 包山竹簽
⿱艹蚤*		C 璽彙0543
⿱艹⿰亘羊*		A 珍秦60
		A 集粹
		C 璽彙2250
		集粹

雚*

C 璽彙 2291

蘿*

璽彙 5506

蕡*

B 隨縣 61

茷*〔莪〕

B 長沙銅量

B 包山 12

B 包山 126

B 包山 141

B 包山 218

B 包山 225

B 包山 221

B 包山 209

B 包山 220

B 包山 166

B 包山 205

B 包山 206

B 包山 131

莿*

A 雲夢・秦律 132

蘚*

A 雲夢・雜抄 25

蘑*

A 雲夢・秦律 8

虉*

A 雲夢・秦律 88

菥*

B 望山 2・48

同策。

幕*

B 信陽 2・21

蕑*

B 信陽 1・24

同蘭。

B 包山 86

璽彙 2255

芊*

D 陶彙 3・1159

荐*

B 包山竹簽

字	字形	出處
芯*		A 集粹
芠*		D 陶彙 3·337
茾*		A 雲夢·秦律 131
苜*		A 珍秦 104
蓑*		B 郭店·語叢 4·22
⿱艹某*		A 雲夢·日甲 25 反
⿱艹⿱目厶*		□鼎蓋
⿱艹穘*		A 秦印

⿱艹聽*

C 璽彙0842

C 璽彙2404

⿱艹叢*

A 秦印

A 陶彙5·275

A 秦印

葙*

B 天星

莫

A 珍秦164

A 十鐘

B 長沙銅量

B 璽彙0164

B 包山29

B 郭店·老甲5

B 郭店·尊德29

B 郭店·成之39

B 郭店·五行45

B 郭店·語叢3·47

C 中山方壺

C 璽彙0554

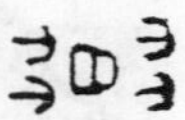
C 璽彙1187

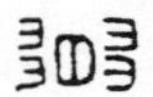
C 璽彙1387

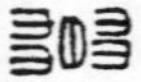
C 璽彙2339

C 璽彙3025

D 陶彙3·47

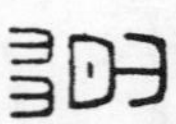
璽彙1279

璽彙5498

莽

A 雲夢・封診 22

葬

A 雲夢・答問 77

A 雲夢・日乙 17

B 包山 91

B 包山 91

B 包山 155

B 包山 267

B 郭店・六德 16

C 兆域圖

D 鄒縣磚文

芤*

A 石鼓文・馬薦

萫*

A 石鼓文・馬薦

戰國文字編卷二

小

A 珍秦68

A 陶彙5·71

A 陶彙5·72

A 陶彙5·229

A 雲夢・日乙22

少

A 少府戈

A 陶彙5·123

A 集證134·17

B 曾侯乙鐘

B 隨縣鐘架

B 長沙銅量

B 包山3

B 包山159

B 包山221

B 信陽2·13

B 郭店・窮達8

B 郭店・語叢2·51

B 郭店・六德47

C 梁十九年鼎

C 中山王鼎

C 哀成叔鼎

八

C 兆域圖

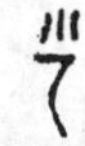
C 璽彙 3404

D 陳逆簠

A 秦陶 119

B 包山 36

C 陶彙 6·230

E 陶彙 4·3

分

A 雲夢・效律 7

B 包山 82

B 郭店・窮達 1

B 帛書丙

C 梁上官鼎

D 陶彙 3·291

尒〔尔〕

B 郭店・語叢 1·59

同爾。

B 郭店・五行 48

B 郭店・六德 2

B 郭店・忠信 6

C 中山王鼎

曾

B 曾侯乙鼎

B 曾侯邸戟

B 曾姬無卹壺

B 隨縣鐘架

B 隨縣鐘架

B 隨縣石磬

B 隨縣石磬

C 中山方壺

尚

D 陶彙3·359

A 官印0009

A 十鐘

B 包山201

B 包山226

B 郭店·忠信3

B 郭店·語叢2·12

B 帛書乙

C 中山方壺

C 貨系1348

C 集粹

D 陳侯因資敦

D 陶彙3·673

D 璽彙0328

E 廿年距末

E 璽彙0121

璽彙5070

璽彙5071

璽彙5075

璽彙5397

璽彙5527

璽彙5073

豕

A 陶彙5·252

B 望山2·49

詹

璽彙 5455

璽彙 5456

璽彙 5457

介

A 詛楚文

B 信陽 2·13

介鐘磬

公

A 珍秦 38

A 集粹

B 羕陵公戈

B 包山 4

B 包山 141

B 郭店·魯穆 1

C 中山方壺

C 六年格氏令戈

C 右□公鼎

C 徛公壺

C 貨系 202

C 陶彙 6·33

C 陶彙 6·41

D 陳侯因資敦

D 公孫竈壺

D 璽彙 0266

D 陶彙 3·623

D 陶彙 3·21

D 陶彙 3·1071

E 璽彙 3861

E 璽彙 3884

E 璽彙 3885

E 璽彙 3898

璽彙 3900

必

- A 珍秦 148
- A 十鐘
- A 雲夢・效律 19
- B 包山 127
- B 包山 139
- B 郭店・老甲 8
- B 郭店・成之 7
- B 郭店・尊德 12

余

- B 郭店・語叢 3·65
- 璽彙 5221
- 璽彙 5222
- A 石鼓文・吾水
- B 書也缶
- B 王子午鼎
- B 越王者旨於賜鐘
- B 冉鉦鋮
- B 包山 191
- B 郭店・成之 33
- B 郭店・太一 14
- B 郭店・尊德 23
- C 中山方壺
- C 哀成叔鼎
- C 三年付余令戈
- C 貨系 1213
- D 陳逆簠
- D 陳余戈
- D 陶彙 3·994
- E 陶彙 4·18
- E 陶彙 4·128
- E 璽彙 1290

采

B 信陽2·29

番

A 十鐘

B 包山41

B 包山46

B 包山98

B 包山175

D 璽彙1656

D 璽彙1657

E 璽彙1655

璽彙1658

宷〔審〕

A 十鐘

A 澂秋41

B 禽審盂

悉

A 詛楚文

A 雲夢·爲吏4

B 璽彙2290

翻

B 郭店·緇衣29

旛

A 珍秦57

A 珍秦67

半

A 秦公簋蓋

C 璽彙 1270

D 璽彙 1276

牛

A 十鐘

A 陶彙 5·127

B 鄂君啟車節

B 包山 125

B 包山 200

B 包山 203

B 郭店·窮達 5

B 隨縣漆書

C 璽彙 1205

D 陶彙 3·1155

E 陶彙 4·107

牡〔駐〕

A 雲夢·日甲 11 反

B 隨縣 197

C 中山圓壺

特

A 考古與文物 2000.1

牝

A 雲夢·雜抄 31

B 郭店·老甲 34

B 隨縣 160

犢

A 珍秦 93

B 九店 56·44

B 包山 222

C 璽彙 0380

 C 璽彙 0379

 C 璽彙 3264

 C 璽彙 0860

 C 璽彙 1703

牭

 A 輯存 210

犨

 C 璽彙 0929

 C 璽彙 2891

 C 璽彙 3064

 C 璽彙 3065

 C 璽彙 3264

牟

 A 高奴權

 A 珍秦 101

 A 故宮 470

 E 燕下都 241·2

牲

 A 雲夢·秦律 151

牽

 A 雲夢·日甲 55

牢

 A 雲夢·封診 51

 B 包山 99

 B 包山 157

 璽彙 2386

犂

A 雲夢・秦律 168

牼

D 邾公牼鐘

犀

B 隨縣 123

C 吉大 4

C 璽彙 2736

犧

B 包山 248

璽彙 3744

犛

A 考古與文物 1996.6

A 考古與文物 2000.1

漦

A 十鐘

牱*

璽彙 3911

⿰牛旨*

B 璽彙 5601

⿰牜衣*		C 璽彙 1019				
⿰牜交*	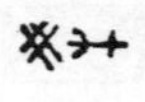	C 璽彙 3262				
⿱𦍌牛*		B 信陽 2·08	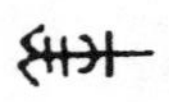	C 璽彙 2759	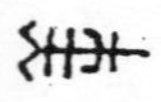	C 璽彙 2896
⿱白牛*		C 璽彙 0888		C 璽彙 1959		C 璽彙 3315
⿰牜亞*	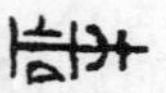	C 璽彙 0717		C 璽彙 3270		
犇*		B 包山 6				
⿱取牛*		C 璽彙 0540				
⿰牜戠*		B 包山 202		B 包山 205		

⿰牛悤*	犺*	⿰牛貫*	⿰牛膚*	⿰牛青*	⿰牛甬*	告
A 十鐘	A 集證 218・240 A 集證 218・241	A 雲夢・爲吏 17	B 包山 237 B 包山 237	B 天星	B 天星	A 雲夢・秦律 139 B 包山 15 B 包山 159 B 包山 159 B 郭店・窮達 11 C 中山方壺 C 中山圓壺 D 陳子皮戈

口

 A 雲夢・秦律 188  B 郭店・五行 45  B 郭店・語叢 1·51  B 郭店・性自 7

 E 璽彙 0118

吻

 A 雲夢・封診 66

嗌

 B 郭店・老乙 3  B 郭店・尊德 21  B 包山 83  C 貨系 472

 C 璽彙 1551  C 侯馬

含

 B 信陽 1·65  B 郭店・性自 52  B 郭店・語叢 1·38  C 中山王鼎

 C 中山方壺  E 燕下都 215·11

味

 B 郭店・老丙 5

喘

C 璽彙 0444

喟

璽彙 1844

名

A 故宮 421

B 包山 32

B 包山 249 反

B 郭店・成之 13

B 郭店・語叢 1·2

B 郭店・語叢 1·96

B 郭店・語叢 3·29

B 郭店・老甲 18

吾

D 郘公華鐘

D 陶彙 3·89

A 吾宜戈

B 包山 248

D 璽彙 4010

哲

B 王孫遺者鐘

B 鳥書箴言帶鈎

璽彙 4933

璽彙 4937

君

A 石鼓文・田車

B □君戈

B 鄂君啟車節

B 郴君戟

命

B 貨系 4165

B 包山 36

B 隨縣 67

B 郭店・語叢 1・87

B 璽彙 0007

C 中山方壺

C 璽彙 0004

C 侯馬

D 璽彙 0327

E 璽彙 0003

璽彙 4843

A 陶彙 5・384

B 救秦戎鐘

B 鄂君啟車節

B 龍節

B 璽彙 0261

B 包山 2

B 包山 7

B 包山 161

B 包山 157

B 包山 159

B 包山 164

B 包山 278 反

B 郭店・語叢 1・2

B 郭店・成之 5

B 郭店・緇衣 22

C 中山王鼎

C 令瓜君壺

C 鄲孝子鼎

C 十一年皋落戈

C 三年付余令戈

咨

C 露命銅牌

D 陳純釜

D 子禾子釜

璽彙 4282

D 陳侯因資戈

召

A 集粹

問

A 雲夢・答問 122

C 璽彙 0558

C 璽彙 3187

D 陶彙 3・679

唯

A 集粹

B 能原鎛

B 郭店・老甲 18

B 郭店・成之 5

和

A 十鐘

A 秦印

B 包山 169

B 郭店・老甲 27

B 郭店・語叢 4・24

C 璽彙 0863

D 陶彙 3・525

B 郭店・老乙 4

B 郭店・尊德 28

B 郭店・性自 50

B 郭店・語叢 4・14

字	出處
咸	A 雲夢·秦律28；B 郭店·緇衣5；璽彙5492
	A 璽彙0182；A 集粹；A 陶彙5·127；A 陶彙5·156
	D 哀成叔鼎；D 陳侯因資敦；D 十四年陳侯午敦；E 燕侯載簋
台	B 酓□鼎；B 鄂君啟舟節；B 越王者旨於賜鐘；C 鄦孝子鼎
咠	B 郭店·魯穆2
哉	B 帛書乙；E 燕侯載簋
	C 璽彙1875；璽彙5107；璽彙5108；璽彙4730
	B 郭店·老丙3；B 隨縣漆書；C 中山圓壺；C 璽彙1043

呈

B 郭店・老甲 10

璽彙 4519

璽彙 4523

右

A 集證 152·308

A 陶彙 5·241

B 璽彙 0280

B 隨縣 142

B 隨縣 149

B 包山 43

B 郭店・老丙 8

B 郭店・老丙 9

C 中山王鼎

C 璽彙 0056

C 陶彙 6·46

D 璽彙 0031

D 璽彙 0032

D 璽彙 0033

D 璽彙 0041

D 璽彙 0063

D 璽彙 0196

D 璽彙 0319

E 璽彙 0021

E 璽彙 0061

E 璽彙 0367

E 陶彙 4·43

E 陶彙 4·54

E 陶彙 4·113

啻

B 九店 56·110

B 望山 1·77

B 包山 154

B 璽彙 3198

D陳侯因資敦

吉

A陶彙5·13

A考古1991.5

B書也缶

B酓□鼎

B璽彙3033

B包山13

B包山238

B九店56·21

B九店56·27

C中山方壺

D陳昉簋蓋

D陳侯因資敦

周

A集粹

A陶彙5·384

B周𦡱戈

B璽彙0207

B璽彙1201

B璽彙3703

B包山20

B包山29

B包山141

B望山2·1

B郭店·窮達5

C東周左官壺

C貨系161

C璽彙1186

C璽彙3029

C璽彙3027

唐	
 D璽彙3028	 E左周弩牙
 A珍秦155	 A集粹
 C三晉127	 C三晉127
 C三年鈹	 D璽彙3142
 D璽彙0147	《説文》：『古文唐从口、昜。』

𠷎〔嚋〕
 B璽彙4688

吃
 D陶彙3·1034

㕣	
 B璽彙3505	 B包山38
 B包山38	 B包山83
 B郭店·窮達3	 B郭店·窮達10
 E璽彙2713	 E璽彙3860
 E璽彙4109	

嚍

A 集粹

吁

B 璽彙 0269

B 郭店・語叢 2·15

B 郭店・語叢 2·16

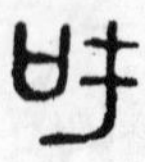
璽彙 5279

璽彙 4019

璽彙 5280

嘵

A 集粹

A 秦代印風 85

璽彙 0844

吝

B 帛書乙

各

A 石鼓文・田車

B 越王者旨於賜鐘

B 包山 206

B 包山 227

B 郭店・語叢 1·105

B 帛書乙

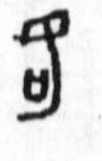
璽彙 3355

璽彙 5308

璽彙 5309

否

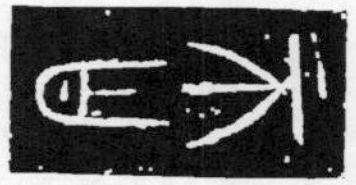 C 中山王鼎

哀

 A 雲夢·爲吏31

 B 隨縣70

 B 郭店·語叢3·41

 B 郭店·語叢3·59

 B 郭店·殘6

 B 郭店·殘6

 B 郭店·老丙10

哀或从心。

 B 郭店·性自2

 C 哀成叔鼎

 C 兆域圖

咼

 A 雲夢·日甲27反

 璽彙3009

噭

 B 郭店·緇衣4

 B 郭店·緇衣39

 B 郭店·窮達8

吠

 璽彙3785

唬

 B 郭店·老甲2

用作虖。

 B 郭店·老甲5

 B 郭店·老甲6

 B 郭店·老丙2

B郭店·尊德28

B郭店·語叢1·109

C侯馬

C璽彙0945

C璽彙1376

C璽彙3831

C璽彙3299

C香續9

哦

B郭店·忠信8

餈*

B信陽1·1

嗛*

A秦印

嘅*

A陶彙5·325

A陶彙5·157

啞*

D璽彙3620

吕*

B郭店·窮達14

B郭店·窮達15

B郭店·成之20

B郭店·性自12

昱*

C 侯馬

E 璽彙 0766

B 包山 48

吒*

D 璽彙 1148

時*

B 隨縣 77

B
會璋鎛

B 曾侯乙鼎

B 包山 209

B 包山 212

B 郭店・五行 7

嗙*

C 璽彙 3472

同甹。

唛*

D 璽彙 3513

璽彙 3287

峯*

B 郭店・成之 36

⿰口夜*

C 十一年皋落戈

⿰口亙*

B 包山 233

⿰口象*

B 曾侯乙鐘

B 隨縣 1

⿰口與*

B 郭店・窮達 14

B 信陽 1・24

⿰口牂*

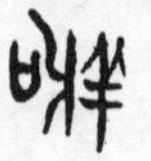
C 侯馬

⿰𠦝谷*

B 璽彙 0008

杏*

B 長沙銅量

B 包山 95

⿰口朿*

D 陶彙 3・1209

字頭				
⿱⿰舟卩口*	 B 郭店·尊德 3			
⿹⺄台*	 B 璽彙 5565	 B 郭店·性自 3	 B 郭店·性自 15	 B 郭店·語叢 4·1
	 B 信陽 1·26	 B 隨縣衣箱	 璽彙 4029	 D 陳侯因資敦
青*	 E 重金壺	 E 燕下都 158·1	 E 燕下都 242·3	 E 燕下都 241·5
口	 B 包山 271			
毀	 B 鄂君啟舟節	 B 璽彙 0309	 B 璽彙 1251	 B 包山 103
	 B □壽之歲戈	 B 郭店·成之 34	 B 帛書甲	 C 貨系 4050
	 C 三晉 100	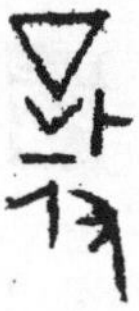 C 三晉 100	 C 廿三年襄城令矛	 D 璽彙 0195

嚴

D 璽彙 1479

D 璽彙 5706

D 陶彙 3·609

璽彙 5294

璽彙 5375

A 雲夢·爲吏 4

B 郭店·五行 22

B 郭店·語叢 2·2

B 郭店·語叢 2·2

C 中山方壺

咢

B 包山 76

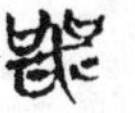
B 包山 193

單

A 集粹

B 郭店·六德 16

C 單䇎討戈

E 璽彙 0361

E 璽彙 0297

璽彙 3632

璽彙 3633

喪

A 官印 0075

A 上博 31

B 冉鉦鉞

B 郭店·老丙 8

走 趣 趮 越 趞 趀 起

B 郭店·老丙 9

B 郭店·老丙 10

B 郭店·語叢 1·98

璽彙 3271

走

A 考古與文物 1997.1

B 曾侯乙戈

B 包山 100

C 中山王鼎

趣

A 雲夢·答問 199

B 望山 1·22

趮

A 集粹

A 秦印

越

A 秦陶 448

A 秦陶 449

A 秦陶 451

B 包山 5

从邑。

趞

A 廿七年上守戈

B 包山 6

趀

A 石鼓文·吾車

起

A 秦印

E 璽彙 3320

E 璽彙 3952

E 璽彙 4100

趧

A石鼓文·吾車

B王子午鼎

趍

A鐵續

A石鼓文·鑾車

趙

A珍秦93

A珍秦111

A集粹

A秦印

C趙孟庎壺

C侯馬

C侯馬

C侯馬

C侯馬

趠

C侯馬

越

A湖南89

趌

A珍秦153

A陶彙5·29

A陶彙5·30

C侯馬

趚

A 雲夢・雜抄8

⿺走樂

A 石鼓文・田車

⿺走亘

B 曾姬無卹壺

B 包山134

B 包山135

B 望山1・106

C 中山方壺

D 陳侯因資敦

⿺走甬

C 侯馬

C 侯馬

C 侯馬

⿺走川*

E 璽彙3313

E 璽彙5361

⿺走支*

B 中子⿱髟貝缶

⿺走尃*

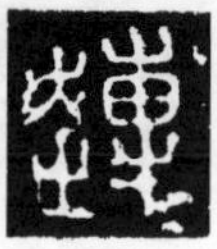
A 石鼓文・汧殹

趲*

A 石鼓文·汧殹

趄*

B 隨縣 1

趆*

B 王孫遺者鐘

趪*

B 王孫誥鐘

止

A 雲夢·答問 1

B 郭店·語叢 1·105

B 郭店·語叢 3·53

B 郭店·老甲 36

B 郭店·老丙 4

B 郭店·語叢 1·111

D 陶彙 3·769

璽彙 0906

璽彙 0895

岠

A 珍秦 61

A 雲夢·封診 80

字	字形	出處
前		A 雲夢・日乙 51
		B 包山 122
		B 包山 123
		B 包山 145
		B 郭店・老甲 3
		B 郭店・老甲 4
		B 郭店・窮達 9
		B 郭店・尊德 2
歸		A 雲夢・秦律 155
		B 包山 219
		B 包山 141
		B 包山 205
		B 包山 207
		B 包山 221
		B 包山 225
		B 郭店・六德 11
		B 郭店・尊德 20
		B 郭店・語叢 1·101
		C 侯馬
疌		A 十鐘
走*		B 包山 247 同上。
		B 包山 249
		B 郭店・成之 9
		B 郭店・成之 7
峁*		B 隨縣 150
		B 隨縣 183
		B 包山 40

岵*

B 隨縣 175

[illegible]*

B 隨縣 206

同進。

E 璽彙 3822

[illegible]*

璽彙 3535

同遖。

[illegible]*

C 璽彙 0951

璽彙 3990

[illegible]*

B 包山 168

[illegible]*

B 隨縣 213

[illegible]*

B 包山 173

崎*

B 包山 173

⿱與止*	B 包山 34；B 包山 91；B 包山 141；B 包山 143
	B 包山 225；B 郭店・五行 29；B 郭店・五行 32；B 郭店・性自 16
⿱⿰車巳止*	B 郭店・語叢 3・45
⿱亙止*	B 郭店・緇衣 32
⿱⿰貝壴止*	B 郭店・老甲 9
⿱卲止*	B 包山 167 同迢。
⿱來止*	B 郭店・語叢 1・99 同逨。；B 郭店・語叢 4・2；B 郭店・成之 36；B 郭店・性自 28
	C 陶彙 6・124

登	 A 十鐘	 B 璽彙1930	 B 璽彙5663	 B 包山27
	 B 包山38	 B 包山15	 B 包山175	 C 侯馬
	 D 十四年陳侯午敦	 D 陳侯因資敦	 E 璽彙3848	 E 璽彙5327
	 E 陶彙4·91			
癹	 A 青川木牘	 B 包山268	 B 包山271	 B 郭店·老甲7
	 B 郭店·老丙3	 B 郭店·忠信2	 B 楚璽	 C 璽彙0115
	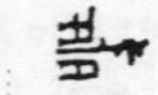 C 璽彙0116			
步	 A 青川木牘	 A 雲夢·封診79	 C 兆域圖	 D 陶彙3·266

歲

A 珍秦 189

B 倉□鼎

B 璽彙 0205

B 帛書甲

B 包山 4

B 包山 141

B 包山 126

B 包山 234

B 郭店・太一 3

B 隨縣漆書

C 杕氏壺

C 集粹

C 璽彙 4425

C 璽彙 4426

C 璽彙 4427

D 公孫竈壺

D 陳𩰲鐘

D 子禾子釜

D 陳純釜

D 陶彙 3·2

D 陶彙 3·5

此

A 雲夢・答問 2

B 冉鉦鍼

B 包山 139 反

B 包山 157 反

B 郭店・老甲 6

B 郭店・成之 28

B 郭店・語叢 2·50

B 郭店・語叢 1·55

正

B 郭店・五行 26

B 帛書丙

C 中山王鼎

D 陶彙 3・1110

A 珍秦 186

B 書也缶

B 正鏄

B 會志鼎

B 越王者旨於賜鐘

B 璽彙 0295

B 望山木烙印

B 包山 111

B 郭店・語叢 3・2

B 郭店・語叢 3・55

B 郭店・唐虞 13

B 郭店・唐虞 13

B 帛書乙

C 哀成叔鼎

C 貨系 43

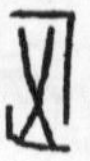
C 璽彙 1397

C 璽彙 4371

C 璽彙 4766

C 璽彙 4782

D 禾簋

D 陳侯因資敦

D 貨系 2647

D 貨系 2648

D 璽彙 0299

D 山東 009

之

A 雲夢・答問164

C 中山方壺

D 貨系2649

D 貨系2650

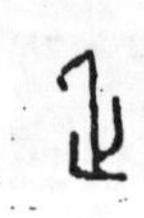
E 璽彙3173

E 璽彙3175

是

A 陶彙5・384

A 石鼓文・而師

B 王子午鼎

B 邗王是埜戈

B 書也缶

B 包山4

B 郭店・老甲31

B 郭店・太一1

B 帛書甲

C 中山王鼎

C 哀成叔鼎

C 三晉99

C 侯馬

C 侯馬

D 陳逆簋

迹

A 雲夢・封診71

C 璽彙4080

逩

B 郭店・尊德28

同率。

B 包山194

C 中山王鼎

C 中山圓壺

C 𠫑羌鐘

C 十三年上官鼎

C 侯馬

E 左行議率戈

邁

C 王孫誥鐘

D 陳逆簠

巡

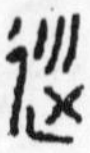
C 璽彙 0997

C 璽彙 1454

C 璽彙 1899

C 行氣玉銘

E 璽彙 1430

E 璽彙 4139

遜〔遜〕

B 郭店・語叢 1·20

B 郭店・語叢 1·21

B 郭店・語叢 1·24

B 郭店・語叢 1·104

B 郭店・語叢 3·49

B 隨縣 115

辻〔徒〕

A 官印 0006

A 石鼓文・鑾車

B 鄂君啟車節

B 冉鉦鋮

B 包山 226

B 隨縣 150

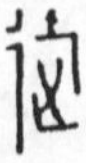
C 璽彙 2615

C 璽彙 2616

正〔征〕

C 璽彙 2622

D 武城戈

D 璽彙 0019

D 陶彙 3·718

E 璽彙 0010

E 璽彙 0011

E 璽彙 0022

E 璽彙 0020

B 帛書丙

C 中山王鼎

隨

A 秦代印風 52

集粹

璽彙 5481

追

B 包山 188

《説文》：『遽，籀文，从虘。』

述

A 詛楚文

B 郭店・成之 6

B 郭店・成之 17

B 郭店・語叢 1·42

適

B 集粹

B 璽彙 0333

C 中山方壺

C 魚顛匕

B 郭店・緇衣 16

C 温縣

C 温縣

過

A 集粹

B 璽彙 0335

B 郭店・語叢 3・52

B 郭店・語叢 3・52

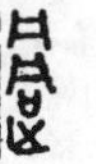
C 璽彙 2004

遺

A 石鼓文・吾車

進

A 珍秦 91

B 璽彙 0274

B 郭店・老甲 4

B 郭店・五行 46

B 郭店・五行 47

B 郭店・尊德 16

C 中山方壺

C 璽彙 0510

造

A 高奴權

A □年上郡守戈

A 五年相邦呂不韋戈

A 六年上郡守戈

A 臨汾守戈

B □壽之歲戈

B 璽彙 0131

B 包山 137 反

C 宜鑄戈

D 陳余戈

D 陳侯因資戈

D 陳卯戈

迅

B 包山 16

B 包山 74

B 包山 164

C 陶彙 6·29

B 璽彙 3559

B 信陽 2·14

B 包山 16

B 包山 16

遣

B 望山 1·9

B 郭店・成之 37

迮

B 郭店・六德 24

B 郭店・六德 38

遝

A 雲夢・秦律 105

逾

B 鄂君啟舟節

B 郭店・老甲 19

B 包山 135

B 包山 244

D 陶彙 3·896

顒戈

D 滕侯戈

D 高密戈

D 陰平劍

D 淳于公戈

速〔遫〕

 A 十鐘

 A 陶彙 5·159

 A 秦陶 397

 B 包山 137 反

 B 包山 200

 B 包山 219

 B 包山 220

 B 包山 245

 B 郭店・尊德 28

 B 郭店・六德 31

适

 D 陶彙 3·932

 璽彙 5677

逆

 A 雲夢・雜抄 38

 B 鄂君啟車節

 B 包山 71

 B 郭店・成之 32

 B 郭店・性自 10

 B 郭店・性自 17

 C 中山方壺

 C 行氣玉銘

 D 陳逆簠

迎

 A 十鐘

遇

A 吉大 131

A 集粹

C 璽彙 2118

C 侯馬

逢

A 石鼓文・吳人

B 郭店・唐虞 14

C 中山圓壺

迪

B 郭店・緇衣 19

B 郭店・尊德 20

通

A 陶彙 5・50

B 郭店・性自 35

C 侯馬

C 侯馬

D 陶彙 3・634

璽彙 1713

迣〔徙〕

A 雲夢・效律 19

B 包山 250

B 包山 259

B 郭店・五行 17

C 璽彙 2183

C 璽彙 2486

D 璽彙 2661

D 璽彙 0199

D 璽彙 0202

D 璽彙 0322

D 璽彙 0198

迻

D 璽彙0201

B 包山173

B 包山204

B 包山210

B 包山214

B 郭店·語叢2·48

遷

A 集粹

A 十鐘

A 續齊76

遜

D 陶彙3·614

返

B 酓璋鎛

B 酓璋鐘

B 鄂君啟舟節

B 包山121

B 包山122

B 郭店·六德37

B 郭店·語叢2·45

C 中山方壺

C 中山圓壺

D 貨系2575

E 璽彙2825

還

B 隨縣 63

B 包山 10

B 包山 180

B 郭店・成之 38

B 郭店・尊德 25

B 郭店・五行 36

選

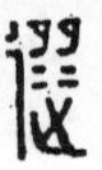
C 璽彙 2167

送

C 中山圓壺

遣

B 郭店・語叢 4·21

逮

A 石鼓文・霝雨

B 郭店・語叢 1·75

C 璽彙 0802

遲

B 王孫誥鐘

B 曾侯乙鐘

《說文》：『籀文遲从屖。』

B 包山 200

《說文》：『遲或从𡰥。』

B 郭店・老乙 10

B 望山 1·62

B 望山 1·63

逗
B包山24　B包山219　B信陽2·4

迟
B包山185

池
D郭店·語叢2·40　D陶彙3·926

避
B郭店·尊德17

達
A香續51　A秦印　B包山119　B包山111
B包山112　B包山113　B郭店·老甲8　B郭店·窮達11
B郭店·語叢1·60　B郭店·五行43　B郭店·語叢1·60　B九店56·30

逯
A故宮432　B包山103反

迵

B 郭店・老甲 27

B 郭店・語叢 1・102

B 郭店・語叢 3・41

迷〔覞〕

B 郭店・語叢 4・13

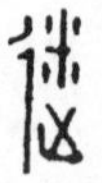
璽彙 1435

璽彙 1539

C 中山王鼎

連

B 璽彙 0145

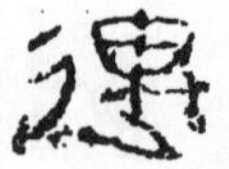
B 璽彙 0318

B 包山 6

B 包山 10

D 璽彙 1952

逑〔遨〕

A 詛楚文

D 陶彙 3・1078

逭

B 郭店・窮達 7

逋

A 文博 1998.1

A 雲夢・封診 14

遂

A 十鐘

D 璽彙 3920

遺

A 珍秦 141

A 故宮 422

B 包山 18

B 郭店・老甲 38

C 中山方壺

逃

B 包山 137

B 包山 144

B 包山 165

B 九店 56・71

B 郭店・語叢 2・18

追

A 集粹

C 中山圓壺

D 陳肪簋蓋

逐

A 集粹

A 秦印

近

B 郭店・六德 48

B 郭店・五行 7

B 郭店・性自 36

邋

A 石鼓文・吾車

〔[illegible]〕邇

B 璽彙 0221

璽彙 5218

B 郭店・緇衣 43

遮

B 郭店・成之 16

迣

A 雲夢・爲吏 14

迁

璽彙 5281

逞

C 侯馬

遠

A 雲夢・秦律 119

B 包山 56

B 包山 89

B 包山 207

B 郭店・老甲 10

B 郭店・尊德 16

B 郭店・成之 37

B 郭店・六德 48

〔逷〕逖

B 包山 167

建	C 兆域圖			
邍	A 石鼓文·作原 同原。	A 石鼓文·鑾車	C 貨系 1807	C 三晉 79
	璽彙 0862	璽彙 1097		
道 〔衍〕	A 集粹	A 秦印	A 秦陶 1235	A 石鼓文·鑾車
	A 詛楚文	B 郭店·老甲 6	B 郭店·性自 12	B 郭店·老甲 24
	B 郭店·五行 5	B 郭店·成之 4	B 郭店·語叢 2·38	B 郭店·尊德 9
	C 中山王鼎	C 中山圖壺	C 璽彙 3385	C 璽彙 3388
	C 侯馬	C 侯馬		

邊

A 詛楚文

A 雲夢·秦律 62

B 隨縣 172

迢

C 璽彙 3323

C 璽彙 1540

迄*

A 石鼓文·霝雨

用作汔。

遯*

B 郭店·性自 54

B 包山 121

璽彙 1592

璽彙 5331

让*

B 鄂君啟舟節

同上。

B 包山 150

E 璽彙 2828

E 璽彙 3384

E 璽彙 5573

迂*

璽彙 0619

同下。

迏*

B 郭店·性自 34

C 中山王鼎

C 中山方壺

迊*

C 陶彙 6·28

D 陶彙 3·814

⿺辶乇*

B 包山 265

⿺辶己*

B 包山 164

B 郭店・老甲 31

B 郭店・語叢 3·10

⿺辶生*

D 陶彙 3·1322

⿺辶圭*

B 郭店・緇衣 38

B 郭店・緇衣 39

⿺辶旦*

B 郭店・尊德 37

B 郭店・尊德 38

B 郭店・窮達 7

⿺辶及*

B 包山 123
同及。

B 郭店・老乙 7

B 郭店・語叢 2·19

B 郭店・語叢 2·19

⿺辶亘*

B 包山 182

迥*

璽彙 3617

这*

D 璽彙 0177

迬*

B 郭店・老甲 10

迂*

A 石鼓文・鑾車

迶*

D 陶彙 3・206

E 璽彙 4106

迪*

A 石鼓文・鑾車

B 郭店・緇衣 19

璽彙 3146

璽彙 2456

璽彙 1283

迲*

B 郭店・老乙 8

同去。

B 郭店・成之 21

⿺辶化*

B 包山 105
同過。

B 郭店・老甲 12

B 郭店・老丙 13

B 信陽 1・4

⿺辶可*

B 包山 172

B 包山 178

⿺辶圭*

B 包山 137

B 包山 137 反

⿺辶亘*

B 包山 55
同趄。

B 郭店・窮達 6

⿺辶舟*

B 包山 131

B 包山 137

B 包山 159

B 包山 173

B 郭店・太一 6

⿺辶各*

B 包山 141
同路。

B 隨縣 118

⿺辶釆*

D 璽彙 1945

D 璽彙 2184

⿺辶卿*

B 郭店·性自 44

⿺辶身*

C 璽彙 2939

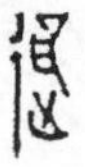
C 香續 58

這*

D 璽彙 3087

D 璽彙 3563

D 陶彙 3·175

D 陶彙 3·54

⿺辶兑*

B 郭店·性自 46

D 陶彙 3·1172

逧*

B 郭店·語叢 1·75

⿺辶癸*

B 包山 169

⿺辶戔*

B 包山 202

B 包山 238

D 璽彙 3080

⿺辶亞*

B 郭店·緇衣 34

⿺辶妥*	⿺辶乇*	⿺辶取*		還*	⿺辶角*	逿*	過*
 E 璽彙 2833	 B 隨縣 13	 B 包山 142	 D 陶彙 3·1316	 D 陶彙 3·203	 B 包山 185	 B 包山 141	 B 包山 167
		 D 璽彙 3222	 E 陶彙 4·95		 B 包山 193	 B 包山 87	
		 D 陶彙 3·465				 D 璽彙 4012	
		 D 陶彙 3·586					

字頭								
迴*		C 璽彙 1490						
道*	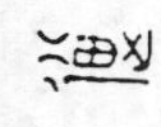	C 璽彙 0805						
遖*		C 璽彙 0804		C 璽彙 1155		C 璽彙 2859		C 璽彙 2913
		C 私庫衡飾		C 行氣玉銘		吉大 50		
遊*		B 包山 4 同旅。		B 隨縣 119				
逭*		B 包山 68						
逮*		B 余義鐘						
〔辵〕進*		B 包山 34		B 包山 36		B 包山 23		B 包山 66

	 B 包山 226	 B 包山 228	 B 包山 230	 B 包山 232
	 B 包山 234			
遊*	 B 包山 7 同游。	 B 包山 188	 B 包山 277	 B 郭店・語叢 3・51
	 C 中山方壺	 C 璽彙 1154	 C 璽彙 2251	
⿺辶⿱土去*	 B 包山 119 反	 B 包山 175		
⿺辶僉*	 B 𩫂鐘	 B 𩫂鐘	 C 中山王鼎	 C 中山方壺
	 C 陶彙 6・120	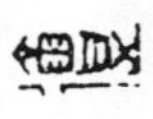 璽彙 4075		
⿺辶陮*	 B 璽彙 0263			

字頭	字形及出處
⿺辶旂*	 D 陶彙 3·265
⿺辶旌*	 B 包山 142 用作失。  B 郭店・語叢 2·50  B 郭店・老甲 11  B 郭店・老丙 11
⿺辶厚*	 B 包山 99  B 包山 170
⿺辶畢*	 B 包山 74  B 包山 193
⿺辶虘*	 D 陶彙 3·614
⿺辶並*	 B 郭店・六德 46
⿺辶臺*	 B 郭店・六德 48
⿺辶兹*	 C 兆域圖

⿺辶叀*〔⿺辶⿰回刂〕

B 璽彙 0203

B 郭店・尊德 28
同傳。

B 帛書甲

逍*

B 郭店・語叢 3·58

逢*

B 郭店・五行 21

B 郭店・五行 34

逪*

B 郭店・緇衣 1
同卷。

递*

B 包山 240

B 包山 243

璽彙 2455

速*〔使〕

C 中山方壺

C 中山王鼎

C 中山圓壺圈足

遅*

B 璽彙 0203

C 璽彙 2672

C 璽彙 3055

遾*

D 璽彙 0271

遺*

璽彙 2618

遉*

B 璽彙 3595

B 璽彙 5484

⿺辶⿰吾斤*

A 石鼓文・吾車

E 璽彙 2626

⿺辶垂*

D 陶彙 3・621

⿺辶童*

B 望山 1・13
同動。

B 帛書甲

⿺辶敵*

A 石鼓文・吾車
用作敌。

迖*

D 陳曼匿
同逐。

璽彙 0263

遒*

C 侯馬
同道。

遡*

D 齊陶

逪*

A 廿七年上守趞戈

(辶光)*

D 子禾子釜 同遂。

D 子禾子釜

D 璽彙 0155

D 璽彙 0232

D 璽彙 0282

D 璽彙 3233

德

A 秦陶 487

B 王子午鼎

B 王孫誥鐘

B 郭店・老乙 11

C 侯馬

C 侯馬

D 陳曼匿

復

A 詛楚文

B 包山 238

B 郭店・性自 18

B 郭店・性自 26

B 郭店・尊德 34

B 郭店・成之 19

B 帛書甲

C 中山圓壺

字								
徐		A 珍秦136		A 陶文		A 陶彙9·81		A 雲夢·日甲102
微		A 石鼓文·作原						
彼		A 雲夢·秦律174						
往	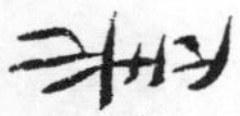	C 侯馬		D 陶彙3·974		D 陶彙3·973		
		A 雲夢·日乙150		B 郭店·老丙4		B 郭店·尊德31		C 侯馬
		C 璽彙2909		D 璽彙3427		陶彙9·6		
		C 侯馬		C 侯馬		C 璽彙0509		C 璽彙0995
		C 侯馬	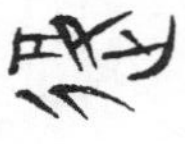	C 侯馬		C 侯馬		C 侯馬

⿰彳戔

B 郭店・老甲 25

⿰彳⿱日夂〔退〕

B 郭店・魯穆 2

B 郭店・語叢 2·43

B 郭店・老甲 39

B 郭店・老乙 11

C 中山方壺

C 行氣玉銘

後

A 雲夢・日乙 243

B 曾姬無卹壺

B 包山 4

B 郭店・老甲 3

B 郭店・語叢 1·70

C 中山方壺

D 陶彙 3·922

D 陶彙 3·921

很

A 十鐘

得

A 故宮 439

A 集粹

A 陶彙 5·429

A 秦陶 252

B 余義鐘

B 郭店・魯穆 4

B 郭店・老甲 5

B 帛書丙

〔馭〕
御　律　徛

B包山13

B包山138

B包山33

B包山竹牘

A陶彙5·384

A考古與文物1997.1

B卲豆

B御簋匜

A集粹

A石鼓文·鑾車

A石鼓文·靁雨
《説文》：『古文御从又、从馬。』

A雲夢·效律58

B包山137反

E璽彙2242

E陶彙4·75

D陶彙3·891

E璽彙0512

E璽彙1290

E璽彙3933

B璽彙3593

C璽彙1212

D璽彙0291

D陶彙3·889

B 郭店·緇衣 23　B 郭店·成之 16　B 隨縣 67　B 隨縣 71

C 中山圓壺　C 集粹　C 璽彙 2040　C 璽彙 2082

C 璽彙 1818　C 璽彙 3415　D 陳御寇戈　D 璽彙 3127

E 作御司馬戈　吉大 17

徂*

B 郭店·忠信 8

彷*

C 中山王鼎

徆*

C 侯馬　C 侯馬　C 侯馬　C 侯馬

C 侯馬　C 侯馬

⿰彳孚*	迲*	邍*	御*	徹*	⿰彳長*	徛*	⿰彳爲*
 C侯馬	 B包山7 同遊。	 B王子午鼎	 A十鐘	 A十鐘	 B郭店・尊德14	 C徛宮左官壺	 D璽彙1219
 C侯馬	 B包山277						

⿰彳敢*

C 梁十九年鼎

⿰彳虎*

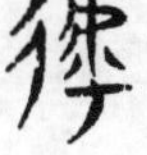
C 侯馬

⿰彳睪*

A 雲夢·日乙104

⿰彳隹*

B 璽彙0274

璽彙2720

同進。

⿰彳馬*

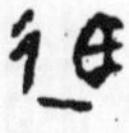
E 八年五大夫弩機

廷

A 珍秦150

A 雲夢·爲吏28

B 包山7

B 包山29

B 包山40

B 包山59

B 包山66

延

A 陶彙5·418

同征。

建

A 湖南 101

A 陶彙 5·168

A 雲夢・日乙 29

B 隨縣 172

B 郭店・老乙 10

B 郭店・老乙 11

C 中山侯鉞

C 建信君鈹

C 建陽戈

C 璽彙 0492

C 璽彙 1375

C 璽彙 2865

C 璽彙 0807

E 璽彙 0596

E 璽彙 1671

璽彙 0338

璽彙 1720

E 燕下都 240·4

延

B 王孫遺者鐘

C 魚顛匕

璽彙 0634

行

A 官印 0005

A 十鐘

A 陶彙 5·150

B 隨縣 154

B 九店 56·31

B 包山 15

B 包山 16

B 帛書乙

術

B郭店・六德45

B郭店・語叢3・33

B郭店・語叢3・34

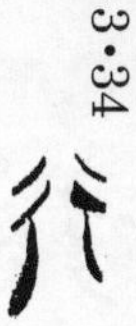
B郭店・成之1

B貨系4170

B璽彙0130

B璽彙0165

C中山王鼎

D貨系2599

D陶彙3・1254

E行議矛

E行議戈

E聚珍154・2

A十鐘

街

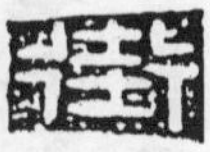
A官印0081

衝

A雲夢・日甲1反

衛〔率〕

A詛楚文

B郭店・尊德28

B帛書丙

衛	A 集粹	A 集粹	A 集證 139·96	A 秦陶 1030
	B 郭店・性自 27	B 包山 224	B 望山 2·35	E 璽彙 1339
	E 璽彙 1340	E 璽彙 1335	E 璽彙 1336	
衛*	D 田齊銅量	D 陶彙 3·324	D 陶彙 3·676	D 陶彙 3·329
	D 陶彙 3·104	D 陶彙 3·673	D 陶彙 3·92	D 陶彙 3·89
	D 陶彙 3·336	D 陶彙 3·348	D 陶彙 3·479	D 陶彙 3·483
齒	B 仰天 5	B 信陽 2·2	B 郭店・唐虞 5	C 中山方壺
	C 璽彙 0912	D 璽彙 1469	D 璽彙 2239	E 璽彙 2288

E 璽彙 3964

韗

A 十鐘

齮

A 珍秦 72

A 集粹

A 十鐘

A 十鐘

B 隨縣 142

齰

A 十鐘

A 津藝 80

齕

A 十鐘

C 璽彙 0956

醫

A 雲夢・答問 83

齸*

A 秦陶 1340

A 秦陶 1343

鬻*

B 隨縣 32

B 隨縣 130

牙〔𤘅〕

B 郭店・緇衣 9

C 璽彙 2503

C 陶彙 6·102

猗

A 上郡守戈

A 璽彙 5528

足

A 雲夢・封診 46

B 郭店・老甲 6

B 郭店・尊德 35

B 郭店・老甲 2

踦

C 璽彙 1684

跪

B 包山 263

踐

A 雲夢・封診 68

距

悍距末

路	A 珍秦 103	B 隨縣 118	B 隨縣 184	B 包山 159
跎	D 陶彙 3·685			
跌*	B 包山 162			
趗*	C 兆域圖			
踜*	A 雲夢・秦律 78			
疋	B 包山 28	B 包山 36	B 包山 39	B 包山 164
	B 隨縣 175	B 郭店・窮達 9	B 郭店・老甲 28	C 疋郿戈
	C 三晉 78	C 三晉 78	C 璽彙 0045	C 璽彙 1871

⿱休疋*

C 璽彙 2594

D 陶彙 3·818

⿱休疋□鼎

喿

B 郭店・老乙 15

B 郭店・唐虞 28

B 包山 145

B 望山 1·119

龠

吉林 202

龢

B 王孫遺者鐘

B 王孫誥鐘

B ⿰黽攵鐘

⿰龠于*

B ⿰黽攵鐘

册

B 鳥書箴言帶鈎

C 貨系 229

嗣

B 曾侯乙鐘

B 隨縣鐘架

B 隨縣鐘架

B 隨縣鐘架

扁

B 隨縣鐘架

B 隨縣鐘架

B 隨縣鐘架

B 曾姬無卹壺

C 令瓜君壺

C 中山方壺

C 中山圓壺

A 雲夢・秦律 130

戰國文字編卷三

字頭				
嚣	 B 長沙銅量	 B 璽彙 0164	 B 璽彙 0318	 B 文物 1988.2
	 B 隨縣 1	 B 包山 6	 B 包山 7	 B 包山 10
	 B 包山 110	 B 包山 203	 C 中山王鼎	 E 璽彙 3484
	 E 璽彙 5435			
器	 A 秦公簋	 A 集粹	 A 陶彙 5·10	 B 太府銅牛
	 B 包山 251	 B 信陽 2·29	 B 郭店・語叢 1·107	 B 郭店・性自 30

舌 干 屰 㕯 商

C 哀成叔鼎

C 陶彙 6·19

D 十四年陳侯午敦

D 陳侯因資敦

E 陶彙 4·7

璽彙 1069

A 雲夢・日甲 74

B 郭店・語叢 4·19

E 陶彙 4·65

A 十鐘

B 包山竹牘

E 貨系 3442

E 燕下都 241·3

B 隨縣 33

B 隨縣 37

C 璽彙 2077

A 上博 31

A 陶彙 5·98

A 考古與文物 2000.1

B 曾侯乙鐘

B 隨縣鐘架

B 隨縣鐘架

句

B 隨縣鐘架

B 隨縣石磬

B 隨縣石磬

B 隨縣石磬

B 隨縣石磬

悍距末

悍距末

A 雲夢・爲吏 51

B 太句脰官鼎

B 越王州句劍

B 郭店・語叢 1・28

B 郭店・六德 16

C 璽彙 1068

C 陶彙 6・85

D 璽彙 0340

D 璽彙 0644

E 璽彙 4130

拘

A 詛楚文

笱

A 十鐘

A 雲夢・日甲 157 反

B 仰天 14

鉤

B 郭店・語叢 4・8

B 信陽 2・27

丩

 B 徐□尹鼎
 B 包山260
 C 貨系0046
 D 陶彙3·94

古

 A 集粹
 A 陶彙5·463
 B 包山15
 B 包山157

 B 郭店・語叢1·40
 B 郭店・六德19
 B 郭店・六德22
 C 中山方壺

 C 貨系435
 C 貨系443
 C 貨系440
 E 燕下都241·6

十

 A 陶彙5·371
 A 陶彙5·384
 B 禽璋鐘
 B 鄂君啟車節

 B 隨縣120
 B 郭店・緇衣47
 B 郭店・六德45
 C 十一年皋落戈

 C 中山王鼎
 C 金頭像飾
 D 十四年陳侯午敦

丈

 A 雲夢・答問6
 B 郭店・六德27

千

- A 珍秦 189
- A 龍崗 217
- B 郭店・窮達 10
- C 璽彙 0349
- E 璽彙 3466
- 璽彙 4461
- 璽彙 4465
- 璽彙 4476
- 璽彙 4743
- 璽彙 4471
- 璽彙 4799
- E 璽彙 0824

肸

- E 陶彙 4·49

博

- A 秦陶 483
- A 秦陶 484
- C 璽彙 1837
- C 陝西金融 1990.8

廿

- A 陶彙 5·384
- A 陶彙 5·387
- B 曾姬無卹壺
- B 長沙銅量
- B 隨縣石磬
- B 信陽 2·12
- C 廿五年戈
- E 陶彙 4·5
- E 廿年距末
- E 陶彙 4·17

揖		B 郭店・緇衣 34						
𦐅〔卅〕	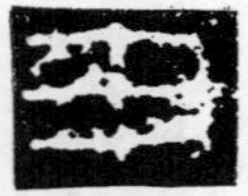	A 石鼓文・作原		B 郭店・唐虞 26		B 包山 117		C 𩰫鼎
		C 中山圓壺圈足						
世	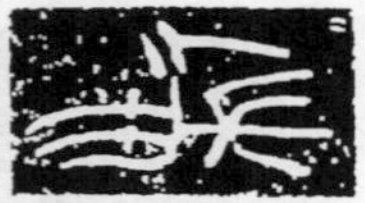	B 書也缶		B 郭店・唐虞 3		B 郭店・語叢 4·3		B 郭店・語叢 4·3
		C 中山方壺		C 中山圓壺		D 十四年陳侯午敦		D 陳侯因資敦
言		A 雲夢・答問 12		B 包山 14		B 包山 141		B 郭店・忠信 8
		B 郭店・成之 13		B 璽彙 3231		C 貨系 1376		C 貨系 1379
		C 中山王鼎		璽彙 3076		璽彙 4284	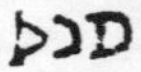	璽彙 4285

語

B 余義鐘

B 郭店・五行 34

C 中山王鼎

C 璽彙 2774

C 璽彙 3083

C 璽彙 3193

談

A 十鐘

A 秦陶 386

B 郭店・語叢 4・23

C 璽彙 1418

D 陶彙 3・198

E 陶彙 4・41

謂

A 石鼓文・吾水

A 雲夢・答問 180

諒

A 雲夢・封診 1

請

A 雲夢・秦律 188

B 包山 180

C 中山方壺

謁

A 集證 134・26

A 雲夢・效律 34

C 中山守丘石刻

許

A 十鐘

C 中山王鼎

C 二年戈

雠

A 十鐘

D 陶彙 3·301

諸

A 陶彙 5·389

詩

B 郭店·語叢 1·38

音

B 郭店·語叢 3·64

C 令瓜君壺

訓

B 包山 193

B 包山 210

B 郭店·性自 17

B 帛書丙

B 璽彙 3130

B 璽彙 3131

B 璽彙 2565

B 璽彙 5286

誨

B 王孫遺者鐘

B 王孫誥鐘

字	字形	出處
議		A 秦印
		E 行議矛
		E 行議戈
論		A 雲夢・效律24
訪		B 郭店・五行40
		C 中山王鼎
		E 陶彙4·71
謀〔𢘻〕		A 雲夢・日乙46
		B 郭店・老甲25
		B 郭店・語叢4·13
		B 郭店・語叢4·23
誾		D 陶彙3·41
詻		C 中山圓壺
諭	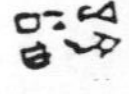	C 璽彙2123

識

A 十鐘

A 十鐘

A 雲夢・秦律 86

B 璽彙 0338

B 包山 49

E 燕王職戈

訊

A 雲夢・封診 61

謹

C 璽彙 0983

C 璽彙 1266

C 璽彙 2006

C 璽彙 2667

D 陶彙 3·953

E 璽彙 1280

E 璽彙 4112

信

A 珍秦 190

A 十鐘

B 璽彙 5509

B 璽彙 1664

B 璽彙 1690

B 璽彙 3736

B 璽彙 3703

B 包山 144

B 郭店・成之 2

B 郭店・忠信 8

C 信安君鼎

C 中山方壺

誥　諱　誠

 C 梁上官鼎	 C 封成 19	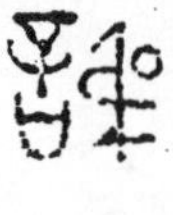 C 璽彙 3129	 C 璽彙 5287
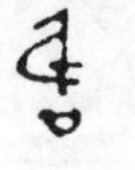 C 璽彙 3345	 C 璽彙 5381	 D 璽彙 0232	 D 璽彙 0236
 D 璽彙 0650	 D 璽彙 1562	 D 璽彙 1149	 D 璽彙 5537
 D 璽彙 3125	 D 璽彙 0282	 E 璽彙 5427	 E 璽彙 5685
 璽彙 2681	 璽彙 2683	 璽彙 2686	
 A 故宮 477			
 C 侯馬			
 B 王孫誥鐘	 B 包山 133	 B 郭店・緇衣 5	 B 郭店・成之 38

詔	 A 五年相邦呂不韋戈	 A 五年相邦呂不韋戈	 A 陶彙 5·398	 A 陶彙 5·392
	 A 集證 142·156			
誓	 B 信陽 1·42			
詁	 E 璽彙 0824	 E 璽彙 2809	 璽彙 1243	
誄	 C 璽彙 0820	 C 璽彙 0985		
諫	 E 璽彙 2808	 E 璽彙 3416	 E 璽彙 3546	 E 璽彙 5284
	 E 陶彙 4·66			
謂	 B 璽彙 0008			

課

A 雲夢・語書 8

試

A 雲夢・效律 46

畬

B 郭店・性自 24

訢

A 香續 70

B 王子午鼎

C 中山圓壺

C 璽彙 2117

D 陶彙 3·849

D 陶彙 3·850

D 陶彙 3·852

E 璽彙 3867

E 陶彙 4·87

E 陶彙 4·88

說

A 十鐘

B 郭店・成之 29

計

A 雲夢・秦律 78

B 璽彙 0138

B 璽彙 0139

B 璽彙 0140

		B 璽彙 0210	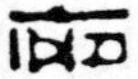	璽彙 2534
話		B 郭店・緇衣 30		
諉		A 考古與文物 1987.6		
䛑〔謐〕		B 包山 191		B 包山 184
詡		A 珍秦 160		A 秦陶 338
詗	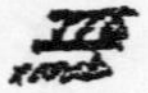	A 龍崗 216		
誧		A 雲夢・答問 106		
諰		A 雲夢・爲吏 8		

記

D 陶彙3·448

譽

B 郭店・老丙1

謝

A 集粹

A 秦印

静

A 善齋

諺

B 隨縣石磬

B 隨縣石磬

詣

A 雲夢・秦律115

B 包山156

講

A 吉大136

A 秦代印風54

譊

A 十鐘

A 續齊魯

A 秦印

C 璽彙0987

詒

C 璽彙 0821

C 璽彙 1704

D 陶彙 3·805

C 中山王鼎

E 封成 17

E 璽彙 3416

誣

A 雲夢・答問 49

謗

A 雲夢・爲吏 8

詛

A 雲夢・答問 59

C 侯馬

䜌

B 書也缶

B 璽彙 2539

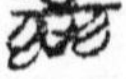
B 包山 105

B 包山 172

C 䜌左庫戈

璽彙 2535

譌

B 郭店・忠信 1

B 郭店・忠信 4

註

D 陶彙3·116

誤

A 十鐘

A 雲夢·效律60

詯

璽彙2801

訾

D 陶彙3·1033

D 陶彙3·1180

D 陶彙3·1181

訇

B 郭店·唐虞27

讙

A 秦代印風118

B 包山189

訬

璽彙0515

諆

B 王孫遺者鐘

B 王子午鼎

B 天星

字	字形及出處
詐	 B 曾侯乙鼎  C 中山王鼎
訏	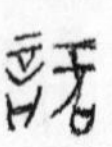 B 郭店・尊德 15
讋	 A 集粹  A 集粹
訟	 B 包山 94  B 包山 95
訶	 B 余義鐘  B 郭店・窮達 5  B 璽彙 0274
訏	 璽彙 2532
譴	 A 雲夢・日乙 168
諯	 C 璽彙 3276

讓

A 陶彙9·83

C 璽彙0986

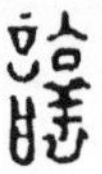
C 璽彙2781

C 璽彙3151

C 璽彙0514

譙

C 三年付余令戈

C 璽彙1419

C 璽彙1800

C 璽彙2250

C 璽彙1668

誶

A 雲夢·效律8

詰

A 雲夢·日甲24反

詘

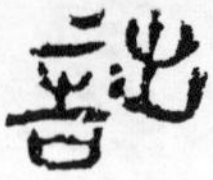
A 高奴銅權

B 郭店·老乙14

B 郭店·性自46

謏

A 雲夢·封診36

詆

C 中山方壺

誰

A 雲夢・編年 53

診

A 雲夢・秦律 18

訧

E 陶彙 4・131

誅

C 中山方壺

討

C 單䢼討戈

詬〔詢〕

B 郭店・五行 10

諜

A 瀓秋 36

譯	詢	詎	奮*	訊*	訙*	訤*	諓*
 B 郭店・成之27	 A 雲夢・語書12	 E 璽彙5282	 B 郭店・六德24 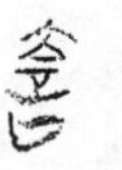 B 郭店・六德36	 A 雲夢・語書12	 A 陶彙5·76	 B 郭店・六德36	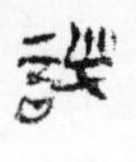 B 包山15反  B 包山30  B 包山42  B 包山54

⿰言𠦝*

B 郭店・窮達 1　B 郭店・五行 8　B 郭店・五行 13　B 郭店・語叢 1·68

B 包山 22　B 包山 27

B 王孫遺者鐘　B 包山 85

⿰言女*

B 包山 157 反　B 包山 157

⿰言弋*

A 陶彙 5·278　A 秦陶 574

⿰言大*

C 璽彙 2846　C 璽彙 3068

訞*

C 璽彙 2973

⿰言欠*

B 郭店・性自 62

詖*	 B 㝬鐘		
詠*	 A 雲夢・日甲 81 反		
詋*	 A 故宮 466	 C 璽彙 1131	 C 璽彙 2003
譆*	 B 包山 140	 B 包山 161	
⿱虍訊*	 B 包山 174		
詁*	 B 郭店・老甲 4		
⿰言㕣*	 B 包山 179		
訑*	 璽彙 4041		

詨*		A 集證 180·696		C 侯馬		C 侯馬		
訵*	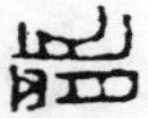	C 璽彙 0819						
訛*		B 郭店·語叢 4·6		C 中山方壺 同譌，《説文》有『譌』，無『訛』。				
訮*		A 秦印		C 侯馬				
詈*		E 璽彙 3892		E 燕王詈矛				
誙*		A 雲夢·語書 12						
諜*		B 包山 193						
諠*		B 包山 16 反		B 包山 137 反		B 包山 161		B 信陽 2·2

誟*	誢*	誙*	謞*	諻*	誌*	[illegible]*	[illegible]*
 B 郭店・性自25	 C 璽彙1798	 D 璽彙2530  D 璽彙2531  D 璽彙4889	 A 雲夢・日乙145	 E 璽彙3859	 C 璽彙1546	 B 郭店・五行17	 B 郭店・語叢1·35

⿰言秋*	 B 郭店・性自33		
諹*	 B 璽彙5548		
⿰言帚*	 璽彙2155		
⿰言采*	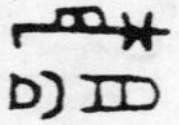 璽彙1801		
⿰言聿*	 B 隨縣214		
⿰言前*	 C 璽彙1802	 C 璽彙2007	 C 璽彙3269
⿰言孫*	 D 陶彙3・424	 D 璽彙0633	
⿰言复*	 B 包山90		

諻*

B 徐王子旃鐘

B 邵王之諻鼎

B 包山 60

詳*

C 中山王鼎

譌*

E 璽彙 0823

E 璽彙 4098

諒*

B 包山 85

諴*

B 包山 42

訧*

B 包山 7

諰*

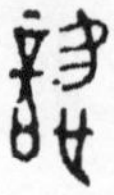
C 璽彙 3811

諄*

C 中山方壺

⿰言弇*

D 陶彙 3·1282

D 陶彙 3·1283

D 陶彙 3·1284

⿰爿言*

C 璽彙 2630

説*

B 𩕳鐘

B 𩕳鐘

⿰言繫*

C 璽彙 1963

⿱陳言*

B 包山 137

用作證。

誁*

B 包山 138

同證。

B 包山 138 反

B 包山 139 反

⿰言支*

B 郭店·五行 34

讗*

A 秦代印風 135

詐*		A 雲夢・日乙17		A 龍崗184				
譙*		B 曾侯乙鐘						
善		A 秦陶1372		B 包山54		B 包山145		B 包山191
		B 郭店・老甲7		B 郭店・語叢1·17		B 郭店・語叢1·32		B 璽彙2983
		B 璽彙2984		C 璽彙3088		C 璽彙4540		C 璽彙3379
		璽彙5581		璽彙5353		璽彙5354	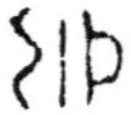	璽彙5387
	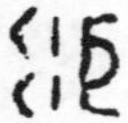	璽彙5388	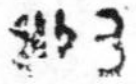	璽彙5383	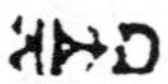	璽彙4494		璽彙5323
		D 陶彙3·412		E 陶彙4·104				

競

A 詛楚文

B 㽙篙鐘

B 救秦戎鐘

B □壽之歲戈

B 包山 110

B 包山 118

B 包山 180

B 璽彙 3130

B 璽彙 3131

B 璽彙 0275

从言。

音

B 曾侯乙鐘

B 黝鐘

B 包山 214

B 包山 240

B 包山 248

E 陶彙 4·101

章

A 秦陶 962

A 珍秦 50

A 官印 0023

B 酓璋鎛

B 璽彙 2744

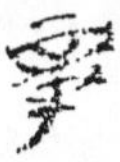
B 包山 77

B 郭店·尊德 39

B 郭店·老甲 31

B 帛書甲

C 宜章矛

C 九年鄭令矛

C 璽彙 0902

E 璽彙 0878

E 璽彙 2521

E 璽彙 3842

⿰音會*

B 郭店・緇衣 26

⿰音幵*

B 曾侯乙鐘

B 曾侯乙鐘

B 曾侯乙鐘

⿰音穆*

B 曾侯乙鐘

⿰音歸*

B 曾侯乙鐘

B 曾侯乙鐘

B 曾侯乙鐘

⿰音緜*

B 曾侯乙鐘

⿰音乍*

B 曾侯乙鼎

B 曾侯乙尊

B 曾侯乙斗

韹*

B 曾侯乙鐘

訔*

 B 隨縣漆書

童

 A 陶彙 5·384

 B 包山 180

 B 郭店·尊德 39

 B 璽彙 0279

 B 璽彙 3645

 B 郭店·語叢 4·14

 D 璽彙 1278

 璽彙 1277

妾

 A 十鐘

 B 包山 170

 B 包山 173

 B 璽彙 5491

 C 侯馬

業

 C 卅三年業令戈

 C 非釪戈

 C 中山王鼎

業

 B 包山 145

僕

 A 集粹

 B 𪒠鐘

 B 包山 16

 B 望山 2·11

B包山137反

B郭店·老甲2

B郭店·語叢4·18

B郭店·老甲13

E枝里瘟戈

収

C虒令鼎

D陶彙3·824

璽彙5419

奉

B帛書乙

B郭店·老乙17

C璽彙0898

C侯馬

丞

A卅八年上郡守戈

A五年相邦呂不韋戈

A丞廣弩牙

A高奴銅權

A集粹

A十鐘

A集證154·348

A陶彙5·398

B包山232

C中山圓壺

奂

C侯馬

C侯馬

弇	 B 隨縣 62	 B 隨縣 60	 B 郭店・成之 16	 B 望山 2·38
	 B 郭店・六德 31	 璽彙 4682	 C 中山王鼎	
⿱罒弇	 B 王孫遺者鐘	 B 越王者旨於賜鐘	 B 王子午鼎	
	 B 子孔戈	 D 陳助簋蓋	 D 陶彙 3·736	
⿱由廾	 A 雲夢・爲吏 1			
弄	 A 官印 0011	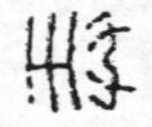 A 集證 137·72	 C 智君子鑑	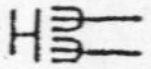 C 集粹
	 璽彙 3144			
⿱夂廾	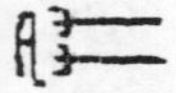 C 璽彙 1905	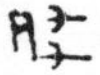 C 璽彙 2718	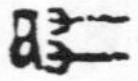 璽彙 0437	

戒

A 雲夢·答問 125

B 璽彙 0163

C 中山方壺

C 璽彙 5205

C 璽彙 5206

E 璽彙 1238

兵

A 新郪虎符

A 集證 221·264

B 禽志鼎

B 禽志鼎

B 包山 241

B 包山 81

B 郭店·老甲 29

B 郭店·唐虞 12

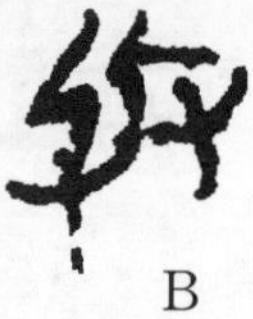
B 帛書乙

E 璽彙 1225

E 璽彙 4092

龔

A 故宮 425

B 王子午鼎

B 長沙銅量

B 包山 41

B 包山 90

B 信陽 1·42

C 龔令思戈

D 禾簋

D 陳侯因資敦

D 陳昉簋蓋

D 陳昉簋蓋

弈

A 簠齋

具

A 集證 149·260

A 石鼓文·而師

B 郭店·緇衣 16

关*

B 郭店·窮達 6

B 望山 2·13

关*

B 信陽 2·15

𢍏*

璽彙 1734

𦤎*

璽彙 0435

璽彙 4082

弊*

B 帛書乙

C 錢典 299

棐*

C 貨系 501

⿱卯廾*

B 璽彙 3503

⿱言廾*

B 郭店・尊德 34

彝之譌字。

⿸尸⿱辛廾*

D 陳肪簋蓋

〔攀〕
⿰丮⿱丶丶

A 故宮 412

A 集粹

樊

A 珍秦 118

共

A 集粹

A 考古與文物 1997.1

B 酓□盤

B 酓忎鼎

B 酓忎盤

B 包山 228

B 郭店・六德 26

B 璽彙 5139

C 貨系 4046

C 璽彙 5145

E 璽彙 0749

龔

璽彙1880

璽彙5137

璽彙5144

E 陶彙4·121

A 雲夢·爲吏11

異

A 故宮434

A 石鼓文·鑾車

B 包山52

B 包山105

B 包山116

B 包山117

B 郭店·性自9

B 郭店·語叢3·3

B 郭店·語叢2·52

B 郭店·語叢3·53

璽彙3140

戴

A 十鐘

A 十鐘

與

A 雲夢·效律19

B 包山141

B 包山126

B 包山246

B 信陽2·15

B 郭店·老甲5

B 郭店·老甲20

B 郭店·老甲35

農

A 雲夢・秦律 144

D 陶彙 3·1234

晨

B 郭店・五行 19

B 郭店・五行 20

B 帛書甲

C 中山王鼎

要

A 雲夢・日甲 73 反

興

璽彙 3586

璽彙 3290

D 陶彙 3·886

D 陶彙 3·888

E 璽彙 1507

A 新郪虎符

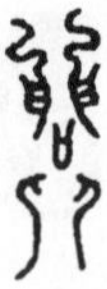
B 之利殘器

B 郭店・唐虞 8

B 包山 159

C 貨系 2840

D 陶彙 3·816

B 郭店・老甲 36

B 郭店・語叢 3·57

C 中山方壺

C 司馬成公權

爨

A 集粹

A 集粹

B 包山 67

B 包山 75

B 包山 76

B 望山 2·6

B 天星

璽彙 1152

璽彙 2480

璽彙 2742

䙴*

A 雲夢·秦律 154

B 郭店·窮達 5

B 郭店·語叢 4·16

C 侯馬

C 侯馬

革

A 龍崗 165

B 鄂君啟車節

B 隨縣 45

B 郭店·唐虞 12

璽彙 3103

鞄

A 陶彙 3·1089

D 璽彙 3544

从缶(陶省)聲。

D 陶彙 3·405

鞏

A 珍秦 143

A 故宮 424

A 集粹

A 秦代印風 135

鞮

A 十鐘

鞠

A 陶彙 9·83

鞀〔鞉〕

B 包山 95

《説文》：『鞀或从兆……或从鼓从兆。』

鞞

A 雲夢·日甲 77 反

B 天星

鞁

B 隨縣 11

B 隨縣 35

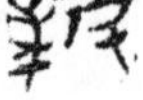
B 望山 2·23

韅

B 隨縣 80

鞌

B 隨縣 35

B 隨縣 115

斬

A 集粹

A 集粹

輨

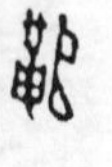
C 璽彙 3073

轉

D 璽彙 3634

軩

A 詛楚文

勒

A 石鼓文·田車

B 隨縣 64

B 隨縣 66

轒

B 隨縣 123

鞭

B 望山 2·8

B 郭店·老丙 8

B 郭店·尊德 14

B 郭店·成之 32

C 珍秦 2

璽彙 2950

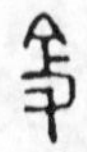
C 璽彙 0399

E 陶彙 4·62

	 E 陶彙4·63	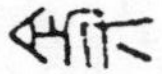 璽彙1727		
鞅	 A 商鞅方升	 A 十九年殳	 B 大良造鞅戟	 A 故宮418
	 B 隨縣61	 B 隨縣80	 B 包山271	 B 包山273
⿰革見	 B 包山271	 B 包山273		
⿰革夜	 B 隨縣123			
⿰革申*	 A 雲夢·答問179	 B 隨縣56	 B 隨縣61	
⿰革台*	 A 秦代印風207			
⿱執革*	 B 隨縣122	 B 隨縣137		

⿰車者*

B 包山 260

輂*

B 隨縣 64

B 隨縣 78

⿰車爰*

B 望山 2·22

⿰車堇*

B 包山竹牘

B 包山 186

⿱敢車*

B 隨縣 13

B 隨縣 32

B 隨縣 75

⿰車聚*

B 隨縣 80

⿰車悬*

B 包山 273

⿰車發*

B 隨縣 126

B 隨縣 130

⿰革加*

B 璽彙 3531

鞣*

B 隨縣 69

⿰革䜌*

B 包山竹牘

B 包山 271

B 包山 273

鬲

A 陶彙 5·107

B 郭店·窮達 2

C 梁十九年鼎

C 鄲孝子鼎

C 鄲孝子鼎

C 貨系 328

C 貨系 333

D ⿰金曾頃戈

⿰鬲支

A 湖南 85

鬹

A 集粹

A 集粹

鬵

A 秦印

鬴〔釜〕

D 陳純釜

D 璽彙 0289

D 陶彙 3·1

D 陶彙 3·5

D 陶彙 3·23

D 陶彙 3·722

融

B 包山 237

B 望山 1·123

B 帛書甲

鬳

B 之利殘器

B 之利殘器

鬻

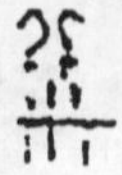
C 吉大 46

C 璽彙 0955

C 璽彙 1621

鬻俗字作粥。

羹

A 雲夢・秦律 179

鬻

B 郭店・老丙 4

C 侯馬

煮

B 包山 147

C 私庫衡飾

C 私庫衡飾

字頭				
乎	 B 郭店・緇衣 2	 B 郭店・緇衣 13	 B 璽彙 0339	 C 璽彙 0922
爲	 A 澂秋 26	 A 集粹	 A 陶彙 5·392	 A 陶彙 5·384
	 A 石鼓文・作原	 B 禽□盤	 B 鄂君啟車節	
	 B 禽志鼎	 B 集脰鼎	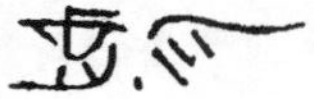 B 邗王是埜戈	
	 B 正鐏	 B 隨縣 143	 B 信陽 1·65	
	 B 包山 5	 B 包山 7	 B 包山 16	 B 包山 15 反
	 B 包山 94	 B 包山 105	 B 郭店・老乙 3	 B 郭店・成之 1
	 B 郭店・老甲 17	 B 郭店・語叢 1·29	 B 郭店・忠信 6	 B 郭店・老丙 14

B 郭店·性自43

C 中山王鼎

C 中山方壺

C 上官豆

C 趙孟庎壺

C 東周左官壺

C 十一年庫嗇夫鼎

D 陳逆簋

D 陳喜壺

D 陳侯因資敦

雍王戈

賈*

B 隨縣125

卒*

B 隨縣衣箱 用作卒。

B 包山197 用作卒。

B 包山201

B 璽彙5560

B 郭店·緇衣7

C 卌三年鄴令戈

馬*

璽彙3190

璽彙3191

豕*

B 包山202

B 包山206

B 包山226

B 包山236

𡐦*

B 包山 248 B 郭店・老乙 16 B 望山 1・14 B 帛書丙

B 望山 1・17

𣪠

B 郭店・語叢 1・75

埶

A 石鼓文・吴人 B 𩁹鐘 B 𩁹鐘 B 郭店・尊德 7

B 郭店・尊德 14 B 郭店・尊德 30 B 郭店・語叢 2・50 B 郭店・語叢 2・50

B 郭店・語叢 3・51 B 郭店・性自 11

鞏

A 雲夢・爲吏 26

谻

A 石鼓文・吴人

字頭				
⿰其丮*	 B 王孫遺者鐘	 B 王子午鼎		
⿰吝丮*	 ⿰吝丮子劍			
鬭	 A 雲夢・答問 74	 A 雲夢・日乙 62		
又	 A 陶彙 5・299	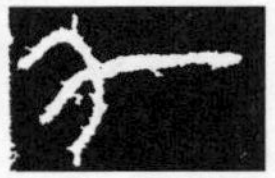 B 曾姬無卹壺	 B 會章鎛	 B 鳥書箴言帶鉤
	 B 包山 16	 B 包山 198	 B 郭店・老甲 20	 B 郭店・語叢 1・15
	 B 郭店・語叢 1・16	 B 帛書乙	 C 中山圓壺	 C 中山守丘石刻
	 C 璽彙 4555	 C 璽彙 4809	 C 璽彙 4814	 D 十四年陳侯午敦
	 E 璽彙 4727	 E 璽彙 4728		

字	出處
父	B余義鐘　B鄦陵君豆　B包山126　B包山127
	B郭店·成之31　B郭店·語叢1·78　B郭店·語叢3·1　C中山方壺
	C哀成叔鼎　C侯馬
安	A雲夢·爲吏21
燮	璽彙3286
曼	B郭店·老乙12　D陳曼簠
夬	A雲夢·日乙200　B九店56·114　B仰天15　B包山260
	B郭店·語叢1·91

尹

 A 珍秦 125	 B 王子午鼎	 B 長沙銅量	 B 璽彙 0145
 B 璽彙 1300	 B 包山 16	 B 包山 110	 B 包山 162
 B 隨縣 145	 C 大攻尹劍 尹或从肉。	 C 貨系 422	 C 陶彙 6·68
 C 陶彙 6·70	 D 陶彙 3·759	 E 陶彙 4·1	 E 陶彙 4·15
 E 陶彙 4·30			

⿰虘攴

 B 包山 198	 B 包山 202	 B 包山 213	 B 郭店・老丙 12
 B 郭店・緇衣 26	 D 璽彙 0174	 D 陶彙 3·1109 从鹿頭。	
 集粹			

及

A石鼓文・汧殹

A龍崗208

B鳥書箴言帶鈎

B郭店・緇衣5

B郭店・成之27

B郭店・尊德18

B郭店・唐虞24

B郭店・語叢2·19

B郭店・語叢2·19

B包山123

C中山王鼎

C侯馬

秉

B隨縣5

反

A秦陶1261

A考古與文物1997.1

B曾侯乙鐘

B隨縣鐘架

B隨縣鐘架

B隨縣鐘架

B郭店・成之11

B郭店・太一1

B包山99

C貨系1428

E王后鼎

E燕下都241·1

叔

A雲夢・秦律43

A雲夢・日乙65

取

 A 陶彙5·384
 B 包山89
 B 包山231
 B 郭店·老甲7

 B 郭店·語叢1·72
 B 郭店·尊德13
 B 郭店·語叢3·46
 B 帛書丙

 C 中山圓壺
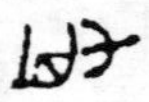 璽彙4061

彗

 B 隨縣9

段

 A 雲夢·雜抄1
 A 雲夢·秦律101

友

 B 王孫遺者鐘
 B 郭店·語叢3·62
 B 郭店·語叢4·22
 B 郭店·語叢4·23

 B 郭店·語叢1·80
 B 郭店·語叢1·87
 B 郭店·語叢3·6
 B 信陽2·19

 C 侯馬

度	 A 商鞅方升	 A 陶彙 5·398	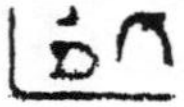 璽彙 3211	
⿱厇又*	 A 𩂣□鼎	 A 書也缶	 B 𩂣□盤	
	 B 包山 207	 B 包山 225	 B 郭店・性自 1	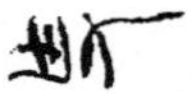 B 郭店・成之 38
	 C 璽彙 3148	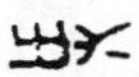 璽彙 3147		
殷*	 璽彙 1448 同殷。	 璽彙 3216		
豎*	 B 包山 190 用作文。	 B 郭店・尊德 17	 B 郭店・語叢 3·41	 B 郭店・語叢 2·5
	 B 郭店・語叢 3·10	 B 郭店・語叢 3·44		
⿱𠆢⿱吅又*	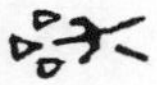 璽彙 3289	 璽彙 3768	 璽彙 3971	

數*

B 郭店·窮達6 同擇。

B 郭店·窮達7

广

A 陶彙5·273

A 陶彙5·300

卑

A 陶彙5·384

B 救秦戎鐘

B 郭店·老甲20

B 郭店·緇衣23

璽彙3525

C 中山王鼎

C 侯馬

C 侯馬

C 侯馬

C 侯馬

D 璽彙0234

D 璽彙3677

史

E 燕下都20·1

A 陶彙5·384

A 故宮407

B 包山168

B 包山138

B 包山159

B 包山161

B 璽彙1833

璽彙1903

事

C侯馬

C侯馬

A五年相邦呂不韋
戈

A石鼓文·霝雨

A珍秦188

B王孫誥鐘

B璽彙2188

B璽彙3655

B璽彙4573

B包山161

B包山198

B包山213

B郭店·老甲8

B郭店·尊德18

B郭店·語叢1·41

B郭店·唐虞5

B郭店·語叢2·45

B帛書丙

C中山王鼎

C哀成叔鼎

C璽彙1785

C璽彙4158

C璽彙1796

D陳純釜

D公孫竈壺

D子禾子釜

D陳曐鐘

D璽彙0277

D璽彙0289

D璽彙2530

支

D陶彙3·1

D陶彙3·35

璽彙1432

璽彙5186

E璽彙1840

A集粹

A官印0061

敎*

A珍秦148

肄〔肆〕

A珍秦58

A璽彙5120

A璽彙5572

A秦陶1230

A秦陶1232

肅

B王孫遺者鐘

B包山174

聿

B楚王領鐘

聿	 B 曾侯乙鐘	 B 包山 209	 B 包山 226	 B 包山 234
	 B 郭店・語叢 1・6	 B 郭店・語叢 3・56	 B 郭店・語叢 4・15	
書	 A 陶彙 5・384	 B 書也缶	 B 書也缶	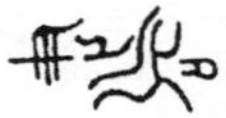 B 之利殘器
	 B 隨縣 1	 C 璽彙 2020	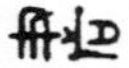 C 璽彙 2541	 E 陶彙 9・12
	 璽彙 5187	 璽彙 5189		
畫	 B 隨縣 1	 B 隨縣 13	 B 隨縣 88	 C 上官豆
	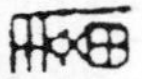 C 璽彙 0725	 C 璽彙 1519		
晝	 B 九店 56・71	 B 帛書甲		

隶

 B 郭店・尊德30
 B 郭店・尊德31
 璽彙2411

隸

 A 高奴權
 A 卅八年上郡守戈

臤

 B 郭店・緇衣17
 B 郭店・五行23
 B 郭店・五行24
 B 郭店・語叢3・52

 B 郭店・語叢4・12
《說文》：『古文以爲賢字。』

堅

 A 鐵續
 A 集粹

豎

 A 十鐘
 B 包山94
 璽彙0440
 璽彙1105

 璽彙1719
 璽彙1390
 璽彙3181
 璽彙3016

 C 陶彙6・143
 C 侯馬
 C 侯馬
 E 璽彙0605

臣

E 璽彙 5334

E 陶彙 4·38

A 高奴權

A 廿七年上守趞戈

A 珍秦 115

A 集粹

B 𪘲鐘

B 隨縣 12

B 包山 7

B 郭店·緇衣 21

B 郭店·魯穆 3

B 郭店·語叢 1·87

B 帛書丙

C 中山方壺

C 中山圓壺

C 貨系 199

C 璽彙 0891

D 陶彙 3·996

D 陶彙 3·998

E 璽彙 1222

臧

A 璽彙 0611

B 長沙銅量

B 璽彙 1330

B 包山 23

B 包山 43

B 包山 160

B 包山 167

C 貨系 645

⿱付臣*

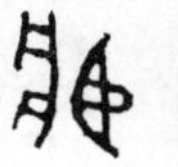
C 貨系 644

C 貨系 661

C 貨系 672

C 璽彙 2628

C 璽彙 3085

D 璽彙 1464

D 璽彙 1333

D 陶彙 3·421

B 包山 164

B 包山 192

璽彙 5512

璽彙 2500

璽彙 1461

C 三年付余令戈

C 中山方壺

C 璽彙 1907

殳

A 十九年殳

B 曾侯邚殳

杸

B 隨縣 68

B 隨縣 62

B 隨縣 99

陶彙 9·96

毄

A 雲夢·答問 132

炈

A 十鐘

毆		A 雲夢・答問75		A 石鼓文・車工		C 侯馬		D 陶彙3·743
		E 璽彙3226						
殿		A 雲夢・雜抄20						
殹		A 新郪虎符		A 石鼓文・汧殹		B 王子午鼎		B 包山105
		B 包山116		B 郭店・語叢4·27				
段		A 陶彙5·296		A 秦陶1351		A 秦陶1352		C 八年相邦鈹
		C 璽彙2945						
殽		A 雲夢・秦律40						

殺

A 雲夢・日乙104

A 雲夢・秦律84

B 包山121

B 包山135

B 包山135反

B 包山137

B 郭店・魯穆5

B 郭店・尊德3

B 郭店・魯穆6

B 帛書丙

C 侯馬

C 侯馬

C 侯馬

D 陶彙3·937

繫*

璽彙1819

璽彙5631

政*

B 鄂君啟舟節
同政。

敂*

B 鄂君啟車節
同命。

啓*

B 鄂君啟舟節
同啓。

⿰貝殳*

B 鄂君啟舟節
同敗。

⿰米殳*

D 叔孫戈
同誅。

⿰⻊殳*

B 郭店・語叢 1・112

D 璽彙 0280

⿰飠殳*

B 郭店・語叢 1・50

B 郭店・語叢 1・51

B 郭店・語叢 1・52

B 郭店・語叢 1・52

寸

A 雲夢・雜抄 9

寺

A 二年寺工戈

A 官印 0008

A 陶彙 5・249

A 石鼓文・田車

B 曾侯乙鐘

B 包山 234

B 包山 228

B 郭店・窮達 6

B 帛書乙

C 厲羌鐘

C 侯馬

D 陳喜壺

字頭	字形出處
皮	A 龍崗165　A 石鼓文・汧殹　B 之利殘器　B 郭店・緇衣18
〔剋〕尅*	A 秦代印風56
導	A 石鼓文・作原
	B 郭店・老甲12　B 包山176　C 貨系2469
	B 郭店・成之27　B 郭店・尊德35　B 郭店・語叢1・28　B 郭店・語叢2・5
專	B 會志鼎　B 專秦匕　B 璽彙0228　B 璽彙0229
將	A 官印0027　A 詛楚文　A 秦王版　A 雲夢・效律46
	D 陶彙3・999

攴

C 中山圓壺

C 三晉115

C 璽彙3089

C 璽彙3998

D 陳子皮戈

D 陶彙3·1170

C 貨系530

D 陶彙3·507

D 陶彙3·506

啓

A 秦代印風135

A 璽彙3128

A 十鐘

B 鄂君啟舟節

B 包山13

B 郭店·老乙13

C 中山圓壺

C 廿一年啟封令戈

D 陶彙3·980

D 陶彙3·981

E 璽彙2581

璽彙2582

徹

A 集粹

肈

D 陳曼匿

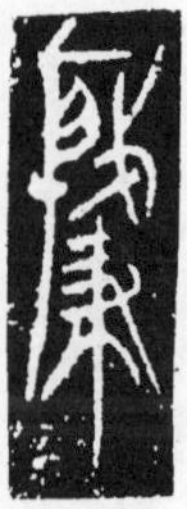
D 禾簋

敏

璽彙 0534

歐

A 中歐鼎

A 雲夢・秦律 62

A 雲夢・日甲 54 反

敉

C 中山王方壺

敃

B 包山 142

B 包山 143

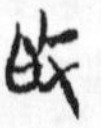
B 郭店・窮達 7

效

A 珍秦 185

璽彙 5293

故

A 陶彙 5・77

政

B 鄂君啟舟節
从殳。

B 王子午鼎

B 冉鉦鉞

B 隨縣 123

B 包山 81

B 郭店・語叢 1・67

C 侯馬

C 侯馬

C 侯馬

C 璽彙 1003

D 璽彙 3479

璽彙 5126

璽彙 5128

敷

B 包山 142

B 包山 144

D 璽彙 3122

數

A 秦印

C 中山王鼎

斁〔攷〕

B 者沪鐘

B 帛書甲

敞

A 故宮 447

从殳。

A 金符 38

改

A 集粹

B 郭店・緇衣 17

B 郭店・六德 19

B 郭店・尊德 5

B 郭店・尊德 4

C 侯馬

C 侯馬

變

A 詛楚文

A 雲夢·語書5

更

A□年上郡守戈

A 十鐘

A 陶彙5·384

A 陶彙9·33

B 郭店·六德32

B 郭店·六德33

璽彙0371

敕

D 陳純釜

斂

B 包山149

B 郭店·緇衣26

C 中山方壺

E 燕下都347·2

敵

C 侯馬

璽彙3626

敶

B 隨縣漆書

救

A 十鐘

B 型篙鐘

B 救秦戎鐘

B 包山228

攸

B 郪陵君豆

B 郭店·老乙17

B 郭店·六德47

B 郭店·老乙16

〔赦〕赦

A 雲夢·爲吏1

《説文》:『赦或从亦。』

斁

C 璽彙2857

香續18

B 書也缶

C 中山方壺

C 璽彙1001

C 璽彙2777

B 郭店·語叢2·42

B 郭店·語叢3·4

D 陶彙3·1337

D 陶彙3·1340

敚

B 敚戟

B 包山39

B 包山164

B 郭店·語叢2·21

B 包山竹牘

C 中山王鼎

C 璽彙4067

B 包山249

B 包山226

B 包山234

B 包山232

敫

B 郭店·老乙16

C 中山王鼎

璽彙4496

D 璽彙1946

C 璽彙4026

敦

A 上博32

A 秦代印風163

A 雲夢·答問164

A 龍崗44

A 璽彙0646

D 陳純釜

D 璽彙4033

敗

A 雲夢·效律22

A 青川木牘

B 鄂君啟舟節

B 隨縣64

B 包山22

B 包山23

B 包山15反

B 包山103

B 九店621·3

B 郭店·老甲10

寇

A 雲夢·日乙130

B 璽彙0065

B 九店56·32

C 九年鄭令矛

C 七年邦司寇矛

C 璽彙 0068

C 璽彙 0069

C 璽彙 0075

C 璽彙 3834

C 侯馬

C 侯馬

E 璽彙 3838

E 璽彙 5691

E 陶彙 4·50

收

A 雲夢·答問 195

B 包山 147

鼓

B 王孫誥鐘

B 𪒠鐘

B 𪒠鐘

B 曾侯乙鐘

B 包山 95

玫

B 郭店·老甲 1

B 郭店·性自 45

敂

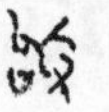
B 郭店·性自 23

攻

A 雲夢・雜抄 35

B 鄂君啟車節

B 鄂君啟舟節

B 長沙銅量

B 長沙銅量

B 隨縣 120

B 包山 110

B 包山 116

B 郭店・老甲 39

B 郭店・成之 10

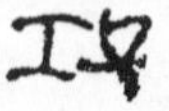
B 帛書丙

C 大攻尹劍

C 陽安君鈹

D 璽彙 0148

D 璽彙 0149

D 璽彙 0150

E 右攻肴弩牙

E 陶彙 4·2

E 陶彙 4·93

E 陶彙 4·97

E 陶彙 4·108

[illegible]

A 雲夢・爲吏 10

敔

A 石鼓文・霝雨

B 包山 70

B 包山 124

B 包山 125

敃

 B 包山 143

 B 璽彙 0270
 B 隨縣 65
 B 隨縣 67
 B 隨縣 151

 B 望山 2·5
 C 璽彙 1483
 C 璽彙 1489
 C 璽彙 1492

 C 璽彙 5277
 E 璽彙 1486
 E 璽彙 1501
 E 璽彙 1505

 E 璽彙 1507
 E 陶彙 4·52

敘

 B 包山 138 反
同除。
 B 包山 145
 B 包山 211
 B 包山 229

 B 郭店・尊德 3

牧

 B 隨縣 145
 B 郭店・性自 47

字頭	字形	出處	字形	出處
⿰它攵*		B 郭店・尊德 37		B 郭店・尊德 37
攸*		B 郭店・語叢 4・15		
放*		B 郭店・緇衣 1		
⿰𤣩攵*		E 燕王戎人戈		E 燕王戎人戟
⿰手攵*		璽彙 3120		
⿰旦攵*		B 包山 23		
⿰巨攵*	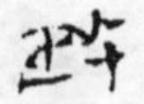	B 包山 101		
⿰加攵*		B 隨縣 152		

㪁* 𢻹* 𢻶* 𡉖* 𢽿* 𢼄* 𨥥* 𢼸*

㪁*	𢻹*	𢻶*	𡉖*	𢽿*	𢼄*	𨥥*	𢼸*
 B 帛書丙	 B 璽彙 0268  B 包山 155	 B 𪓰鐘  B 𪓰鐘	 B 九店 56·17  B 九店 56·19  E 枎里瘟戈	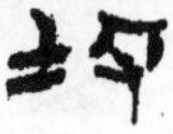 B 仰天 9	 A 雲夢・日甲 143	 E 燕下都 243·4	 D 陶彙 3·320

敂*

E 璽彙 3863

豛*

B 帛書甲

〔毀〕
敳*

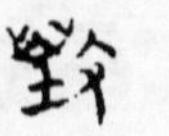
B 九店 56·37
从攴。

敐*

E 璽彙 3955

E 璽彙 3864

敊*

B 郪陵君豆
同造。

B 璽彙 0131

敹*

C 四年令宜陽戈

敱*

B 包山 99

B 郭店・五行 35

B 郭店・五行 38

B 郭店・語叢 4·8

D 陶彙 3·935

璽彙 3090

⿰命攵*	⿰貟攵*	⿰幸攵*	⿰畾攵*	⿱畾攵*	散*	⿰毛攵*	⿰畐攵*
 B 鄂君啟舟節 同命。  B 新佶戟  B 包山 2  B 包山 143	 B 隨縣 25  B 隨縣 56	 B 包山 122	 B 王孫誥鐘	 B 望山 2·45  B 包山 254  B 包山 270	 E 璽彙 1968	 B 包山 58	 B 隨縣 11

⿰眔攵*

 B 帛書甲

⿰曷攵*

 B 帛書丙
 B 郭店・緇衣 40
 B 郭店・語叢 4・10
 D 璽彙 0630

 D 璽彙 0631

敻*

 B 包山 161
 B 包山 161

⿰冐攵*

 B 包山 170
 B 包山 183
 B 帛書甲

⿰金攵*

 B 帛書丙

⿰盍攵*

 B 包山 170

⿰叀攵*

 B 包山 270

魰*	𢽾*	𢿏*	𢿢*	𢿲*	𢿏*	𢿤*	𢿥*
B 集粹 B 包山 121	B 包山 134 B 包山 134	E 璽彙 1925	璽彙 3214	D 陳璋壺	B 信陽 1·24	B 包山 164	B 郭店·性自 30

動*

B 郭店・性自 10

𢿢*

璽彙 2664

斆*

B 包山 4

斂*

B 璽彙 5594

B 信陽 2・13

B 包山 204

B 包山 260

璽彙 1587

歛*

B 郭店・語叢 3・12

敲*

C 厵羌鐘

數*

B 郭店・窮達 7

同牧。

斆〔學〕

A 雲夢·日乙 14

B 郭店·老乙 3

B 郭店·尊德 5

B 郭店·尊德 19

B 郭店·語叢 1·43

B 信陽 1·32

C 王何戈

教

B 郭店·唐虞 5

B 郭店·老甲 17

B 郭店·尊德 4

B 郭店·尊德 14

A 十鐘

B 包山 99

B 郭店·語叢 3·12

B 郭店·唐虞 5

敿*

C 侯馬

C 侯馬

C 侯馬

斊*

璽彙 3679

贅*

B 包山 157

B 包山 168

B 隨縣 158

數*

B 包山 77

B 隨縣 67

卜

C 中山王鼎

《説文》：『學，篆文斆省。』

A 陶彙5·112

A 陶彙5·384

B 郭店·緇衣46

C 陶彙6·98

C 璽彙1263

C 貨系462

D 貨系2591

D 璽彙1265

貞

B 㑹□鼎

B 壽春鼎

B 㑹忎鼎

B 㑹忎鼎

B 包山20

B 郭店·老乙16

B 郭店·老乙11

C 中山王鼎

C 公朕右官鼎

D 陶彙3·289

D 陶彙3·460

E 璽彙0363

E 璽彙0367

占

A 陶彙5·402

B 包山197

B 包山201

D 陶彙3·145

字				
兆	 A 雲夢・日乙161	 A 雲夢・日乙163	 B 包山265	
用	 A 新郪虎符	 A 石鼓文・吴人	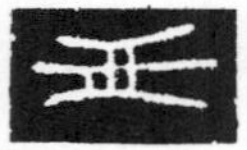 B 曾侯乙戈	 B 曾侯乙戟
	 B 越王州句劍	 B 禽璋戈	 B 帛書甲	 B 郭店・唐虞13
	 B 郭店・語叢3・55	 C 周王戈	 C 哀成叔鼎	 D 陳侯因資敦
	 D 陳曼匿	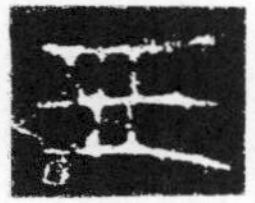 D 陳助簋蓋	 悍距末	 䣄子劍
甫	 B 隨縣171	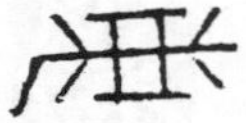 C 貨系1428	 C 貨系1430	 E 璽彙0060
	 E 璽彙0192	 E 璽彙0158		
庸	 C 中山圓壺			

葡

B 郭店・語叢 3·39

爾

B 郭店・老甲 30

B 郭店・緇衣 3

C 中山王鼎

爽

A 集粹

A 集粹

目

A 集粹

B 郭店·五行45

B 郭店·唐虞26

B 郭店·語叢1·50

B 璽彙2064

C 璽彙0707

C 璽彙1662

D 陶彙3·557

D 陶彙3·701

背

A 十鐘

盼

A 文博1986.4

窅

A 集粹

字頭	字形	出處
睹		B 包山19
旻		A 貨系4067
		B 望山2·50
	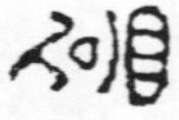	C 璽彙1903
	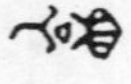	C 璽彙1904
		E 陶彙4·176
盱		A 集粹
		C 杕氏壺
		C 貨系0431
		C 璽彙0954
睸		B 包山167
		C 璽彙3015
		C 璽彙1406
	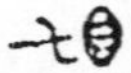	C 璽彙0439
眂		C 卅年虒令鼎
		C 十七年平陰鼎蓋
		C 璽彙0350
		C 璽彙2946
盰		B 包山120

	 B 包山171	 B 郭店・窮達6	 B 郭店・老甲16	 B 郭店・老甲16
相	 A 廿一年相邦冉戈	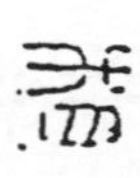 A 考古與文物1997.1	 A 陶彙5・394	 B 越王者旨於賜鐘
督	 D 陶彙3・823			
瞻	 A 秦印	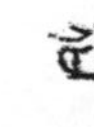 B 郭店・緇衣16		
睦	 A 湖南96			
睢	 A 十鐘			
瞽	 A 卅八年上郡守戈	 A 印典	 A 秦代印風130	 璽彙2721
眛	 A 秦陶633			

B 郭店・六德 49

B 帛書甲

C 中山方壺

C 建信君鈹

C 璽彙 0094

C 璽彙 4563

C 爾彙 3210
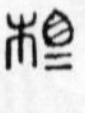
C 璽彙 1859

C 璽彙 0788

C 璽彙 3429

D 璽彙 0262

D 璽彙 3924

E 璽彙 0565

E 璽彙 0566

瞋

A 集粹

A 集粹

A 秦印

賜

B 越王者旨於賜戈

B 越王者旨於賜戈

B 越王者旨於賜劍

B 越王者旨於賜劍

督

A 印典

看

E 陶彙 4・15

E 金薤・府

从衤聲。

瞫

A 十鐘

A 澂秋 34

眚

A 雲夢·雜抄 17

B 郭店·語叢 2·1

B 郭店·成之 28

B 郭店·成之 26

C 中山王鼎

C 梁十九年鼎

璽彙 0721

督〔目丩〕

璽彙 1162

《説文》：『督或从丩。』

眇

A 集粹

盲

璽彙 1647

璽彙 0751

眭

A 十鐘

䁅*

C 六年安平守鈹

C 璽彙 1304

C 璽彙 3039

D 陶彙 3·805

眎*

璽彙 2252

眫*

璽彙 3265

⿰目并*

D 陶彙 3·156

⿰彡⿱冖目*

A 雲夢・日甲 60 反

⿱㐱目*

A 鐵雲

瞫*

A 集粹

同瞫。

⿱丝目*

A 印典

⿰亻⿱冖目*

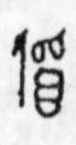

璽彙 0834

⿱目畐*		C 四年咎奴蓸令戈						
⿱目罔*		A 雲夢・日甲13反						
眀		璽彙3261						
⿱目于*		D 陶彙3·237	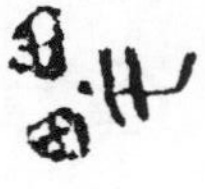	D 陶彙3·311				
盾		A 雲夢・效律5						
厭		B 隨縣6		B 隨縣61				
自		A 陶彙5·384		B 禽章鎛		B 鄂君啟車節		B 越王句州矛
		B 禽章鐘		B 包山144		B 包山209		B 郭店・尊德21

	 B 郭店·語叢 3·14	 C 侯馬	 C 侯馬	 C 侯馬
	 璽彙 4656	 璽彙 4657		
嘗	 B 天星	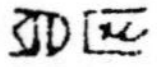 C 金薤·府	 C 金薤·府	
皆	 A 龍崗 174	 B 信陽 2·2	 B 包山 16	 B 包山 124
	 B 包山 273	 B 郭店·成之 28	 B 郭店·忠信 7	 B 郭店·語叢 1·65
	 B 郭店·語叢 1·71	 B 帛書乙		
魯	 A 集粹	 B 璽彙 1592	 B 包山 176	 B 郭店·魯穆 1
	 璽彙 1591			

者

 A珍秦65	 A集證134·26	 A陶彙5·395	 B𪑘鐘
 B越王者旨於賜矛	 B越王者旨於賜矛	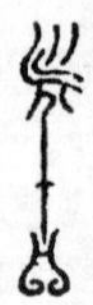 B越王者旨於賜戈	 B包山27
 B包山227	 B郭店·魯穆2	 B郭店·緇衣2	 B郭店·唐虞9
 B郭店·老甲33	 B郭店·老丙11	 B郭店·成之6	 B郭店·五行40
 B郭店·五行44	 B郭店·緇衣16	 B郭店·緇衣23	 B郭店·太一5
 B郭店·唐虞25	 B郭店·語叢3·5	 B郭店·語叢1·21	 B郭店·語叢3·59
 B郭店·唐虞2	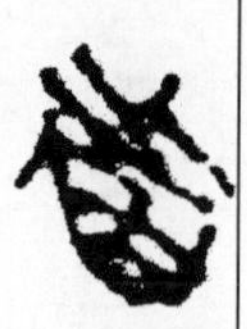 B帛書丙	 C中山方壺	 C中山圓壺
 C中山守丘石刻	 C侯馬	 C吉大43	 D陳純釜

智

D子禾子釜

D陳侯因咨敦

D璽彙0153

D陶彙3·269

D陶彙3·272

D陶彙3·273

D陶彙3·168

E燕下都20·8

B包山32

A珍秦42

A集粹

A雲夢·答問11

B包山135

B包山137

B郭店·老甲6

B郭店·老甲27

B郭店·成之17

B郭店·忠信1

B郭店·語叢1·16

B郭店·語叢1·63

B郭店·語叢1·63

B郭店·語叢1·85

B帛書乙

C中山王鼎

C魚顛匕

C梁十九年鼎

C貨系375

C貨系379

C璽彙2982

	C 璽彙 3315	E 璽彙 3497		
百	A 雲夢・效律 8	A 青川木牘	A 秦陶 1147	B 璽彙 3648
	B 包山 137	B 郭店・老甲 1	B 郭店・忠信 7	B 帛書甲
	C 中山王鼎	C 中山圓壺	C 中山圓壺圈足	C 貨系 1343
	C 貨系 1346	C 璽彙 4919	C 璽彙 3279	D 貨系 2651
	E 燕侯載簋	璽彙 4806	璽彙 4745	璽彙 4743
⿰無甘*〔鄦〕	B 包山 164	B 包山 205	B 包山 221	
鼻	A 十鐘	B 郭店・五行 45	璽彙 2555	璽彙 3624

奭

 B郭店・緇衣36
 B郭店・成之22
 B郭店・成之29
 B璽彙3656

習

 B包山223
 B郭店・性自1
 B郭店・語叢3・10
 璽彙2181
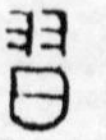 璽彙2425

羽

 A上白羽壺
 A集粹
 B信陽2・19
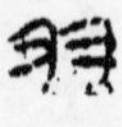 B包山269
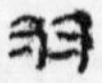 B包山260
 B包山竹牘
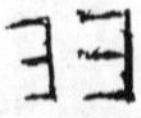 C貨系41

翰

 A石鼓文・吾水
从飛。

翟

 A珍秦141
 A金符
 A考古與文物1997.1
 B包山105
 B包山109
 B包山110

翡

B望山2·13 从肥。

翠

B隨縣9 从皐。

B望山2·13

B信陽2·2

B包山269

翦

A集粹

翁

A集粹

翢

E璽彙2839

翥

A鐵續

翕

A集粹

翏

A雲夢·日乙157

B玄翏戈

B包山169

B包山168

翽

 B包山173

 陶彙9·96

 B信陽2·3

[illegible]

 B信陽2·19

 璽彙2228

[illegible]

 D璽彙0259

[illegible]*

 B包山253 同雩。

 B隨縣石磬

羿*

 B郭店·成之30 同旗。

 B郭店·尊德2

 B璽彙0606

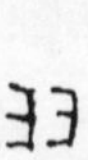 璽彙2816

 璽彙2817

[illegible]*

 B天星

⿱羽介*

璽彙 3040

璽彙 3041

⿱羽大*

B 包山 138

B 包山 150

⿱羽毛*

B 包山竹牘

⿱羽巾*

B 包山 273

⿱羽止*

B 隨縣 79

⿱羽矛*

B 包山 277

B 望山 2·9

⿱羽石*

B 包山 273

B 包山 273

B 包山竹牘

B 包山竹牘

⿱羽土*

B 包山 187

⿱羽召*

B 包山 269

翠*

B 包山 277

⿱羽彔*

B 郭店・窮達 9

⿱羽巠*

B 郭店・緇衣 28

同輕。

B 包山 189

⿱羽胥*

B 包山 38

同旌。

B 包山 273

⿱羽登*

B 信陽 2・19

翬*

璽彙 1487

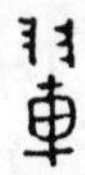
璽彙 2972

⿱羽思*

B 璽彙 3618

⿱羽甚*

B天星

⿰⿱羽來刂*

B天星

⿱羽龍*

B鄂君啟車節

用作一。

B望山1·119

B包山203

B包山206

⿱羽曾*

B郭店·成之18

B郭店·太一7

B隨縣10

B隨縣37

翼*

A雲夢·日甲94

A雲夢·日甲88反

B隨縣漆書

⿱羽⿸虍⿱且又*

B包山99

⿱羽畺*

B天星

隹

A 石鼓文・汧殹

B 曾姬無卹壺

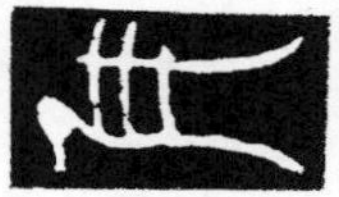
B 珝篙鐘

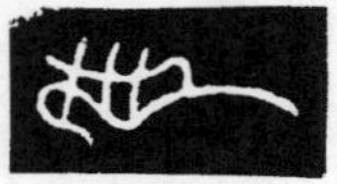
B 酓章鎛

B 王子午鼎

B 郭店・語叢 3・53

B 郭店・緇衣 5

B 郭店・緇衣 10

B 帛書乙

B 隨縣漆書

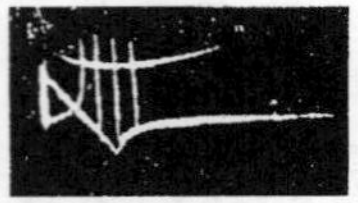
C 中山王鼎

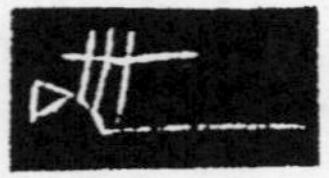
C 中山圓壺

C 哀成叔鼎

D 禾簋

D 陳肪簋蓋

D 十四年陳侯午敦

D 璽彙 3693

E 陶彙 4・45

璽彙 3846

隻〔獲〕

B 酓忎鼎

C 上官豆

C 哀成叔鼎

D 山東 163

D 陶彙 3・315

D 陶彙 3・414

D 璽彙 3914

雅

A 雲夢・答問 12

閵

A 雲夢・爲吏23

巂

A 雲夢・日甲56

雀

B 包山202

B 包山204

B 郭店・太一9

B 郭店・緇衣28

B 郭店・尊德2

B 郭店・魯穆6

雉

A 石鼓文・田車

A 石鼓文・馬薦

雞

B 包山257

B 包山257

B 包山258

D 陶彙3·306

離

A 秦印

A 秦代印風49

璽彙2608

璽彙3119

雕

A 雕陰鼎

A 秦印

璽彙0533

雝	A 考古與文物 1997.1　A 廿一年相邦冉戈　A 雍鼎　C 三晉 120
	C 三晉 120　C 貨系 1709　C 雍戈　C 璽彙 1517
	E 璽彙 3188　E 璽彙 3189　E 璽彙 1508　璽彙 5665
雁	B 包山 91　B 包山 165
雓	C 璽彙 4052
雇	B 包山 121　B 包山 122
堆	C 璽彙 1017
雄	B 郭店・語叢 4・14　B 郭店・語叢 4・16 从鳥。

雎

B 郭店・語叢4・26
从鳥。

雋

A 十鐘

A 陶彙5・309

奪

A 雲夢・日乙17

奮

A 集粹

A 詛楚文

B 郭店・性自24

B 郭店・性自34

B 包山145

C 中山王鼎

萑

璽彙1852

蒦

C 中山王鼎

藿

B 璽彙0230

B 郭店・性自25

B 郭店・六德24

C 璽彙0431

舊

C 璽彙 0432

C 璽彙 1342

D 鷵雚戈

B 郭店・老甲 37

B 郭店・老乙 3

B 郭店・性自 26

B 郭店・忠信 3

B 郭店・語叢 4・1

B 包山 242

B 包山 247

C 中山方壺

瞢

C 璽彙 1018

A 雲夢・日甲 44 反

蔑

A 詛楚文

C 璽彙 1515

蔑*

B 郭店・六德 36

羊

A 雲夢・雜抄 31

B 鄂君啟舟節

B 包山 181

B 帛書乙

	 B 璽彙 5548	 C 中山方壺	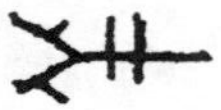 C 貨系 320	 C 璽彙 4461
	 C 璽彙 4462	 D 羊角戈	 D 羊子戈	 璽彙 5302
	 D 陶彙 3·1023	 E 璽彙 3514		
羔	 A 珍秦 81	 B 隨縣 212	 C 貨系 323	 璽彙 3091
	 璽彙 5319	 璽彙 5321		
牂	 A 集粹	 B 包山 243	 B 郭店・窮達 4	 B 包山 217
	 B 郭店・語叢 1·33			
羝	 璽彙 0394	 璽彙 1325	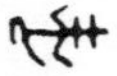 璽彙 2265	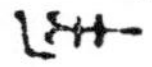 璽彙 3973

羒

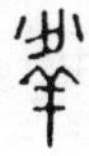
璽彙 2856

璽彙 3238

羥

A 珍秦 120

A 集證 203·73

羸

A 集粹

A 詛楚文

A 雲夢・效律 1

群

A 雲夢・效律 34

B 郭店・忠信 7

B 帛書乙

B 璽彙 0160

C 中山王鼎

C 侯馬

C 侯馬

C 侯馬

C 侯馬

C 貨系 325

D 十四年陳侯午敦

羋

A 十鐘

A 雲夢・爲吏 35

美

A 陶彙 5·312

A 考古與文物 1996.4

A 雲夢・秦律 65

C 中山方壺

字頭	字形及出處
羌	 A 集粹　 A 十鐘　 璽彙 0413　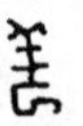 璽彙 3409
	 吉林 187
彝	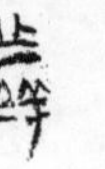 B 郭店・性自 24
粘*	 B 包山 202　 B 包山 233　 B 包山 237　 B 包山 243
羖*	 B 望山 1・125
肇*	 A 雲夢・日甲 32 反
鞴*	 B 包山 237
義*	 璽彙 3434

辦*

 璽彙 3522

瞿

 A 集粹

 B 郭店・語叢 2・32

矍

 B 九店 56・15

靃〔霍〕

 A 集粹

 A 集粹

雙

 B 望山 2・50

雥

 B 包山 182

集

 B 鑄客鼎

 B 集□爐

 B 酓忑鼎

 B 長沙銅量

 B 包山 10

 B 包山 226

 B 包山 234

 B 郭店・五行 42

鳥

B郭店・緇衣37

雛

A雲夢・日甲49反

A雲夢・日甲59反

B郭店・老甲33

C中山雜器

鳩

B隨縣89

B包山183

鸛〔難〕

B曾侯乙鐘

B曾侯乙鐘

B隨縣石磬

B隨縣石磬

A上博39

A雲夢・爲吏4

B𪑮鐘

B𪑮鐘

B𪑮鐘

B包山236

B郭店・成之15

B郭店・語叢3·45

B郭店・老甲14

B郭店・性自50

B隨縣174

C中山王鼎

鷗

B包山85

鴈

B包山145
从彦聲。

B郭店·性自7

C貨系2476

鷗

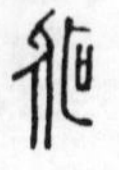
璽彙2523

鶇

B天星

B天星

鳶〔鳶〕

B帛書丙

鷇

A雲夢·秦律4

鳴

A集粹

A石鼓文·作原

B王孫遺者鐘

B包山95

鷭

B包山194

鶮*

集粹

⿰馬匕*

B包山80

⿱隹馬*

B包山255
同雀。

⿰馬毛*

C璽彙2005

⿰馬白*

C璽彙4003
同舊。

⿰馬肙*〔脽〕

C璽彙3292

C璽彙3877

C陶彙6·90

C香續95

璽彙0404

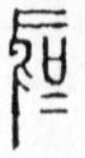
璽彙1976

璽彙3063

⿰馬官*

C璽彙3644

⿰馬寸*

E王后鼎

E重金壺

⿰⿱士鳥攴*	A 雲夢・日甲 51 反			
⿰鳥辛*	B 隨縣 138			
⿰鳥寡*	C 中山方壺 同寡。			
烏〔於〕	A 金薤・書	A 陶彙 5・185	A 考古與文物 1996.4	B 越王者旨於賜劍
	B 越王者旨於賜劍	B 鳥書箴言帶鈎	B 越王者旨於賜矛	B 越王者旨於賜矛
	B 曾侯乙鐘	B 曾侯乙鐘	B 𦅫鎛鐘	B 長沙銅量
	B 鄂君啟車節	B 包山 3	B 包山 143	B 包山 162
	B 郭店・成之 4	B 郭店・成之 7	B 郭店・唐虞 8	B 郭店・老丙 8

B 郭店・太一 14

B 郭店・語叢 1·22

B 郭店・語叢 1·33

B 郭店・語叢 1·105

B 郭店・語叢 2·1

B 郭店・語叢 2·1

B 郭店・語叢 2·23

B 郭店・語叢 2·42

B 郭店・語叢 3·3

B 郭店・語叢 3·50

B 郭店・語叢 3·51

B 郭店・老甲 33

B 望山木烙印

C 中山王鼎

C 中山王鼎

C 三晉 78

C 三晉 78

C 璽彙 2346

C 璽彙 2461

D 陳純釜

D 陶彙 3·652

舄〔雒〕

A 雲夢・日甲 119

B 信陽 2·7

焉

A 雲夢・答問 133

C 中山方壺

C 温縣

畢

A 珍秦 82

A 秦代印風 103

A 中國古文字研究

A 十鐘

B 包山 158

B 包山 159

B 包山 182

B 璽彙 3523

D 陳昉簋蓋

D 陶彙 3·673

D 陶彙 3·674

糞

A 雲夢・秦律 86

璽彙 5290

棄

A 吉大 125

A 秦印

B 包山 121

B 郭店・老甲 1

B 郭店・窮達 6

C 中山王鼎

C 貨系 507

E 璽彙 0872

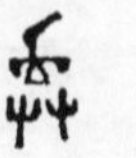
E 璽彙 1485

再

A 雲夢・封診 65

B 郭店・窮達 15

B 郭店・語叢 2·49

D 陳喜壺

叀	幾	幽	幼			再	
 B 郭店・忠信5	 A 雲夢・答問134	 A 詛楚文	 B 包山3	 C 信安君鼎	 B 包山244	 B 貨系4200	 D 陶彙3·12
 C 哀成叔鼎	 B 郭店・老甲25	 B 九店56·45	 C 中山王鼎	 C 集粹	 B 郭店・魯穆1	 B 貨系4209	 D 陶彙3·9
					 B 郭店・成之22	 B 貨系4241	
					 B 郭店・魯穆3	 B 貨系4261	

惠

A 雲夢・爲吏 2

B 王孫遺者鐘

B 郭店・緇衣 41

B 郭店・尊德 32

B 帛書乙

C 中山方壺

疐

A 陶彙 5·20

B 包山 105

B 包山 167

玄

A 雲夢・日甲 57

B 玄翏戈

B 之利殘片

B 隨縣 122

B 帛書丙

B 郭店・老甲 8

B 郭店・老甲 28

C 貨系 318

C 璽彙 0748

C 璽彙 1969

茲〔茲〕

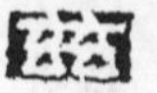
A 秦印

A 石鼓文・車工

B 曾姬無卹壺

B 郪陵君豆

B 包山 67

B 郭店・成之 39

B 郭店・緇衣 1

B 郭店・老甲 21

C 中山侯鉞

C 梁十九年鼎

C 中山方壺

C 中山圓壺

C 十一年庫嗇夫鼎

C 三晉 66

D 陳純釜

D 陳逆固

D 陶彙 3·622

『玆』、『兹』今均寫作『玆』。

予

A 龍崗 220

舒

B 包山 76

B 包山 171

B 包山 176

B 包山 184

B 包山 191

B 包山 125

B 包山 132

B 包山 137 反

C 十一年皋落戈

C 十八年塚子戈

璽彙 3694

幻

B 隨縣 46

B 隨縣 56

E 璽彙 3372

璽彙 0391

璽彙 1287

璽彙 2289

璽彙 2925

璽彙 3373

陶彙 9·58

放

C 中山方壺

敖

A 陶彙 5·384

敫

A 雲夢·日乙 36

爰

A 商鞅方升

A 雲夢·封診 84

B 鄂君啟舟節

B 鄂君啟車節

B 郭店·尊德 23

D 陶彙 3·1153

𤔔

A 雲夢·日甲 78 反

B 郭店·老甲 26

受

A 石鼓文・吳人

B 王子午鼎

B 望山 2・12

B 包山 18

B 包山 33 反

B 包山 63

B 包山 147

B 包山 277

B 郭店・唐虞 21

B 郭店・唐虞 27

B 郭店・語叢 3・5

C 中山方壺

C 令瓜君壺

C 璽彙 2141

E 永用休涅壺

E 璽彙 1231

E 璽彙 2799

E 璽彙 3274

争

A 雲夢・語書 11

B 郭店・緇衣 11

B 郭店・成之 35

孚

C 金村銅鈁

C 貨系 1340

C 貨系 1343

C 貨系 1348

C 侯馬

C 侯馬

〔敔〕 敔

 A 新郪虎符	 A 集粹	 A 雲夢・秦律 192	 B 璽彙 2539
 B 包山 15	 B 包山 38	 B 包山 224	 B 包山 225
 B 郭店・老甲 9	 B 郭店・五行 46	 B 郭店・五行 46	 B 郭店・五行 46
 B 郭店・六德 17	 C 中山圓壺	 C 中山圓壺	 C 集粹
 C 璽彙 3404	 C 中山守丘石刻	 C 侯馬	 C 侯馬
 C 侯馬	 C 侯馬	 C 侯馬	 C 温縣
 D 陳曼臣	 D 陶彙 3・407	 E 陶彙 3・1351	 E 陶彙 4・1
 E 陶彙 4・3	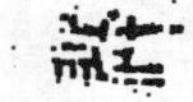 璽彙 1002	 璽彙 3294	

叡	 C 中山王鼎			
殤	 B 包山222	 B 包山225	 B 隨縣172	
〔殩〕殂	 B 九店56·51 古文从乍。			
〔朽〕𣦸	 A 雲夢·效律22			
殈	 B 隨縣1	 璽彙2144		
殆	 B 包山217	 B 包山248	 C 中山圓壺	
死	 A 雲夢·秦律84	 A 龍崗木牘	 B 包山27	 B 包山54
	 B 包山158	 B 包山241	 B 包山249	 B 郭店·窮達9

B 郭店・忠信 3

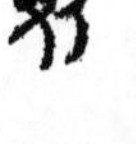
B 郭店・六德 5

B 郭店・六德 19

B 望山 1・48

C 中山王鼎

C 哀成叔鼎

C 兆域圖

C 行氣玉銘

⿰歹韋*

B 包山 277

⿰歹氐*

A 雲夢・日甲 81 反

殜*

B 郭店・窮達 2

同世。

B 郭店・尊德 25

B 郭店・語叢 4・3

⿹气歹*

C 璽彙 1701

殔*

B 曾侯乙鐘

⿱臧死*

B 包山 91

同葬。

B 包山 91

别	骨		體		⿰骨戈*	⿰骨毛*	⿰骨鬼*
 A 雲夢・答問 116	 A 雲夢・答問 75	 E 璽彙 1672	 A 雲夢・日乙 246	 C 中山方壺	 B 包山 267	 B 包山 276	 A 雲夢・日乙 251
	 B 包山 263		 B 郭店・緇衣 8		 B 包山 277		 A 璽彙 5489
	 B 仰天 15		 B 郭店・緇衣 9				
	 B 郭店・老甲 33		 B 郭店・窮達 10				

肤*

B 信陽2·23

肉

A 龍崗24

B 包山255

肧

B 天星

胎

B 郭店・窮達3

D 陳胎戈

肌

C 璽彙2454

C 璽彙2471

膚

A 雲夢・雜抄29

B 兼陵公戈

B 信陽2·15

B 包山84

B 包山191

B 郭店・五行43

C 三晉48

C 三晉48

C 三晉66

D 璽彙0656

脣

A 雲夢・封診 66

B 九店 56·54

脰

B 會志鼎

B 太句鼎

B 集脰鼎

B 包山 173

B 包山 278 反

腎

A 雲夢・答問 25

腗

A 陶彙 5·471

胃

A 雲夢・日甲 1

B 包山 80

B 包山 89

B 包山 96

B 包山 157

B 郭店・老甲 7

B 郭店・魯穆 2

B 郭店・五行 2

B 郭店・語叢 4·13

B 帛書甲

C 少虡劍

脬

D 陶彙 3·485

腸

B 隨縣 164

膏

D 陶彙 3·241

脅

C 璽彙 1566

肩

A 珍秦 45

A 雲夢·日甲 75 反

胠

A 秦代印風 153

臂

C 中山圓壺

臑

A 雲夢·日甲 70 反

肘		A 雲夢·封診53						
膌		C 璽彙1336		E 璽彙2829				
腹		B 包山239		B 包山242		B 包山247		B 包山236
		B 包山207		C 侯馬		C 侯馬		C 侯馬
		C 侯馬		C 侯馬		C 侯馬		E 璽彙1505
		E 璽彙3174		E 璽彙3894				
脽		B 鄂君啟舟節		B 璽彙5531		C 璽彙1165		C 璽彙1745
		D 陶彙3·1035		E 璽彙4128		E 柭里瘟戈		

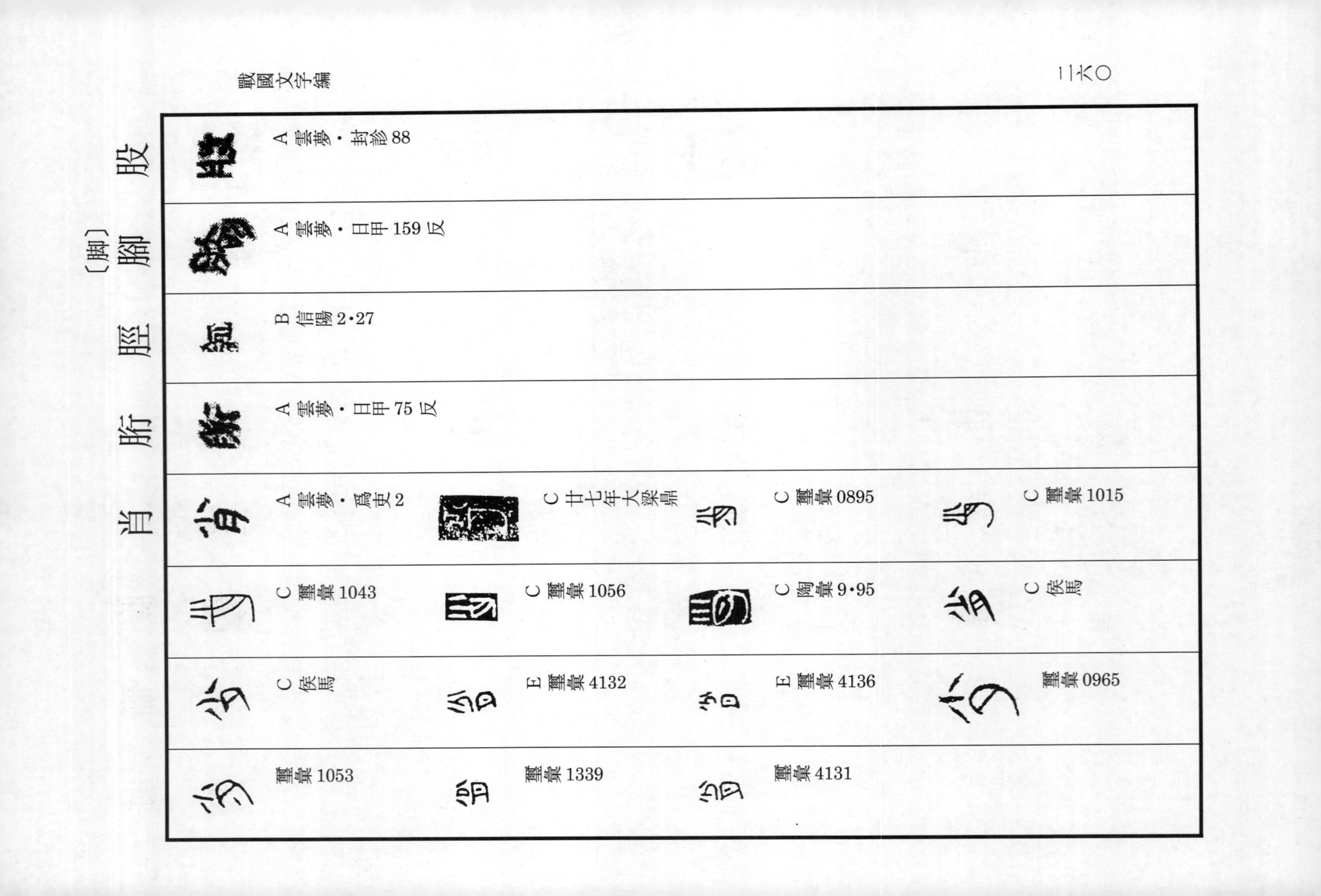

股	A 雲夢・封診88			
腳〔脚〕	A 雲夢・日甲159反			
脛	B 信陽2·27			
胻	A 雲夢・日甲75反			
肖	A 雲夢・爲吏2	C 廿七年大梁鼎	C 璽彙0895	C 璽彙1015
	C 璽彙1043	C 璽彙1056	C 陶彙9·95	C 侯馬
	C 侯馬	E 璽彙4132	E 璽彙4136	璽彙0965
	璽彙1053	璽彙1339	璽彙4131	

胤		C 中山圓壺						
胄		C 中山方壺		C 中山圓壺		C 侯馬		
脫		A 十鐘		A 雲夢・效律 58				
臠		C 津藝 28		C 璽彙 0415				
膌〔朿〕		A 雲夢・答問 75		A 璽彙 5569		B 包山 168 古文膌作朿。		B 帛書丙
		璽彙 1208		璽彙 1730		璽彙 2659		
肤		A 雲夢・答問 79						
臘		A 珍秦 47		A 集粹		B 望山 1・37		璽彙 2588

胙

B 包山 205

B 包山 224

璽彙 0417

璽彙 0896

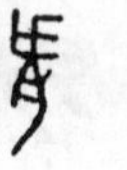
璽彙 2134

隋

A 珍秦 100

C 吉大 42

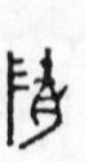
C 璽彙 0831

C 璽彙 2769

C 侯馬

D 陶彙 3·938

膳

B 郭店·語叢 1·15

B 郭店·語叢 1·84

B 郭店·語叢 1·84

B 郭店·語叢 3·38

B 郭店·語叢 3·47

胡

A 珍秦 101

C 陽安君鈹

D 璽彙 3691

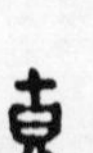
璽彙 1301

璽彙 1302

璽彙 2464

脯	 B包山255	 B包山258
脩	 A脩武府盃	 A官印0042
	 A陶彙9·55	 A青川木牘
朐	 B包山255	 C璽彙0302
	 璽彙3980	
胸	 B望山2·13	
胥	 A秦陶429	 D璽彙2177
	 D璽彙3554	
[illegible]	 D垣左戟	
脂	 B郭店·唐虞11	 璽彙1273
	 璽彙3972	
膩	 C中山方壺	

⿹戈鬲〔鬲〕

C 六年鼎

膬

B 郭店·老甲 25

B 郭店·成之 39

㪚〔散〕

A 龍崗 252

D 陳□散戈

D 陳窒散戈

腏

A 雲夢·日甲 156 反

璽彙 3144

⿰月臽

C 璽彙 2970

C 璽彙 2972

C 璽彙 2974

C 璽彙 2975

C 璽彙 2979

C 璽彙 2982

肰

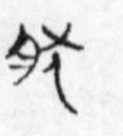
B 郭店·老丙 2

B 郭店·語叢 1·76

B 郭店·性自 46

B 郭店·成之 9

B 郭店·尊德 2

B 郭店·語叢 1·28

B 郭店·語叢 1·30

B 郭店·語叢 1·63

		B 郭店・語叢 1·67		B 信陽 1·1		B 望山 1·13		
膠		A 雲夢・秦律 128						
肮		B 曾侯乙鐘		B 仰天 7		B 信陽 2·19		B 包山 41
		B 包山竹牘						
肓		A 雲夢・封診 92		璽彙 3963				
肥		A 雲夢・爲吏 35		B 包山 250		B 包山 203		B 包山 202
		璽彙 1642						
肯		B 析君戟	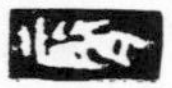	璽彙 3217		璽彙 1411		

腔	 A 雲夢・封診 53		
肝*	 A 石鼓文・而師		
抈*	 璽彙 1405		
⿰月乏*	 D 陶彙 3・697	 D 陶彙 3・696	
⿱尹月*	 C 璽彙 2787 同尹。	 璽彙 2786	 璽彙 2766
⿰月石*	 C 璽彙 3206		
⿰立肉*	 C 璽彙 2711		
胴*	 C 璽彙 2055		

胈*	佾*	脋*	版*	肮*	胐*	胼*	朕*
 C 璽彙 0529	 D 陶彙 3·204  D 陶彙 3·205	 A 秦代印風 208	 璽彙 2513	 A 雲夢·語書 12	 璽彙 2646	 B 包山 85  香港 1	 B 郭店·唐虞 26 同倦。

腕*

B 包山 258

腜*

C 右腜鼎

同廚。

陶彙 6·101

胖*

璽彙 2524

璽彙 3420

胗*

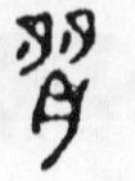

C 璽彙 1580

胉*

C 璽彙 2072

C 璽彙 2753

脡*

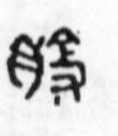

E 璽彙 5571

除*

C 璽彙 2815

膢*

璽彙 0575

鴅*

鴅公劍

䚮*

A 雲夢・日乙 160

脊*

C 璽彙 1282

C 璽彙 2623

䏼*

雲夢・封診 36

腊*

D 陶彙 3・362

同昔，《説文》：『籀文从肉。』

腋*

B 集脟鼎

B 包山 194

璽彙 0752

胱*

B 璽彙 2258

B 包山 221

B 包山 222

B 包山 223

腒*

璽彙 3225

⿰月𢦏*	 D 陶彙 3·323	 D 陶彙 3·324					
⿰月者*	 B 郭店・窮達 5 同屠。						
⿰月虎*	 B 隨縣 16 同虎。	 B 隨縣 25					
⿱止肉*	 D 璽彙 4013	 D 陶彙 3·1113					
⿰月爰*	 B 包山 45						
⿰月𦣻*	 B 包 180						
脖*	 B 郭店・性自 31	 B 郭店・性自 44	 B 包山 80	 B 包山 135			
⿰月苜*	 C 璽彙 1166						

⿰月宰*

D 陶彙3·692
同宰。

⿰月良*

璽彙2030

璽彙2637

膉*

B 郭店·唐虞10

⿰月⿱䒑言*

B 郭店·語叢3·25

⿰月差*

D 陶彙3·1317

璽彙1020

⿰月萑*

璽彙2176

⿰月蚤*

B 専秦匕

B 禽忎鼎

⿰月嗣*

B 曾侯乙鐘
同嗣。

臅*		D 陶彙 3·1083		D 陶彙 3·1086				
䐜*		A 集粹						
膣*		璽彙 0623						
膂*		C 考古學集刊 5						
𦞦*		B 包山 95						
䐈*		D 陶彙 3·422						
臄*		璽彙 0485		璽彙 1271		璽彙 1499		璽彙 3789
臛*		璽彙 1079						

脊*

D 陳侯因脊敦
同臍。

D 陶彙3·1085

膂*

C 梁上官鼎

C 平安君鼎

C 十三年上官鼎

C 虒令鼎

筋

A 龍崗165

刀

B 包山144

B 包山254

C 中山圓壺圈足

D 貨系3794

D 貨系2551

D 貨系2575

E 貨系4124

E 璽彙5582

璽彙5566

削

A 雲夢·雜抄5

B 隨縣61

B 隨縣43

剴

B 郭店·緇衣12

B 郭店·緇衣42

利

	A 珍秦 102		A 上博 32		B 鳥書箴言帶鉤		B 之利殘器
	B 包山 141		B 包山 143		B 包山 258		B 九店 56·41
	郭店・性自 46		B 郭店・老甲 28		B 郭店・老甲 30		B 郭店・唐虞 1
	E 燕王喜矛		璽彙 2710		璽彙 2711		璽彙 2558

初

	A 陶彙 5·384		B 徐□尹鼎		B 郭店・窮達 9

則

	A 陶彙 5·400		A 石鼓文・吾水	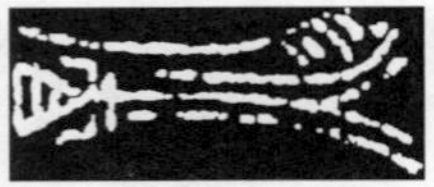	B 曾侯乙鐘		B 鄂君啟車節
	B 鳥書箴言帶鉤		B 鳥書箴言帶鉤		B 信陽 1·1		B 郭店・老丙 6
	B 郭店・語叢 1·34		B 郭店・老丙 12		B 郭店・五行 10		B 郭店・成之 17

割

B 曾侯乙鐘

B 曾侯乙鐘

刊

A 雲夢・日甲 66 反

列

A 雲夢・秦律 68

A 詛楚文

辨

A 雲夢・秦律 80

刻

A 雲夢・效律 40

剛

A 十鐘

B 郭店・性自 8

B 帛書乙

C 中山方壺

C 中山方壺

C 行氣玉銘

B 郭店・老甲 35

B 郭店・老乙 2

B 郭店・六德 25

B 郭店・忠信 1

刖

A 雲夢・爲吏9

B 包山116

剉

B 九店56·35

剸

A 雲夢・日乙37

劑

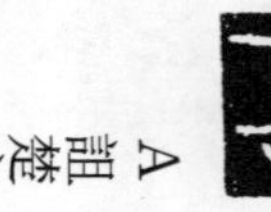
A 詛楚文

B 信陽2·3

劃

B 隨縣58

B 隨縣67

B 隨縣88

B 信陽2·1

B 郭店・緇衣37

B 包山121

B 包山122

B 郭店・語叢4·16

B 郭店・語叢4·18

制

B 王子午鼎

D 子禾子釜

罰

B 郭店・成之5

B 郭店・成之38

B 郭店・緇衣27

B 郭店・緇衣29

C 中山圓壺

剸

D 陶彙3・1024

刑

B 隨縣75

B 郭店・成之39

C 四年□雍令矛

D 璽彙3755

D 子禾子釜

E 璽彙1281

E 璽彙1279

券

A 雲夢・答問179

A 雲夢・秦律80

刺

A 雲夢・封診53

〔傷〕剔*		B 璽彙 3221		B 包山 80		B 包山 142	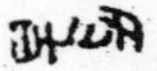	璽彙 0561
		璽彙 3956						
劉*		A 秦印代風 215						
刹*		B 包山 2		B 包山 2		B 包山 166		
剌*		B 郭店・性自 30		B 郭店・性自 31				
㓥*		B 包山 42		B 包山 142		B 包山 60		
〔剗〕剬*		B 包山 19		B 包山 140				
刲*		D 陶彙 3・1112						

剝*

A 雲夢・封診 61

劏*

B 長沙銅量

B 九店 56・7

璽彙 2226

璽彙 3327

剄*

B 包山 157
同宰。

B 包山 266

剚*

C 璽彙 0539

刃

A 雲夢・答問 90

B 石圣刃鼎

B 郭店・成之 35

刅〔創〕

C 中山方壺

D 陶彙 3・867

D 陶彙 3・869

D 陶彙 3・866

劍

A 雲夢・日乙 38

B 子湜劍

B 越王句踐劍

B 包山 18

C 耳公劍

C 富奠劍

⿰目刃*	B 郭店・六德30	
⿰畜刃*	B 郭店・老甲27	
⿰鹿刃*	璽彙0324	
⿰嗇刃*	璽彙1755	
⿰留刃*	璽彙1853	璽彙3284
耕	B 郭店・窮達2	B 郭店・六德33
耦	A 雲夢・日甲9	
耤	A 十鐘	A 秦代印風229

角

A 陶彙 5·70

A 陶彙 5·266

B 曾侯乙鐘

B 隨縣鐘架

B 隨縣石磬

B 璽彙 3520

B 包山 18

B 包山 180

C 璽彙 1728

C 貨系 337

貨系 338

D 羊角戈

D 陶彙 3·802

E 璽彙 4116

觭

A 十鐘

A 善齋

璽彙 1496

从可聲。

璽彙 4073

觸〔犨〕

璽彙 0664

璽彙 2101

D 陶彙 3·820

衡

A 雲夢・效律 3

B 隨縣 64

觟

A 集粹

B 望山 2·62

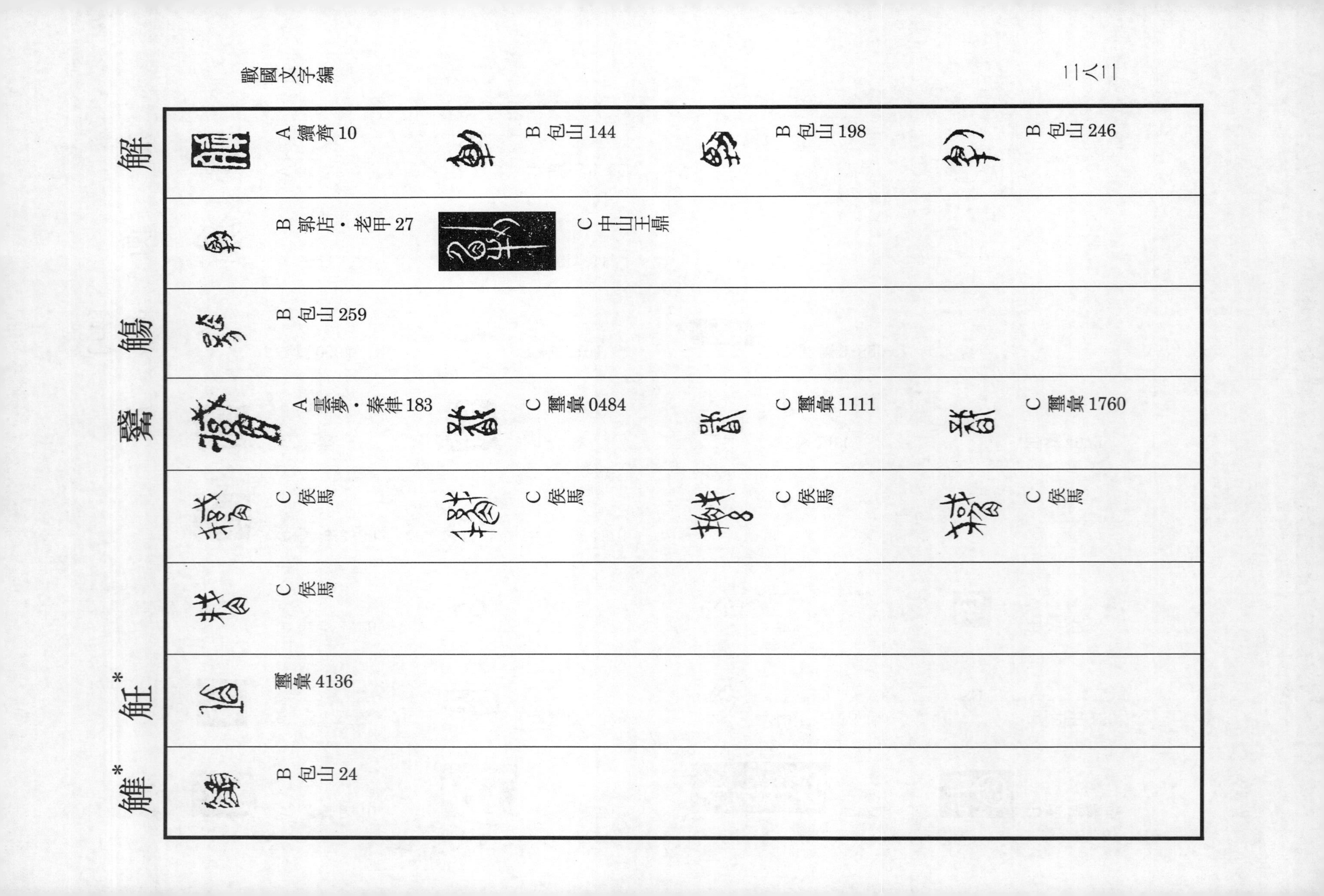

解	A 璽齊 10	B 包山 144	B 包山 198	B 包山 246
	B 郭店・老甲 27	C 中山王鼎		
觴	B 包山 259			
觳	A 雲夢・秦律 183	C 璽彙 0484	C 璽彙 1111	C 璽彙 1760
	C 侯馬	C 侯馬	C 侯馬	C 侯馬
	C 侯馬			
觝*	璽彙 4136			
觯*	B 包山 24			

⿱上能*

B 曾侯乙鐘

B 隨縣鐘架

B 隨縣鐘架

B 隨縣鐘架

B 隨縣鐘架

B 望山 2·13

戰國文字編卷五

竹

A 雲夢·日甲5反

B 包山150

B 望山木烙印

C 中山圓壺

C 貨系316

箭

B 鄂君啟車節

簜

A 集粹

筍〔笋〕

A 集粹

A 集粹

B 包山180

从尹。

箬

A 石鼓文·作原

節	 A 雲夢・效律 49	 B 鄂君啟車節	 B 鄂君啟舟節	 B 郭店・成之 26
	 C 中山方壺	 D 陳純釜	 D 獵節	 D 子禾子釜
	 D 貨系 2551	 D 陶彙 3·691	 璽彙 3105	
笭	 A 集粹	 C 笭鼎	 C 陽安君鈹	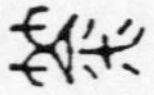 璽彙 0757
	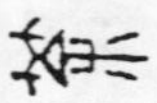 璽彙 1762	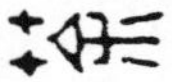 璽彙 2116	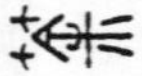 璽彙 2988	
籍	 A 印典	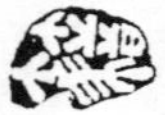 A 秦印	 A 秦代印風 190	 A 雲夢・效律 27
⿱竹㞷	 B 包山 190			
篇	 A 雲夢・答問 30			

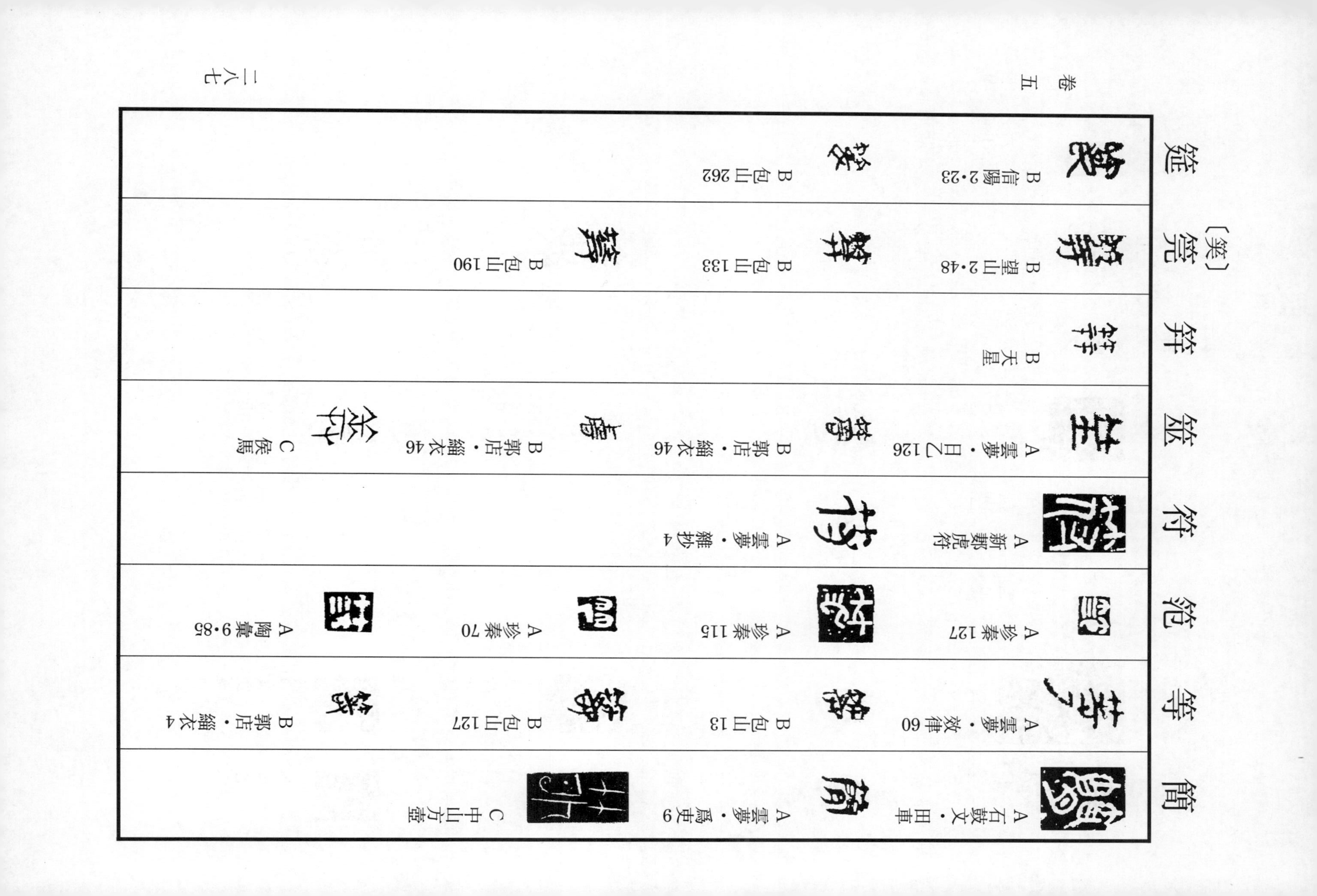

字頭	字形	字形	字形	字形
簡	A 石鼓文·田車	A 雲夢·爲吏9	C 中山方壺	
等	A 雲夢·效律60	B 包山13	B 包山127	B 郭店·緇衣4
笵	A 珍秦127	A 珍秦115	A 珍秦70	A 陶彙9·85
符	A 新郪虎符	A 雲夢·雜抄4		
筮	A 雲夢·日乙126	B 郭店·緇衣46	B 郭店·緇衣46	C 侯馬
笄	B 天星			
筦〔笶〕	B 望山2·48	B 包山133	B 包山190	
筵	B 信陽2·23	B 包山262		

籓

A 六年上郡守戈

筥

D 貨系 3789

D 貨系 3790

D 貨系 3793

D 貨系 3794

箄

B 望山 1·146

箸

A 詛楚文

B 包山 4

B 包山 8

B 包山 14

B 包山 139 反

B 郭店・六德 24

笿

B 包山 223

簋〔毀杌〕

A 秦公簋

A 十鐘

D 陳昉簋蓋

D 陳逆簋

簠

B 信陽 2·6

B 包山 124

B 包山 125

D 陳逆簠

璽彙3109

筩

B包山103反

⿱竹是〔⿱竹妾〕

B包山260
从妾。

簦

B信陽2·14

筐

C中山方壺

笭〔⿱竹命〕

笭戈
从命。

策

B包山260

B仰天8

C中山方壺

C陶彙6·160

璽彙2409

箠

A 雲夢・日甲 50 反

箙

B 隨縣 26

B 隨縣 62

箴

A 雲夢・答問 86

竽

B 鼄鐘

从龠。

B 璽彙 0283

B 璽彙 0346

B 包山 157

B 包山 157

笙

B 信陽 2·3

簧

A 集證 226·1

管

A 十鐘

筑 箅 算 笑 〔其〕箕

筑

A 雲夢・日乙 125

箅

A 雲夢・日乙 191

算

A 印典

笑

B 郭店・老乙 9

B 郭店・老乙 10

B 郭店・性自 22

B 帛書丙

〔其〕箕

A 珍秦 108

A 津藝 79

A 石鼓文・吴人

B 曾侯乙鐘

B 禽璋鎛

B 書也缶

B 鄂君啟舟節

B 信陽 2·21

B 郭店・緇衣 39

B 郭店・緇衣 40

C 哀成叔鼎

C 中山方壺

C 中山圓壺

□箕鼎

C 貨系 1604

璽彙 3108

笀*	笅*	𥫼*	𥬇*	笚*	𥬙*	𥬏*	笲*
 B 隨縣 155	 B 包山 80  B 包山 125 反	 B 隨縣 10	 B 信陽 1·4	 B 仰天 12	 B 仰天 14	 B 隨縣 54	 B 信陽 2·13  B 包山 258

笱*	𥬲*	𥫩*	𥬇*	箐*	箕*	𥬉*	筌*
A 秦陶 330	璽彙 1081；集粹	B 郭店・成之 34 同席。；B 包山 263	B 郭店・窮達 2	B 包山 201	B 信陽 2·6；B 包山 257；B 包山 258；B 仰天 3	D 璽彙 0156；D 璽彙 0314；D 封成 5	B 包山 70

箐*

B 包山 277

⿱⺮⿰彳坐*

B 信陽 2·21

篙*

B ⿱刑田篙鐘

⿱⺮⿰衤旬*

A 集粹

箭*

B 包山 204

B 包山 213

⿱⺮焦*

B 信陽 2·3

簑*

B 包山 256

⿱⺮害*

B 隨縣鐘架

B 隨縣鐘架

B 隨縣鐘架

B 隨縣鐘架

B 隨縣鐘架

B 隨縣鐘架

B 隨縣鐘架

簄*

B 津藝11

劄*

B 隨縣鐘架

B 隨縣鐘架

B 隨縣鐘架

B 隨縣鐘架

B 隨縣鐘架

劄*

B 隨縣石磬

B 隨縣石磬

B 隨縣石磬

B 隨縣石磬

B 隨縣石磬

B 隨縣鐘架

B 隨縣鐘架

B 信陽2·4

筒*

B 望山1·3

篁*

B 望山2·13

[illegible]*		B 郭店・魯穆 7
		B 郭店・魯穆 7
筧*		B 郭店・六德 45
[illegible]*		B 信陽 2・11
篳*		B 隨縣 70
[illegible]*		璽彙 3790
[illegible]*		璽彙 0542
[illegible]*		郭店・老甲 23
[illegible]*		B 包山 255
		B 包山 264

⿱竹⿱由皿*

C 侯馬

⿱竹盜*

A 石鼓文・汧殹

⿱竹⿱目⿰舟矣*

D 滕子戈

同滕。

⿱竹⿱匽心*

A 十鐘

笱*

A 十鐘

籣*

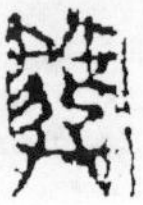

B 信陽 2・23

⿱竹夋*

B 信陽 2・11

丌

B 包山 5

B 包山 7

B 包山 249

B 郭店・老甲 23

B郭店·老甲27

B郭店·語叢3·40

C中山圓壺

C貨系1606

C雍王戈

D子禾子釜

D璽彙0253

E襄安君鉳

E郭大夫釜甑

典

A秦玉版

A璽彙3232

B望山2·1

B包山3

B包山7

B包山13

B包山16

D陳侯因資敦

畀

A珍秦68

A雲夢·答問5

璽彙2529

巽

B曾侯乙鐘

C貨系4134

C中國錢幣1994.3

C中國錢幣1994.3

B考古1991.1

B璽彙0161

B隨縣石磬

B隨縣石磬

莫	 C 陶彙6·145  璽彙3023
	 B 璽彙1617  B 璽彙3033  B 包山2  B 包山160
	 B 郭店·性自27  B 帛書甲  C 富莫劍  C 三年□令戈
	 D 陶彙3·19  D 陶彙3·148  D 陶彙3·20
⿰畀番*	 B 包山163
⿰畀曹*	 B 包山92
⿰畀旁*	 B 包山169  B 包山201
⿱可丌*	 D 陶彙3·1031

左

A 古璽通論 278

A 陶彙 5·239

B 隨縣 127

B 隨縣 150

B 包山 141

B 包山 226

B 郭店・老丙 6

B 璽彙 0162

C 公朱左官鼎

C 中山圓壺圈足

C 集粹

C 璽彙 1651

D 陳純釜

D 左關鈉

D 平阿左戈

D 璽彙 0038

D 璽彙 0195

D 璽彙 0227

D 璽彙 0313

D 封成 2

D 山東 009

D 集粹

D 陶彙 3·672

E 貨系 3305

E 左宮車軎

E 璽彙 0050

E 璽彙 0052

E 陶彙 4·8

E 陶彙 4·44

E 陶彙 4·49

差

A 集粹

A 故宮 411

A 故宮 474

B 長沙銅量

B 酓忎鼎

B 酓忎鼎

B 包山 108

B 郭店・窮達 4

悍矢形器

工

A 二年寺工戈

A 十二年上郡守戈

A 石鼓文・吾車

B 九店 56·19

C 郭店・成之 23

C 中山方壺

D 貨系 2607

E 璽彙 0085

E 貨系 3397

E 陶彙 4·118

E 陶彙 4·119

式

A 雲夢・秦律 66

巧

A 雲夢・秦律 113

B 郭店・老乙 14

B 郭店・性自 64

巨	 A 陶彙 5·107	 A 文博 1998.1	 B 巨荁鼎	 B 隨縣 172
	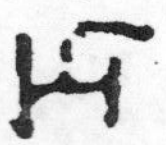 C 璽彙 3286	 D 山東 166	 D 陶彙 3·833	 E 燕王詈矛
	 E 陶彙 4·37	 E 陶彙 4·45	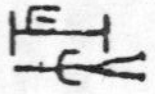 E 璽彙 3881	
巫	 A 雲夢・日甲 120	 A 詛楚文	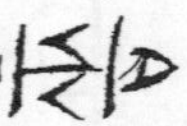 C 侯馬	
覡	 C 侯馬	 C 侯馬	 C 侯馬	
甘	 B 包山 239	 B 包山 245	 B 包山 247	 B 郭店・老甲 19
	 甘丹上庫戈	 C 聚珍 161·1	 璽彙 3089	 璽彙 5570
〔猒〕 䣛	 B 郭店・緇衣 46			

甚

A 雲夢・爲吏 2

B 郭店・老甲 5

B 郭店・老甲 36

B 郭店・成之 7

B 郭店・尊德 37

B 郭店・緇衣 15

B 郭店・性自 42
从戈。

B 郭店・唐虞 24

B 郭店・語叢 4・25

B 包山 158

B 郭店・唐虞 25

D 陶彙 3・288

戡*

私官鼎

D 陶彙 3・78

D 陶彙 3・263

甯*〔甯〕

B 包山 255

嘈*

B 包山 241

曰

A 陶彙 5・384

B 包山 125

B 包山 141

B 郭店・成之 29

C 哀成叔鼎

C 中山王鼎

D 陳純釜

D 陳肪簋蓋

D陳侯因資敦

D陶彙3·172

D陶彙3·422

曷

D陶彙3·916

朁

B包山177

沓

A秦印

曹

A陶彙9·90

C中山方壺

C璽彙5415

C璽彙0304 从邑。

D曹右庢戈

D陶彙3·794

D陶彙3·1060

乃

A新郪虎符

A陶彙5·384

A陶彙5·400

B信陽1·33

B郭店·老乙17

B郭店·唐虞9

B九店56·71

B帛書乙

卣

A石鼓文・作原

A石鼓文・田車

甹

B包山201

璽彙3472

C孝子壺

C集粹

寧

A秦陶1385

A雲夢・爲吏39

C中山王鼎

C中山圓壺

C中山方壺

C貨系513

C貨系514

可

A石鼓文・汧殹

B鳥書箴言帶鈎

B璽彙2632

B包山166

B郭店・老甲21

B郭店・老乙18

B郭店・語叢1・101

C中山方壺

D貨系2643

D陶彙3・428

E貨系3678

璽彙4852

奇

A陶彙5・93

A雲夢・日甲45反

B包山75

C三晉113

于號号哥

C 三晉 113

E 陶彙 4·169

E 璽彙 2795

璽彙 0716

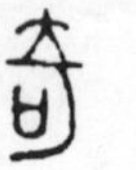
璽彙 1680

璽彙 1682

璽彙 1685

A 雲夢·日甲 40

B 曾侯乙鐘

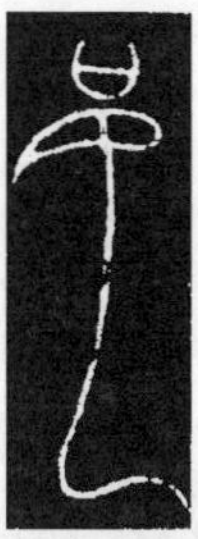
B 曾侯乙鐘

A 陶彙 5·391

A 陶彙 5·398

A 石鼓文·霝雨

B 禽章鐘

B 敬事天王鐘

B 帛書甲

B 郭店·緇衣 32

C 中山圓壺

C 貨系 1065

D 淳于公戈

D 陳純釜

D 璽彙 4033

E 貨系 2919

平

A 平宮鼎

A 珍秦 127

B 鼮鐘

C 三晉 90

C 貨系 1798

C 貨系 1130

C 璽彙 3104

C 璽彙 0116

C 璽彙 3310

D 平陸戈

D 陰平劍

D 貨系 3797

D 璽彙 0313

D 陶彙 3·21

D 陶彙 3·624

D 陶彙 3·703

皐*

E 貨系 2325

E 璽彙 2836

C 璽彙 2952

C 璽彙 2954

C 璽彙 2962

C 璽彙 2964

C 璽彙 2967

旨

B 越王者旨於賜鐘

B 之利殘器

B 越王者旨於賜劍

B 郭店·緇衣 10

嘗

B郭店·尊德26

D陶彙3·320

A故宮482

B郭店·魯穆5

B郭店·唐虞14

D陳侯因資敦

D十四年陳侯午敦

喜

A故宮406

A陶彙5·120

B曾侯乙鐘

B包山54

B包山56

C十六年喜令戈

C貨系352

C貨系353

C璽彙0890

C璽彙1372

D陳喜壺

D陶彙3·877

D陶彙3·879

D陶彙3·881

E燕王喜矛

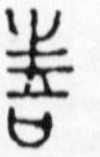
E璽彙0395

憙

A十鐘

B璽彙3223

B包山198

B包山215

壴

B 郭店・性自 24
B 郭店・性自 34
B 郭店・語叢 1・45
B 郭店・語叢 2・28

C 十一年皋落戈

B 曾侯乙鐘
B 隨縣石磬
B 隨縣石磬
B 郭店・老丙 12

B 郭店・六德 2
B 郭店・六德 19
B 郭店・性自 49
E 璽彙 0368

尌

璽彙 5274

A 十鐘
B 郭店・語叢 3・46

彭

A 十鐘
B 鄂君啟舟節
B 包山 2
B 包山 133

D 陶彙 3・737
璽彙 3513

嘉	 A 十鐘	 B 王孫遺者鐘	 B 長沙銅量	 B 包山 159
	 B 包山 166	 B 包山 217	 C 哀成叔鼎	 C 中山王鼎
	 C 侯馬	 C 侯馬	 C 侯馬	 C 侯馬
	 C 侯馬	 C 侯馬	 C 侯馬	 C 侯馬
	 C 侯馬			
鼓	 A 雲夢・爲吏 22 从攴。	 B 越王者旨於賜鐘	 B 包山 95	 B 信陽 2・3
鼙	 A 詛楚文			
鼛	 B 包山 145			

字頭	字形及出處
⿰壴兆*	 B包山95 同軺。
豈	 A雲夢・爲吏10
豆	 A雲夢・答問27  B信陽2·20  B郭店・老甲2  D陶彙3·302
	 D陶彙3·548  D陶彙3·606  D陶彙3·519  D陶彙3·28
	 D陶彙3·508
梪	 B包山250  B包山266  B郭店・性自8
登	 B望山2·46
豐	 B郭店・老丙10  B郭店・性自15  B郭店・性自66  B郭店・六德2

豐

B郭店・六德26　B郭店・成之35　B郭店・尊德9　B郭店・尊德31

B郭店・緇衣24　B郭店・語叢1・24　B郭店・語叢1・33　B郭店・語叢1・42

B郭店・語叢3・60　B郭店・性自54　C中山方壺　璽彙1883

C中山玉璜

B包山124　B包山145反

虘

B帛書甲

虍

C錢典1219

虞

A十鐘　A珍秦32　A鐵雲

虔

D 陶彙3·1357

虘

璽彙0260

虖

A 珍秦65　A 秦陶1209　B 郭店·唐虞17　B 郭店·唐虞21

B 郭店·唐虞23　B 郭店·語叢1·60　B 郭店·語叢3·58　B 郭店·語叢3·68

B 郭店·語叢3·72　C 中山方壺　C 中山王鼎　C 侯馬

C 侯馬　C 侯馬　C 侯馬　D 陶彙3·816

虐

A 詛楚文

虞〔虡〕

C 虞公劍　E 璽彙0186　E 璽彙0187　E 璽彙0188

虎

E 璽彙 0189

E 鷹節

A 珍秦 154

A 石鼓文·鑾車

B 包山 271

B 包山竹牘

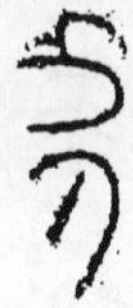
C 三晉 48

C 三晉 48

C 三晉 66

C 中山玉虎

彪

B 無白彪戈

虢

B 包山 15

B 包山 162

B 郭店·緇衣 16

B 郭店·五行 25

B 郭店·五行 25

虒

A 故宮 432

A 珍秦 54

虩*

A 詛楚文

同暴。

⿸虍圭*

B 曾姬無卹壺
用作吾。

B 信陽 1·12

B 郭店・成之 4

B 郭店・老甲 21

B 郭店・老甲 30

B 郭店・老乙 7

B 郭店・魯穆 3

B 郭店・語叢 2·50

璽彙 3056

璽彙 3411

璽彙 3433

⿸虍卑*

B 包山 141

⿸虍甫*

B 包山 253

B 包山 254

B 仰天 30

璽彙 3123

⿰幸虎*

A 考古與文物 1987.6

B 包山 42

B 包山 81

B 包山竹牘

⿸虍魚*

B 仰天 39

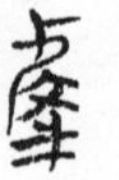
B 郭店・語叢 3·50

B 書也缶

C 中山王鼎

C 中山王鼎

C 三晉 115

 C 三晉 115

⿸虍吝*

 B 郭店·唐虞 8

⿸虍皆*

 B 郭店·語叢 1·45 同皆。  B 郭店·語叢 1·106  B 郭店·語叢 3·65  B 郭店·殘 5

⿸虍⿱皆皿*

 C 中山王鼎 同皆。  C 中山方壺

⿸虍⿱匕曰*

 B 郭店·忠信 7 同皆。  B 郭店·唐虞 27

⿸虍肰*

 B 郭店·語叢 1·30 同肰。  B 郭店·語叢 1·61

皿

 C 貨系 0510

盂

 B 王子申盞  B 酓審盞

盛

A 十鐘

B 盛君𠤳

B 璽彙1318

B 包山125

B 包山197

B 包山201

B 郭店·唐虞2

C 中山圓壺

D 璽彙1319

齍

D 陶彙3·1017

D 陶彙3·1018

D 陶彙3·1019

盧

A 故宮402

A 集粹

B 王子嬰次爐

C 璽彙1302

C 貨系1219

璽彙3775

盬

B 盛君𠤳

B 酓□𠤳

B 包山124

B 包山265

C 璽彙0869

E 璽彙2750

璽彙0712

璽彙2050

璽彙 5313

盅

C 令瓜君壺

盎

A 雲夢・封診 88

B 望山 2·51

醯

A 雲夢・日甲 26 反

盉

B 途爲盉

从金。

益

A 珍秦 133

B 環權

B 包山 111

B 包山 117

B 包山 118

B 包山 146

C 平安君鼎

C 信安君鼎

盈

A 石鼓文・霝雨

A 雲夢・效律 21

盡

A 陶彙5·387

C 中山方壺

C 侯馬

C 侯馬

C 侯馬

盦

C 侯馬

⿱囚皿〔昷〕

B 徐□君鼎

B 包山260

盥

B 倗之匜

盞*

B 王子申盞

B 太府盞

⿱心皿*

C 中山方壺

同寧。

⿱羽皿*

B 信陽2·3

醢*

A 雲夢·秦律 12

用作酤（沽）。

盂*

B 冉鉦鉞

盉*

C 哀成叔鼎

盜*

B 盜叔壺

B 盜叔壺

湿*

B 九店 56·47

同盈。

登*

B 包山 265

盧*

B 邵王鼎

鋁*

B 邵豆

⿱沱皿*

B 鄧尹鼎

⿱數皿*

A 輯存298

⿰爿監*

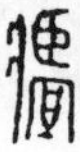
璽彙3086

璽彙4051

去

A 集粹

A 雲夢・答問12

A 故宮423

A 故宮423

B 郭店・老乙8

B 郭店・語叢1·101

C 哀成叔鼎

C 中山王鼎

C 中山圓壺

C 璽彙1161

C 璽彙0856

C 璽彙0857

C 璽彙3190

D 璽彙1433

D 璽彙1481

血

A 雲夢・封診57

B 郭店・六德15

B 郭店・語叢1·45

D 陳逆簋

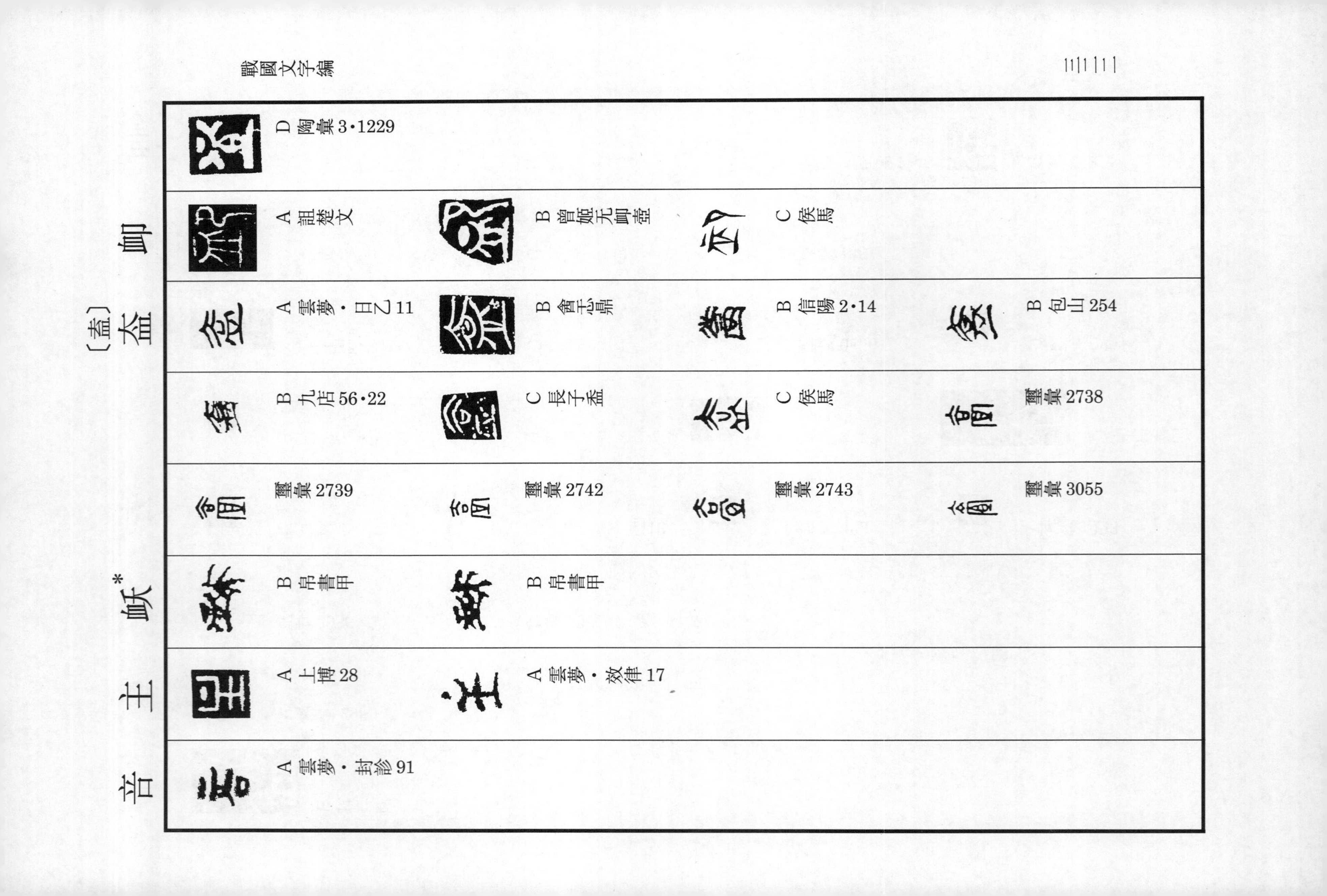

字頭				
	D 陶彙3·1229			
卹	A 詛楚文	B 曾姬无卹壺	C 侯馬	
盍〔盇〕	A 雲夢·日乙11	B 會志鼎	B 信陽2·14	B 包山254
	B 九店56·22	C 長子盉	C 侯馬	璽彙2738
	璽彙2739	璽彙2742	璽彙2743	璽彙3055
蚨*	B 帛書甲	B 帛書甲		
主	A 上博28	A 雲夢·效律17		
咅	A 雲夢·封診91			

謐*	 A 雲夢・封診 87			
丹	 A 十鐘	 A 鐵雲	 A 陶彙 5·6	 B 包山 170
	 C 甘丹上庫戈	 C 聚珍 161·1	 C 聚珍 161·2	 C 貨系 895
	 C 貨系 899	 C 集粹	 C 璽彙 0421	 D 陶彙 3·200
膢	 B 隨縣 91	 B 包山 62	 B 包山 65	 B 包山 94
	 B 包山 193			
彤	 A 石鼓文・鑾車	 B 隨縣 125	 B 包山 223	
臞*	 B 包山 58	 B 包山 191		

青

 A 珍秦 45	 B 信陽 2·3	 B 包山 129	 B 郭店·老甲 32
 B 郭店·太一 10	 B 郭店·性自 50	 B 郭店·語叢 1·88	 B 郭店·語叢 3·44
 B 帛書甲	 E 八年五大夫弩機	 E 璽彙 4646	 E 陶彙 4·24
 璽彙 1335	 璽彙 2591	 璽彙 3074	 璽彙 3157
 璽彙 4643	 璽彙 5310		

静

 B 郭店·老甲 5	 B 郭店·老甲 5	 B 郭店·尊德 14	 B 郭店·語叢 2·11

井

 B 隨縣漆書	 C 侯馬

〔穽〕阱

 A 雲夢·秦律 5

从穴。

㓝〔刑〕

A 雲夢・答問3

同刑。

B 隨縣75

D 子禾子釜

E 璽彙1279

E 璽彙1281

皀

C 三晉44

『即』之省體。

C 三晉44

即

A 石鼓文・吾車

A 雲夢・答問167

B 信陽1·8

B 郭店・老丙1

B 郭店・性自21

B 郭店・語叢1·97

B 郭店・尊德24

B 望山2·50

C 中山方壺

C 貨系2476

C 貨系949

璽彙4682

既

A 石鼓文・吾車

B 郭店・老甲20

B 郭店・老丙5

B 郭店・緇衣19

B 郭店・緇衣46

B 郭店・五行10

B 郭店・五行10

B 郭店・六德10

B 包山 80
B 包山 206
B 帛書乙
B 望山木烙印

C 哀成叔鼎
C 侯馬

爵

A 雲夢・雜抄 38
A 雲夢・答問 113

食

A 雲夢・日甲 45 反
B 包山 251
B 包山 257
C 鄲孝子鼎

饍

D 陳曼匿
D 禾簋

餾

C 璽彙 1176

養 〔敹〕

A 雲夢・爲吏 27
B 郭店・六德 33
B 郭店・忠信 4
B 郭店・唐虞 22

飤

A 秦陶 1467
B 王命龍節
B 楚屈子赤目匿
B 鄂君啟舟節

餘

A 雲夢・效律 31

B 包山 206

饋

B 太府盞

B 包山 202

B 包山 203

B 包山 205

餔

A 雲夢・日甲 135

飯

D 公孫竈壺

B 郭店・語叢 3・56

C 鄲孝子鼎

C 哀成叔鼎

C 中山方壺

B 包山 245

B 包山 247

B 郭店・成之 13

B 郭店・語叢 1・110

B 璽彙 0212

B 璽彙 0217

B 包山 202

B 包山 208

館

C 璽彙 2443

C 璽彙 3335

餲

C 璽彙 2352

⿰飠⿱宀乚

A 雲夢・秦律 60

餓

A 雲夢・日甲 62 反

餽

A 雲夢・答問 129

⿰飠女*

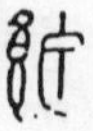
C 璽彙 3812

⿰飠毛*

C 璽彙 0812

C 璽彙 3095

C 璽彙 4038

⿰飠它*

B 包山 257

B 包山 257

⿰飠⿱厶日*	 B 郭店・緇衣 33	
⿰飠戉*	 B 信陽 2・17 同盛。	 B 包山 130
⿰飠方*	 A 雲夢・雜抄 28	
⿰飠殳*	 璽彙 2019	
餌*	 B 郭店・老丙 4	
⿰飠攸*	 C 中山王鼎	
⿰飠⿱次日*	 璽彙 0503	 璽彙 0810  璽彙 0811  璽彙 1826
	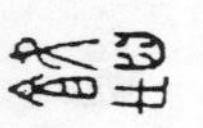 璽彙 4018	

饋*

C 璽彙0304

餜*

C 璽彙0809

餸*

C 七年宅陽令矛

C 香續74

飫*

津藝37

餕*

璽彙5627

合

A 雲夢・封診72

B 信陽2・24

B 包山166

B 郭店・老甲19

B 郭店・老甲26

B 郭店・老甲34

B 郭店・成之29

C 長合鼎

D 陳侯因資敦

璽彙3343

字				
僉	B 越王州句劍	B 郭店·老甲 5	B 郭店·性自 26	B 包山 121
侖	B 郭店·尊德 1	B 郭店·尊德 25	B 郭店·尊德 30	B 郭店·成之 31
	B 郭店·性自 17	C 中山王鼎	C 七年侖氏令戈	C 璽彙 0341
今	A 雲夢·語書 7	B 郭店·唐虞 17	C 侯馬	
舍	A 上博 32	B 鄂君啟車節	B 包山 154	B 包山 121
	B 包山 129	B 郭店·老甲 10	B 郭店·老甲 10	B 郭店·老乙 16
	B 郭店·性自 19	C 中山王鼎	C 侯馬	C 侯馬
	璽彙 2329	璽彙 1989		

會

A 新郪虎符

A 集粹

B 鄴陵君豆

B 曾侯乙鐘

B 包山 182

B 郭店・語叢 3·63

B 郭店・語叢 4·27

B 帛書丙

C 屭羌鐘

D 璽彙 0253

D 古璽通論 185

璽彙 5409

倉

A 璽彙 5561

A 上博 31

A 陶彙 5·77

B 𪔛鐘

B 𪔛鐘

B 包山 181

B 郭店・太一 4

B 帛書甲

B 帛書甲

C 宜陽右倉鼎

C 貨系 261

C 貨系 262

C 陶彙 6·198

C 陶彙 6·26

C 陶彙 6·202

D 陶彙 3·41

璽彙 1323

璽彙 3907

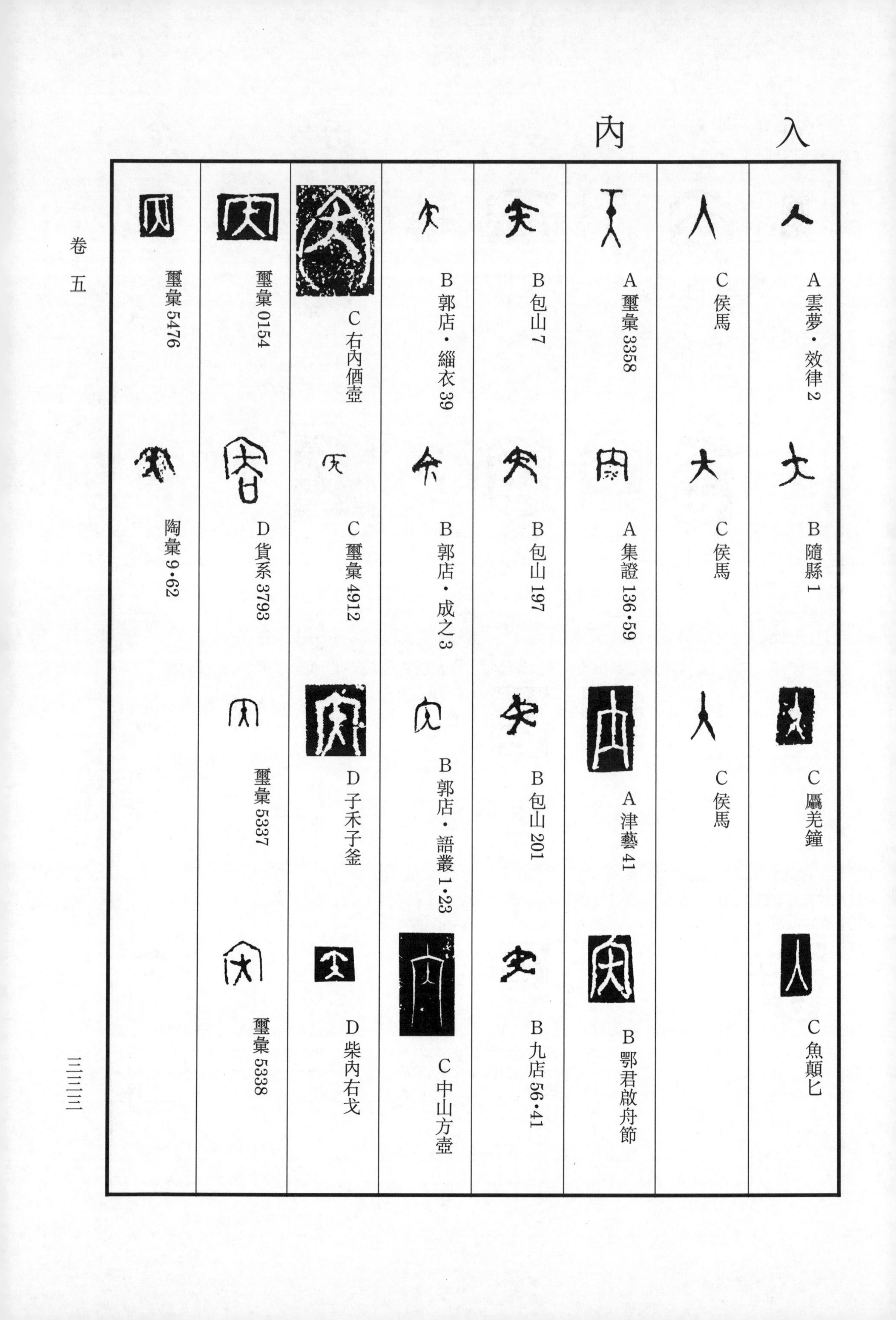

入

A 雲夢・效律 2
B 隨縣 1
C 驫羌鐘
C 魚顛匕
C 侯馬
C 侯馬
C 侯馬

內

A 璽彙 3358
A 集證 136・59
A 津藝 41
B 鄂君啟舟節
B 包山 7
B 包山 197
B 包山 201
B 九店 56・41
B 郭店・緇衣 39
B 郭店・成之 3
B 郭店・語叢 1・23
C 中山方壺
C 右內佰壺
C 璽彙 4912
D 子禾子釜
D 柴內右戈
璽彙 0154
D 貨系 3793
璽彙 5337
璽彙 5338
璽彙 5476
陶彙 9・62

全		A 雲夢・答問69		B 包山210		B 包山241		B 包山227
		B 包山237		C 侯馬		E 燕王喜矛		
缶		A 陶彙5・370		A 陶彙5・371		B 書也缶		B 信陽2・14
		B 包山255		B 包山255		B 包山265		C 陶彙6・50
		E 陶彙4・78		E 陶彙4・83		E 陶彙4・93		E 陶彙4・101
		E 陶彙4・118		E 陶彙4・119		E 陶彙4・120		E 燕下都165・2
		E 燕下都224・12		E 燕下都234・10				
匋		A 吉大145		B 郭店・窮達2		鵙公劍		D 璽彙0272

D 陶彙 3·65

D 陶彙 3·71

D 陶彙 3·95

D 陶彙 3·425

D 陶彙 3·427

D 陶彙 3·464

鉼

B 包山 265

䍃

A 雲夢・日甲 137 反

銗

A 雲夢・秦律 97

銅*

B 包山 265

鑇*

B 包山 89

矢

A 石鼓文・鑾車

D 璽彙 3081

射

A 石鼓文・田車

B 鄂君啟舟節

B 包山 38

B 包山 60

B 包山 138

B 郭店・窮達 8

D 璽彙 0153

E 燕馬節

矯

A 雲夢・語書 2

矰

A 秦代印風 92

A 雲夢・日甲 139 反

B 包山 165

相公子矰戈

璽彙 0845

侯 〔侯〕

A 秦印

A 珍秦 144

B 曾侯乙鼎

B 曾侯乙匕

B 曾侯乙尊

B 曾侯乙戟

B 禽璋鐘

B 曾侯乙戈

B 包山 213

B 包山 243

B 郭店・老甲 13

B 帛書丙

C中山方壺

C中山侯鉞

C四年相邦春平侯劍

C貨系209

C璽彙1075

D十四年陳侯午敦

D陳侯因資敦

E燕侯載簋

A雲夢・爲吏15

D璽彙3921

A雲夢・日乙46

A雲夢・封診84

B郭店・老甲6

B郭店・老乙8

B郭店・老乙8

B郭店・魯穆8

B郭店・唐虞18

B郭店・語叢2·50

B郭店・語叢3·62

C中山王鼎

炣*

B 包山 36

B 包山 190

⿰矢寺*

A 石鼓文・鑾車

高

A 六年上郡守戈

A 高奴權

A 陶彙 5·85

A 集證 136·52

B 鄂君啟車節

B 包山 241

B 郭店・老甲 16

C 廿九年高都令戈

C 三晉 99

C 璽彙 1100

C 璽彙 1137

D 平陽高馬里戈

D 璽彙 1128

D 璽彙 1146

D 璽彙 1149

E 璽彙 1133

亭

A 秦印

A 陶彙 4·168

A 陶彙 5·1

A 陶彙 5·317

A 陶彙 5·433

A 陶彙 5·311

A 陶彙 7·4

A 秦陶 1306

	 C 幣編 283			
亳	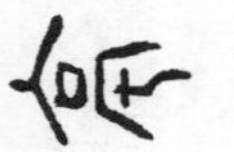 A 睡夢·日甲 149 反	 B 郭店·語叢 1·33	 C 陶彙 6·121	 C 陶彙 6·120
	 C 陶彙 6·129	 C 陶彙 6·137	 D 璽彙 0225	 D 陶彙 3·2
	 D 陶彙 3·6	 D 陶彙 3·27	 D 陶彙 3·31	 D 陶彙 3·35
	 D 陶彙 3·47			
市	 A 璽彙 3093	 A 璽彙 5708	 A 官印 0008	 A 陶彙 3·1039
	 A 陶彙 5·294	 A 陶彙 5·332	 A 陶彙 5·338	 A 陶彙 7·6
	 B 鄂君啟車節	 B 璽彙 5602	 B 包山 95	 B 包山 191

央

C貨系 42

C貨系 44

C璽彙 2436

C璽彙 2868

C璽彙 2970

C璽彙 0332

C陶彙 6·52

D璽彙 0152

D璽彙 0355

D陶彙 3·649

D陶彙 3·657

D陶彙 3·723

D陶彙 3·731

D陶彙 3·1206

E璽彙 0292

E璽彙 0354

E璽彙 0361

E璽彙 0870

E璽彙 5570

E璽彙 1599

E陶彙 4·20

A雲夢・日乙 207

央□戈

章

A珍秦 47

A集粹

A中國古文字研究

A石鼓文・吴人

京

B 曾侯乙鐘

B 曾侯乙鐘

D 陶彙3·344

D 陶彙3·345

D 陶彙3·348

D 陶彙3·355

E 郭大夫釜甑

E 津藝7

E 璽彙5672

A 璽彙3093

A 陶彙5·437

B 璽彙0279

C 厲羌鐘

C 陶彙6·48

C 貨系391

就

A 陶彙5·21

A 陶彙5·22

B 鄂君啟車節

B 包山169

B 包山209

B 包山216

B 包山221

B 包山234

B 郭店·五行21

B 郭店·六德1

亯	B 會章鎛	B 包山 163	B 包山 237	B 帛書乙
	D 陳逆簠	陶彙 3·709		
𦎫	D 淳于公戈			
䈞	B 包山 237	B 郭店・老甲 24	B 郭店・成之 24	
厚	B 望山 2·2	B 郭店・老甲 4	B 郭店・老甲 5	B 郭店・成之 39
	B 郭店・成之 5	B 郭店・緇衣 2	B 郭店・語叢 1·14	B 郭店・語叢 1·82
	B 郭店・語叢 3·22	B 郭店・老甲 36		
畗	A 雲夢・日乙 195	璽彙 3291	璽彙 4698	璽彙 4560

良	 A 十九年戈	 A 津藝 79	 A 陶彙 5·384	 B 信陽 2·4
	 B 包山 218	 B 包山 218	 B 包山 240	 B 天星
	 C 中山方壺	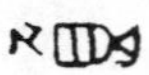 C 璽彙 1377	 C 璽彙 2052	 E 璽彙 2712
	 E 璽彙 2713	 E 璽彙 3926		
亩	 C 土勻錍	 C 璽彙 0324	 C 璽彙 3327	 C 陶彙 6·108
	 C 陶彙 6·154			
稟	 A 雲夢・效律 28	 D 璽彙 0319	 D 陶彙 3·829	 D 陶彙 3·967
亶	 A 集粹			

槀*

D 璽彙 0313

D 璽彙 0327

D 集粹

斆*

D 陳純釜
同槀。

D 璽彙 0300

D 璽彙 1597

D 璽彙 5526

嗇

A 雲夢・效律 28

B 郭店・老乙 1

B 郭店・老乙 1

C 十一年庫嗇夫鼎

C 中山圓壺圈足

C 私庫衡飾

C 廿五年戈

C 璽彙 0108

C 璽彙 0109

C 璽彙 0110

C 璽彙 0112

C 陶彙 6・58

牆

A 雲夢・秦律 195

B 包山 170

B 郭店・語叢 4・2

來

A 商鞅方升

A 石鼓文・吾車

B 包山 132 反

B 郭店・成之 36

B 郭店・語叢 1・99

D 陶彙 3・830

麥

A 雲夢·日乙 65

麱

A 雲夢·秦律 43

夋

B 帛書甲

复

B 鳥書箴言帶鈎

B 郭店·老甲 1

C 侯馬

C 侯馬

C 侯馬

C 侯馬

致

A 陶彙 5·27

憂

A 雲夢·日甲 55 反

B 帛書乙

C 中山王鼎

愛

A 雲夢·日乙 82

C 中山方壺

C 中山圓壺

C 璽彙 4655

夏	 A 十鐘	 B 鄂君啟舟節	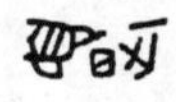 B 璽彙 3444	 B 包山 162
	 B 包山 200	 B 包山 209	 B 郭店・緇衣 7	 B 郭店・緇衣 35
	 B 郭店・唐虞 13	 C 璽彙 2723	 C 璽彙 3989	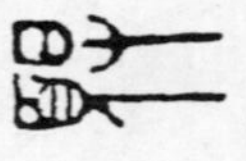 C 璽彙 3990
	 D 璽彙 0266	 E 璽彙 0015	 E 璽彙 2724	 E 璽彙 3988
夔*	 A 石鼓文・作原			
舝	 A 雲夢・日乙 50	 B 郭店・尊德 26	 B 郭店・五行 35	
舜	 B 郭店・窮達 2	 B 郭店・唐虞 1	 B 郭店・唐虞 6	 B 郭店・唐虞 22
	 B 郭店・唐虞 23			

字	字形及出處
韋	 A 五年相邦呂不韋戈　 B 曾侯乙鐘　 B 曾侯乙鐘　 B 隨縣石磬
	 B 包山 259　 B 郭店・老甲 30
韔	 B 隨縣 67　 B 隨縣 42　 B 望山 2・9
韓	 A 集粹　 A 吉大 128　 A 上博 35　 A 珍秦 119
韌	 B 隨縣 23　 B 隨縣 67
軒*	 B 包山竹牘
軌*	 B 包山 193
鞈*	 B 包山 273

⿰車白*

B 包山竹牘

⿰車安*

B 隨縣 115
同鞍。

⿰車皮*

B 隨縣 11
同鞁。

B 包山 259

B 璽彙 2612
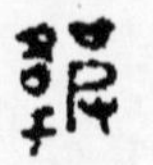
璽彙 3748

⿱竹車*

B 隨縣 58

轓*

A 雲夢・日甲 81 反

輎*

B 隨縣 184

⿰車瓦*

B 隨縣 71

⿰車卑*

B 包山 276

⿰韋冒*		B 包山 259
⿰韋盾*		B 隨縣 78
⿰韋欠*		B 包山 271
⿰韋弇*		B 隨縣 105
⿰韋⿱罒𧘇*		B 隨縣 11
⿰韋免*		B 包山 259
⿰韋堇*		B 包山 271
⿰韋臧*		B 包山 259

⿰韋睪*	B 信陽 2·2
⿰韋隹*	B 隨縣 78
⿰韋會*	B 璽彙 3376
韂*	A 方氏
弟	A 雲夢·封診 93　B 包山 80　B 包山 95　B 包山 227 B 郭店·唐虞 5　B 郭店·六德 29　B 郭店·語叢 1·56　B 郭店·語叢 3·6 C 璽彙 1988　C 璽彙 2489　C 侯馬
夆	D 璽彙 3499　D 陶彙 3·489　D 陶彙 3·491

久

 A 陶彙 5·332

 A 陶彙 3·1069

 A 陶彙 3·1137

 B 信陽 1·15

桀

 B 璽彙 2256

 B 璽彙 3501

 B 郭店・尊德 5

 B 郭店・尊德 6

 B 包山 132 反

 B 包山 143

 B 包山 191

 C 璽彙 1387

 C 璽彙 1390

磔

 A 雲夢・答問 67

乘

 A 十五年上郡守壽戈

 A 珍秦 122

 B 鄂君啟車節

 B 信陽 2·4

 B 包山 267

 B 郭店・語叢 2·26

 B 郭店・語叢 2·26

 C 公乘壺

 C 璽彙 1107

 C 璽彙 5373

 D 璽彙 3554

 E 十三年乘馬戈

	E 廿年距末		E 璽彙 0251		E 璽彙 1554	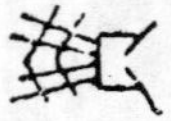	E 璽彙 5386

戰國文字編卷六

木

A 雲夢·日甲87反

B 鄂君啟舟節

B 包山266

B 帛書甲

C 陶彙6·224

C 貨系0296

D 璽彙0300

D 山東009

D 山東011

D 陶彙9·47

橘

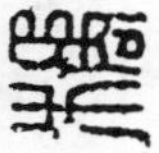
A 封成2221

梅〔楳〕

璽彙3625

杏

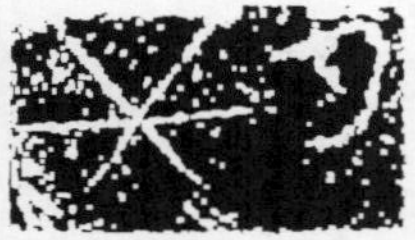
A 秦陶473

柰	 B 包山 239 同祟。			
李	 A 珍秦 99	 A 珍秦 120	 A 集粹	 A 陶彙 9·54
	 B 集粹	 B 隨縣 77	 B 包山 23	 B 璽彙 3611
桃	 A 集證 160·433	 A 雲夢·日甲 36 反	 B 包山 10	
	 C 璽彙 2404	 C 璽彙 2405		
亲	 C 三晉 54	 C 陶彙 6·52	 D 丰角戈	 璽彙 4690
桂	 B 包山 259			
杜	 A 珍秦 114	 A 集粹	 A 陶彙 5·384	 A 陶彙 5·172

	 C 璽彙 1920	 C 璽彙 1922	 D 璽彙 2415	
楢	 A 龍崗 208	 B 長沙銅量	 B 包山 7	 B 包山 174
	 B 包山 162	 璽彙 2889	 璽彙 2974	
楕	 B 包山 259	 C 集粹	 C 璽彙 2400	 C 璽彙 3272
楷	 A 石鼓文·作原 同柏。			
椶	 A 石鼓文·作原			
柭	 A 雲夢·日乙 58			
棫	 A 石鼓文·作原			

櫝

B 包山 259

栩

A 漱秋 35

杙

B 隨縣 169

B 郭店・窮達 6

桔

A 雲夢・日乙 104

柞

A 石鼓文・作原

檟

D 陶彙 3・27

D 陶彙 3・29

樸

B 郭店・老甲 9

B 郭店・老甲 32

枸

A 十鐘

A 雲夢・秦律 147

B 包山 97

枋

C 中山圓壺

D 璽彙 0325

楊

A 珍秦 60

A 珍秦 96

A 珍秦 123

A 十鐘

A 集粹

A 集粹

A 石鼓文・汧殹

B 包山 192

C 璽彙 2392

D 陶彙 3·310

柳

A 陶彙 5·2

A 石鼓文・汧殹

A 雲夢・日甲 57

C 貨系 0491

C 侯馬

欔

A 欔矛

移

B 包山竹牘

棣

香續 92

枳

A 雲夢·日甲 49

B 信陽 2·23

B 包山 259

B 包山 265

B 郭店·唐虞 26

B 郭店·語叢 4·17

權

A 雲夢·封診 67

柜

A 雲夢·爲吏 19

B 仰天 8

B 信陽 2·3

E 璽彙 0051

槐

A 萯陽鼎

穀

B 包山 274

楮

B 包山 149

B 璽彙 0181

櫟

A 櫟陽矛

A 四年相邦樛斿戈

棣

B 郭店・五行 41

榮

A 集證 182・717

C 七年俞氏令戈

桐

集粹

橎

A 龍崗 208

榆

A 秦印

C 貨系 949

C 聚珍 195・4

C 璽彙 2406

梗

A 雲夢・日甲 71 反

松

B 鄂君啟舟節

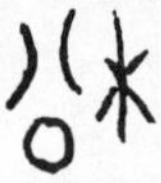
C 貨系 312

E 璽彙 2402

本

A 雲夢・秦律 38

B 郭店・成之 12

B 郭店・六德 41

C 行氣玉銘

樹

A 石鼓文・作原

B 郭店・語叢 3・46

C 考古學集刊 5

D 陶彙 3・857

B 包山 255

C 侯馬

某

A 雲夢・爲吏 49

B 隨縣 146

B 包山 95

B 包山 13

机

B 信陽 2・08

B 望山 2・45

柏

A 珍秦 134

A 集粹

柏人戈

璽彙 2396

樅

C 璽彙 2393

檜

B 仰天 20

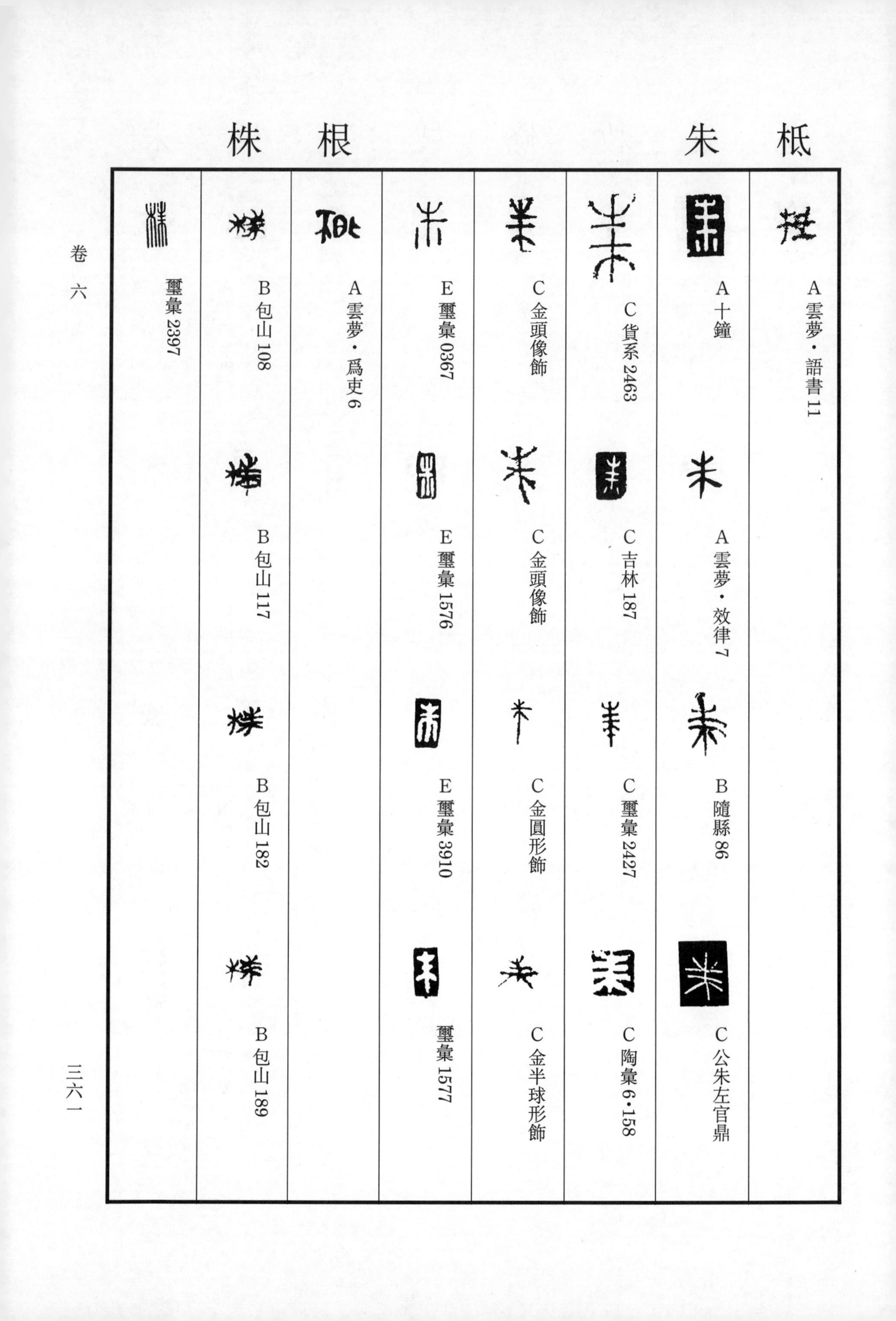

柢

A 雲夢・語書 11

朱

A 十鐘　A 雲夢・效律 7　B 隨縣 86　C 公朱左官鼎

C 貨系 2463　C 吉林 187　C 璽彙 2427　C 陶彙 6・158

C 金頭像飾　C 金頭像飾　C 金圓形飾　C 金半球形飾

E 璽彙 0367　E 璽彙 1576　E 璽彙 3910　璽彙 1577

根

A 雲夢・爲吏 6

株

B 包山 108　B 包山 117　B 包山 182　B 包山 189

璽彙 2397

末		A 雲夢・封診65		B 郭店・成之11		B 郭店・性自60		悍距末
果		A 吉林185		A 雲夢・日甲3反		B 隨縣82		B 郭店・老甲7
		B 郭店・五行34		璽彙3079		璽彙0936		
枝		A 上博39		A 秦代印風87				
條		B 郭店・性自31						
枚		A 故宫456						
槀		A 秦代印風233		B 信陽2・15				
梃		A 雲夢・答問90						

朵		A 珍秦137				
柖		A 雲夢・封診81				
榣		A 雲夢・爲吏14				
樛		A 四年相邦樛斿戈		A 珍秦83		
枉	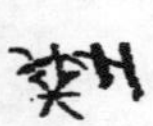	B 郭店・性自61		B 郭店・語叢1・93		B 郭店・成之21
椃		B 貨系4176		B 貨系4179		璽彙5362
枎		A 雲夢・秦律147		C 左官鼎		C 枎氏壺
格		C 六年格氏令戈		C 陶彙6・42		C 陶彙6・43

字頭	字形及出處
枯	 A 吉大 129  璽彙 4049  璽彙 4050
槀〔槁〕	 B 郭店・成之 30  C 廿三年槀朝鼎
樸	 A 石鼓文・吾車  B 望山 2・38
楨	 D 陶彙 3・575  D 陶彙 3・1329
柔	 A 雲夢・爲吏 35  B 郭店・性自 8  B 郭店・性自 9  B 郭店・性自 63
	 B 郭店・老甲 33
材	 A 雲夢・秦律 120  B 郭店・尊德 32  B 郭店・語叢 4・24
柴	 D 柴內右戈

榑

A 十鐘

杲

A 秦陶 1365

栽

A 雲夢・秦律 125

築

A 雲夢・封診 97

B 帛書丙

榦

A 雲夢・雜抄 24

B 帛書甲

C 中山圓壺

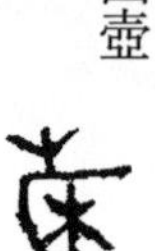
E 中國錢幣 1992.4

桴

C 中山王鼎

柱

B 望山 2・15

櫨

D 陶彙 3・344

檜

B 鄂君啟車節

B 王命龍節

植

B 鳥書箴言帶鉤

B 郭店・老乙 14

B 郭店・緇衣 3

C 侯馬

樓

A 雲夢・爲吏 22

櫺

B 望山 2·2

宋

B 郭店・六德 26

璽彙 2468

杇

杇氏鼎

柤

D 陳逆匿
用作祖。

槍

A 雲夢・爲吏 23

桓	杠	桯	桱	牀	枕	櫝	櫛
 A 雲夢木牘	 B 望山 2·11	 A 十鐘  A 上博 39  B 包山 124	 B 包山 266	 B 包山 260	 B 信陽 2·23	 A 雲夢·秦律 147  A 詛楚文  B 隨縣 153	 B 包山 259

梳

B 仰天 5

〔梩〕
相

C 貨系 2474

C 璽彙 0079

C 璽彙 2469

C 璽彙 2470

D 璽彙 3701

《説文》相或體作梩。

枱

A 雲夢・日甲 24 反

A 雲夢・秦律 91

柫

B 隨縣 133

B 隨縣 167

杵

A 雲夢・日甲 8 反

〔杯〕
栝

B 信陽 2・20

〔盤〕
槃

B 酓忎鼎

B 盤埜爲匕

B 酓□盤

棧　楥　椱　暴　椑　杓　案

B 信陽 2・18

B 包山 167

B 包山 265

D 璽彙 0640

案

A 雲夢・語書 7

D 璽彙 3587

杓

A 雲夢・日甲 138 反

椑

A 雲夢・爲吏 22

暴

A 十鐘

A 雲夢・日乙 156

D 陶彙 3・418

D 陶彙 3・422

椱

B 包山竹牘

楥

B 郭店・語叢 2・15

B 郭店・語叢 2・15

璽彙 2403

棧

A 詛楚文

桊

B 信陽 2·3

B 包山 260

椯

A 雲夢・日甲 40 反

B 隨縣 74

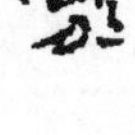
B 包山 274

椎

A 秦代印風 206

A 雲夢・日甲 40 反

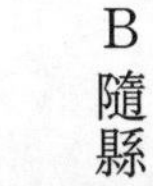
B 隨縣 123

柄

A 雲夢・爲吏 5

屎

A 雲夢・日甲 64

椄

A 雲夢・爲吏 33

桶

B 望山 2·38

樂

A 珍秦 86

A 集粹

A 集粹

A 集粹

棨 檢 札

A 雲夢・日乙241

A 石鼓文・田車

B 姑馮勾鑃

B 郭店・老甲4

B 郭店・性自27

B 郭店・性自28

B 郭店・尊德31

B 郭店・語叢1・34

C 令瓜君壺

C 三年□令戈

C 鄭東倉鼎

C 璽彙1376

C 璽彙1375

C 璽彙1368

D 陶彙3・804

D 陶彙3・823

E 襄安君鈚

E 璽彙5314

札

A 雲夢・效律41

檢

E 燕王喜矛

棨

A 雲夢・秦律131

极

A 石鼓文·霝雨

⿰木去

B 郭店·唐虞 12

欙

A 雲夢·秦律 135

橋

A 珍秦 81

A 珍秦 106

A 珍秦 110

A 十鐘

A 集粹

A 集粹

A 雲夢·爲吏 14

梁

A 秦印

B 包山 157

B 郭店·成之 35

C 梁十九年鼎

C 卅三年大梁戈

C □年音令戈

C 貨系 1336

C 貨系 1340

C 璽彙 0814

C 璽彙 1700

C 璽彙 3229

校	 A 雲夢・效律 56
采	 A 集證 141·129　 A 雲夢・答問 7　 B 郭店・性自 45
柿	 A 鐵續　 B 信陽 2·23
横	 A 十鐘
柧	 B 信陽 2·18
棱	 D 璽彙 3127　 D 璽彙 3813　 D 陶彙 3·10　 D 陶彙 3·61
枰	 C 璽彙 3419
檮	 B 包山 258

析

A 雲夢・封診 60

B 析君戟

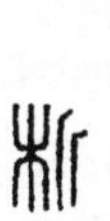
璽彙 2398

璽彙 2399

璽彙 3632

楅

璽彙 3543

業

A 雲夢・日乙 180

璽彙 1986

C 中山圓壺圈足

C 私庫衡飾

休

C 中山王鼎

C 中山方壺

璽彙 0833

璽彙 1702

璽彙 4089

C 陶彙 6・204

E 燕侯載簋

桎

B 包山 144

从侄。

棺

A 詛楚文

C 璽彙 3312

椁		C 璽彙2416	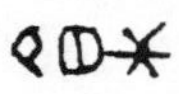	C 璽彙2435		C 璽彙2443		C 璽彙2452
		C 陶彙4·163		C 陶彙9·44				
楬		A 十鐘		C 璽彙1046				
梟		B 包山258		B 帛書丙				
槰*		B 郭店·窮達6						
枉*		A 赫連15						
杔*		B 信陽2·27						
杋*		B 包山183						

⿰木之*

B郭店・老甲25

板*

B包山43

B郭店・窮達7

B郭店・緇衣7

⿰木乏*

D陶彙3・400

枝*

E枝里瘟戈

枆*

B包山277

杈*

B郭店・性自48
同補。

璽彙2411

璽彙2412

杭*

B望山2・2

梘*

B信陽2・3

字	字形出處
柟*	C 璽彙 2410；E 璽彙 2407
⿰木芑*	E 璽彙 0054；E 璽彙 0287
桁*	C 璽彙 1398；D 璽彙 0300；D 山東 009；D 山東 011
榜*	香續 62
桱*	B 包山竹牘；B 郭店・窮達 7
⿸虍木*	C 璽彙 3159
美*	B 包山 184；B 包山 190；B 包山 121
⿰木缶*	B 包山 270

極*	栖*	桿*	梋*	補*	精*	椌*	榍*
 B 信陽 2·14	 A 珍秦 191	 D 子禾子釜	 璽彙 2910  E 璽彙 0189 E 璽彙 0122 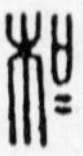 璽彙 3039	 B 郭店·太一 3 同輔。  B 包山 175  D 陶彙 3·1194  D 陶彙 3·1199	 B 帛書甲	 B 包山 269	 B 包山 263

栓*

B 包山 266

⿰木屈*

B 包山 266

⿰氵⿱日糸*

B 繁⿰氵⿱日糸之金劍

⿰木强*

C 侯馬

C 侯馬

C 侯馬

槂*

B 鄂君啟舟節

B 鄂君啟車節

榑*

C 璽彙 0254

檄*

D 陶彙 3·514

D 陶彙 3·515

⿰木魚*

璽彙 5696

欀*	A 十鐘	
棲*	A 雲夢・雜抄35	《説文・西部》以爲「西」之或體。
櫰*	B 包山23	
桱*	B 璽彙0264	
槙*	C 侯馬	
楪*	B 仰天8	
樧*	B 包山129	B 包山130
檶*	B 包山87	B 望山2・45

柁*

A 雲夢・日甲 119

璽彙 3334

欘*

B 隨縣鐘架

櫓*

B 包山 16

林*

A 雲夢・封診 66

棇*

A 雲夢・日甲 2 反

檮*

A 雲夢・秦律 132

椓*

璽彙 0172

榚*

璽彙 3214

東

A 陶彙7·5
A 陶彙5·361
B 包山205
B 包山207
B 包山124
B 九店56·54
B 郭店·太一13
B 璽彙0310
C 東周左官壺
C 貨系639
C 璽彙3994
D 璽彙0150
D 璽彙0314
D 璽彙3992
D 陶彙3·301
D 陶彙3·118
E 璽彙0362
璽彙3959
璽彙0169

林

A 官印0003
A 雲夢·秦律4
C 中山圓壺
C 侯馬

森〔無〕

A 集粹
A 十鐘
B 曾姬無卹壺
B 曾侯乙鐘
B 郪陵君豆
B 包山16
B 郭店·老甲31
C 令瓜君壺

鬱

C 魚顛匕

C 侯馬

E 燕王喜劍

E 陶彙 4·20

E 陶彙 4·18

《説文》卷十二亡部亦收『無』。

A 雲夢・封診 66

楚

A 珍秦 116

A 雲夢・日甲 65

B 曾侯乙鐘

B 酓忎鼎

B 𨛭篙鐘

B 酓□鼎

B 酓璋鐘

B 隨縣 126

B 包山 2

B 包山 226

B 郭店・窮達 8

D 璽彙 0642

D 陶彙 3·343

D 陶彙 3·1166

D 陶彙 3·1167

⿱林离*
C 貨系 2447
C 錢典 326
C 璽彙 3119

⿱林口*
西⿱林口簋

⿱林帝*
B 包山 173
C 璽彙 3083
C 璽彙 3116
C 璽彙 3118

⿱林車*
津藝 28

⿱林全*
璽彙 3113
E 璽彙 1506
E 璽彙 3663

才
A 新郪虎符
A 陶彙 5·384
B 曾姬無卹壺
B 曾侯乙鐘
B 包山 8
B 包山 11
B 郭店・老甲 3
B 郭店・成之 22
B 郭店・六德 25
B 郭店・語叢 3·15
B 郭店・語叢 4·12
B 郭店・殘 1

若

C 中山方壺

D 璽彙 3199

璽彙 3654

A 詛楚文

B 信陽 1·05

B 隨縣漆箱

B 包山 155

B 包山 70

B 郭店·老甲 38

B 郭店·老乙 4

B 郭店·老丙 12

B 郭店·語叢 4·17

B 郭店·成之 35

B 郭店·尊德 23

C 中山王鼎

桑

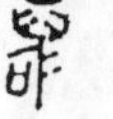
璽彙 1294

A 陶彙 5·384

B 包山 92

B 包山 167

璽彙 3272

之

A 六年上郡守戈

A 新郪虎符

A 石鼓文·汧殹

B 曾姬無卹壺

B 隨縣鐘架

B 子賏之用戈

B 越王者旨於賜戈

㞷

B包山6	B包山239	B郭店·成之1	B郭店·語叢1·94
B郭店·唐虞16	B帛書甲	B璽彙0281	B璽彙0140
C中山圓壺	C𨙵孝子鼎	C侯馬	D陳純釜
D左關鉌	D陳胎戈	D陳子皮戈	D淳于公戈
D璽彙0227	D璽彙0027	E璽彙0224	
B包山103反	B郭店·老乙11	B郭店·語叢2·3	B望山2·15
C中山圓壺	C貨系4076	C卅年鄭令矛	C温縣
D陶彙3·972	D陳逆簋		

市

B 酓忎鼎

B 長沙銅量

B 包山 5

B 包山 12

B 包山 64

B 包山 226

B 包山 228

B 郭店・窮達 5

B 郭店・成之 25

C 璽彙 3206

C 璽彙 3203

C 璽彙 3204

C 陶彙 4·173

C 十一年銅泡

D 陳純釜

D 璽彙 0019

D 璽彙 0148

D 璽彙 0149

D 璽彙 0154

D 璽彙 0152

D 璽彙 0150

E 璽彙 0158

E 璽彙 0159

E 璽彙 3410

師

A 廿七年上守戈

A □年上郡守戈

A 璽彙 0151

A 璽彙 5487

A 雲夢・秦律 111

B 冉鉦鋮

C 中山圓壺

出	A 陶彙5·384	A 秦陶1053	A 石鼓文·田車	B 鄂君啟舟節
	B 包山18	B 包山226	B 包山228	B 九店56·30
	B 帛書乙	B 郭店·尊德30	B 郭店·唐虞27	B 郭店·性自15
	B 郭店·語叢1·19	B 璽彙0168	C 魚鼎匕	C 侯馬
	璽彙4912			
敖	A 十鐘	A 陶彙5·384		
索	A 故宫417	A 雲夢·秦律167	B 曾侯乙鐘	B 郭店·老甲2
	B 郭店·緇衣29	E 璽彙3898		

孛

B 郭店・老乙 10

南

A 官印 0021

A 集粹

A 雲夢・日甲 140 反

B 冉鉦鉞

B 包山 38

B 包山 153

B 包山 231

B 郭店・太一 13

B 郭店・唐虞 25

B 璽彙 0168

C 貨系 2462

C 貨系 32

C 貨系 151

C 璽彙 0093

C 璽彙 2563

D 陶彙 3·126

D 陶彙 3·142

D 陶彙 3·155

D 陶彙 3·508

生

A 集粹

A 十鐘

B 包山 26

B 包山 209

B 郭店・老甲 15

B 郭店・老乙 3

B 郭店・太一 1

B 郭店・太一 9

丰

	B 郭店・語叢 1·1		B 郭店・語叢 1·23		B 郭店・語叢 2·11	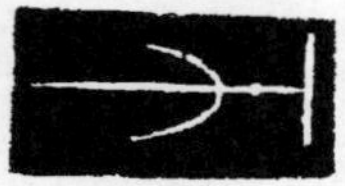	C 中山方壺
	C 璽彙 3291		E 璽彙 1340		E 璽彙 3416	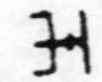	E 璽彙 3954
	E 陶彙 4·143		璽彙 5165		璽彙 5181		璽彙 4691
	璽彙 4755						
	璽彙 5209		璽彙 5210				

產

	A 十鐘		A 雲夢・爲吏 35	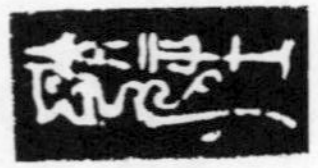	B 蔡侯產劍		B 鳥書箴言帶鈎
	B 包山 106		B 包山 116		C 哀成叔鼎	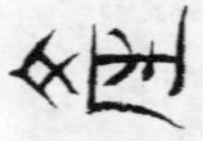	C 侯馬
	璽彙 3661						

毛	 C 貨系2061	 C 貨系2060		
華	 A 集粹	 A 鐵續	 A 考古與文物1997.1	 A 陶彙6·184
	 D 陶彙3·6	 D 陶彙3·11		
稽	 A 雲夢・爲吏5			
桼	 C 貨系4055	 C 璽彙0324	 D 璽彙0157	 D 陶彙3·625
髼	 A 雲夢・效律45			
東	 A 雲夢・秦律8			
東	 B 之利殘器	 B 郭店・五行22	 B 郭店・六德32	 B 郭店・五行37

刺

B郭店·五行38

C令瓜君壺

B曾侯乙鐘

B曾侯乙鐘

B曾侯乙鐘

C中山圓壺

、C中國錢幣1993.2

槖

A雲夢·雜抄16

囊

A雲夢·日甲159反

橐

A石鼓文·汧殹

B信陽2·3

槖*

B信陽1·27

圂

B隨縣120

B包山264

B信陽2·1

員	 B 隨縣 203			
囗	 A 詛楚文			
圖	 A 五年呂不韋戈	 A 十鐘	 A 金符 6	
國	 B 包山 135	 B 包山 45	 C 侯馬	 D 陶彙 3·1006
	 D 陶彙 3·1005	 璽彙 3078	 㪍距末	
囷	 A 雲夢・爲吏 15	 集粹		
圈	 A 集證 149·258	 B 包山 254		
囿	 A 石鼓文・吳人	 A 雲夢・爲吏 34	 B 郭店・老甲 22	

圂	 A 上博 6	 A 陶彙 5·352	 A 雲夢・日甲 78 反	
圃	 B 包山 172	 B 包山 186		
因	 B 郭店・六德 14	 B 郭店・尊德 17	 B 郭店・成之 18	 B 郭店・語叢 1·31
	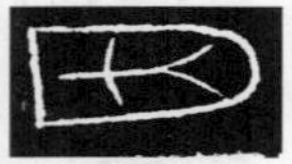 C 中山方壺	 D 陳侯因資敦	 D 陳侯因資戈	
囚	 A 雲夢・秦律 60			
固	 A 集粹	 A 成固戈	 A 雲夢・答問 116	 B 包山 191
	 B 郭店・成之 24	 B 璽彙 1318	 C 中山圓壺圈足	 璽彙 0713
	 璽彙 2584	 C 陶彙 6·150	 D 陶彙 3·27	 D 陶彙 3·31

D 陶彙 3·542

圍

A 雲夢·封診 67

B 包山 2

B 包山 5

困

A 雲夢·爲吏 2

B 包山 145

圂

A 珍秦 152

A 雲夢·日乙 188

璽彙 3985

⿴囗乇*

B 郭店·老甲 23

⿴囗久*

A 雲夢·爲吏 13

⿴囗戈*

璽彙 4036

⿴囗夫*

C 侯馬

⿴囗馬*

B 璽彙 3223

⿴囗昜*

D 璽彙 3751

D 陶彙 3·141

D 陶彙 3·197

D 陶彙 3·237

D 陶彙 3·154

D 陶彙 3·260

D 陶彙 3·518

D 陶彙 3·537

D 陶彙 3·501

員

A 石鼓文·吾車

B 郭店·老甲 24

B 郭店·老乙 3

B 郭店·緇衣 16

B 郭店·緇衣 18

B 郭店·唐虞 19

B 郭店·語叢 3·11

B 郭店·語叢 3·16

貝

A 陶彙 5·41

B 隨縣 80

B 包山 274

C 三晉 126

C 三晉 126

璽彙 5378

字				
財	A 龍崗264			
貨	A 雲夢·效律2	B 九店56·29	B 郭店·老甲35	
賜	B 郭店·語叢3·60			
資	A 雲夢·日乙18			
購	B 余義鐘	B 郭店·緇衣13		
賑	C 璽彙0764			
賢	A 珍秦82	A 文物1978.2	B 包山193	B 郭店·成之16
	B 郭店·五行48	C 中山圓壺	C 璽彙1609	C 中山方壺

賁

A十鐘

A善齋

賀

A十鐘

A十鐘

B包山7

C中山方壺

贊

A珍秦106

A秦陶1088

齎

A雲夢・答問202

B包山129

D陶彙3・568

貣

A集粹

A雲夢・秦律45

B包山53

B包山105

B包山108

B包山116

B包山157

B文物1988.6

璽彙1438

璽彙2992

賸

A雲夢・答問170

B隨縣138

贛

A 集粹

A 秦陶 490

B 包山 244

B 璽彙 5697

賞

A 雲夢・答問 52

B 包山 152

B 郭店・性自 52

B 郭店・六德 11

B 郭店・尊德 2

C 中山方壺

C 屭羌鐘

D 陶彙 3・353

璽彙 3494

賜

A 故宮 457

A 陶彙 5・148

A 雲夢・日乙 195

B 長沙銅量

B 包山 143

B 包山 65

C 中山王鼎

D 璽彙 2201

贏

A 故宮 427

A 故宮 429

A 續齊魯 6

A 雲夢・秦律 29

賴

A 雲夢・爲吏 15

負

A 雲夢·效律 34

A 雲夢木牘

貳

A 雲夢·爲吏 14

賓

B 曾侯乙鐘

B 郭店·老甲 19

B 郭店·語叢 1·89

B 郭店·性自 66

B 郭店·語叢 3·55

璽彙 3324

璽彙 5297

貰

A 雲夢·爲吏 13

贅

A 雲夢·爲吏 19

質

A 詛楚文

A 雲夢·答問 148

貿

C 貨系 479

牘		A 雲夢・秦律144						
費		A 十鐘		A 雲夢・秦律37				
責		A 雲夢・效律41		B 包山98		B 郭店・太一9		
賈		A 集粹		A 故宫413		A 珍秦78		A 雲夢・答問184
		B 包山121		B 包山190		C 中山王鼎		C 中山圓壺
		C 四年咎奴令戈		C 侯馬		C 璽彙2987		C 璽彙2991
		C 璽彙3001		C 璽彙3009		C 璽彙3025		陶彙3・820
賁		D 璽彙0573		D 璽彙1928		D 璽彙1943		D 璽彙3678

字頭				
	 D 陶彙 3·34	 D 陶彙 3·327		
買	 A 珍秦 94	 A 雲夢・答問 116	 C 璽彙 1054	 C 璽彙 3987
	 C 璽彙 1608	 C 璽彙 1864	 C 侯馬	 C 侯馬
	 D 陶彙 3·1215	 D 陶彙 3·1216		
賤	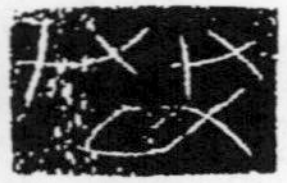 A 相邦儀戈	 A 雲夢・答問 153	 B 郭店・成之 17	
賦	 A 詛楚文	 A 雲夢・秦律 108		
貧	 A 雲夢・秦律 82	 B 隨縣 45	 B 隨縣 45	 B 郭店・成之 17
	 B 郭店・性自 53	 B 郭店・緇衣 44		

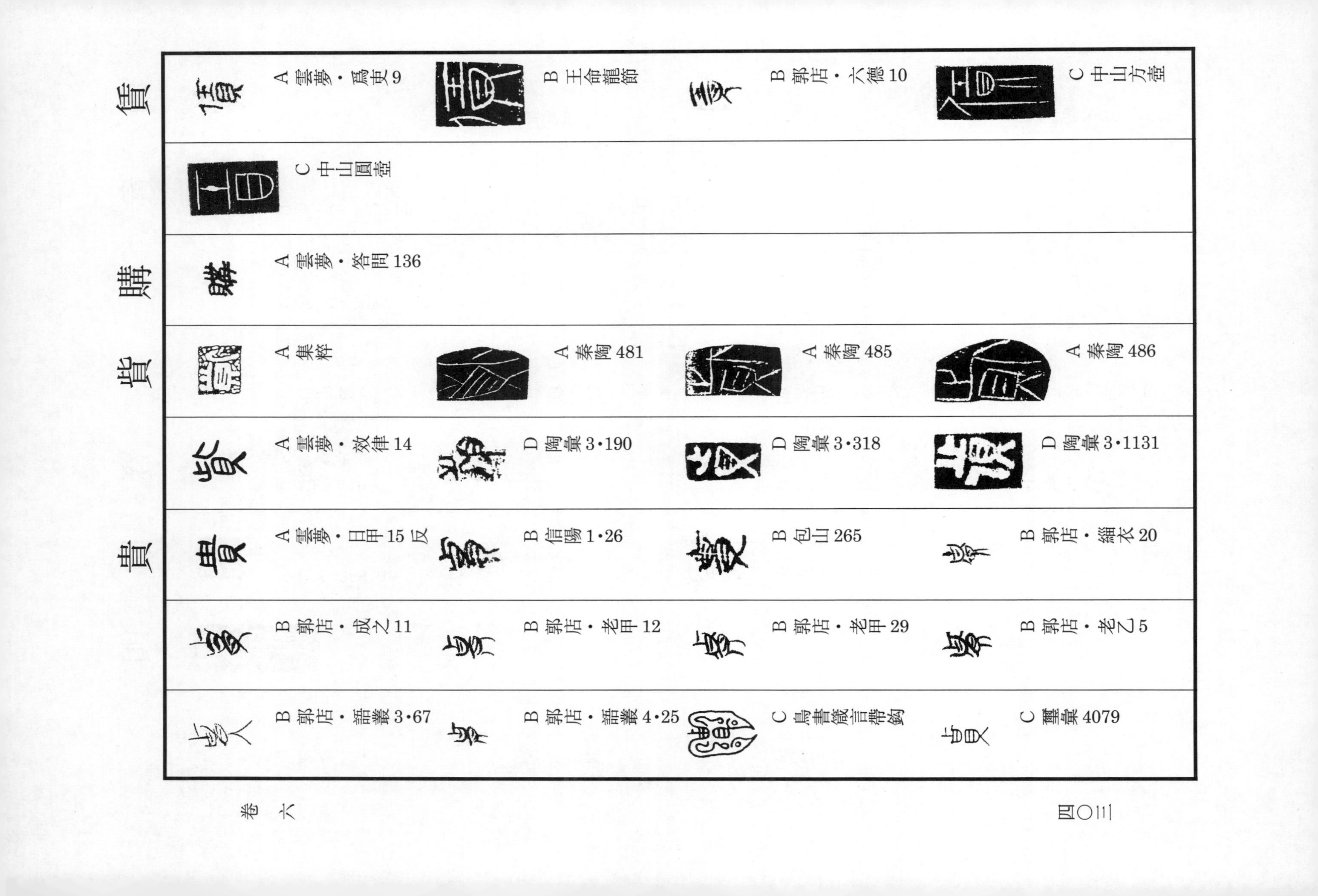

貨	A 雲夢・爲吏9	B 王命龍節	B 郭店・六德10	C 中山方壺
	C 中山圓壺			
購	A 雲夢・答問136			
貲	A 集粹	A 秦陶481	A 秦陶485	A 秦陶486
	A 雲夢・效律14	D 陶彙3・190	D 陶彙3・318	D 陶彙3・1131
貴	A 雲夢・日甲15反	B 信陽1・26	B 包山265	B 郭店・緇衣20
	B 郭店・成之11	B 郭店・老甲12	B 郭店・老甲29	B 郭店・老乙5
	B 郭店・語叢3・67	B 郭店・語叢4・25	C 鳥書箴言帶鉤	C 璽彙4079

賏

C 璽彙 1751

璽彙 4675

璽彙 4676

B 子賏之用戈

貽

D 陶彙 3·679

D 陶彙 3·786

D 陶彙 9·14

賽

B 包山 110

B 包山 149

B 包山 200

B 包山 208

B 包山 214

B 包山 219

B 郭店・老甲 27

B 郭店・老乙 13

B 郭店・語叢 4·17

賌*

B 郭店・老甲 36

⿰貝丩*

璽彙 0445

璽彙 2431

璽彙 1162

D 陶彙 3·755

貣*

D 陶彙 3·825

璽彙 0607

璽彙 1276

B 九店 56·115

B 郭店・老甲 36

昉*

D 陳昉簋蓋

肤*

D 陶彙 3·186

貶*

D 陶彙 3·952

眴*

D 陶彙 3·1235

貼*

D 璽彙 0585

D 璽彙 3107

D 璽彙 3677

D 陶彙 3·1168

D 陶彙 3·1169

⿰貝曳*	⿰貝帀*	⿱上貝*	⿰貝寺*	賅*	⿰貝互*	⿱士⿱冖貝*	⿱冃貝*
B 包山 149	C 璽彙 3154 C 璽彙 3321 C 集粹 D 璽彙 3992	璽彙 3959	B 包山 180	B 天星 B 天星	B 郭店・緇衣 45	D 陶彙 3・1244 D 陶彙 3・1245	璽彙 2611

餕*

A 雲夢・效律 24

饋*

A 雲夢・日甲 81 反

⿱折貝*

C 六年安平守鈹

C 璽彙 1044

C 璽彙 1610

C 侯馬

C 侯馬

C 侯馬

C 侯馬

璽彙 3211

貭*

B 郭店・語叢 4・26

⿰貝帚*

B 包山 145

⿰貝命*

B 包山 92

⿱癸貝*

B 包山 94

B 包山 278 反

B 璽彙 5701

D 陶彙 3・780

賡*

D 陶彙 3·1269

⿱臼貝*

D 璽彙 0262
續之古文。

D 陶彙 3·931

D 陶彙 3·1175

⿱穴⿱臼貝*

D 陳逆簠

D 陳逆簋

⿰貝監*

B 長沙銅量

B 包山 110

B 包山 118

B 郭店·老甲 35

C 璽彙 1068

D 貨系 4117

D 陶彙 3·126

D 陶彙 3·549

贅*

B 隨縣 158

B 包山 157

B 包山 28

⿰貝叟*

B 隨縣 137

B 隨縣 138

⿰貝告*		B 隨縣 11		B 隨縣 13				
⿰亻賁*		B 包山 52		B 包山 55		B 包山 64		B 包山 174
		B 包山 152						
⿰⿱目貝貝*		B 包山 150		璽彙 3796				
⿱璽貝*		B 郭店・老甲 36						
⿰貝壽*		B 郭店・語叢 4・1		C 新城大令戈	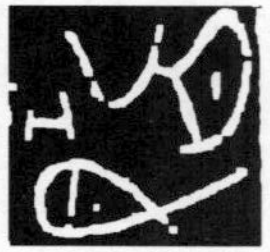	陶彙 3・964		陶彙 3・965
⿰貝童*		B 包山 180						
⿰貝爯*		D 陶彙 3・298		D 陶彙 3・299				

字頭	字形及出處
贙*	 B郭店・老甲36  B郭店・太一6
贅*	 D陶彙3·343  D陶彙3·1290
⿱壴貝*	 A雲夢・答問203
⿰貝要*	 B包山27 同瓔。  B包山278反
⿰貝官*	 D陶彙3·1301
賃*	 B望山1・14
⿰貝就*	 B鄂君啟車節  B鄂君啟舟節
邑	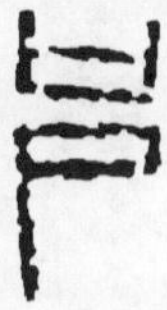 A旬邑銅權  A雲夢・日乙93  A陶彙5·136  A陶彙5·384

邦

 B 包山10
 B 包山143
 B 九店56·41
 C 貨系1278

 C 貨系711
 D 璽彙0289
 D 璽彙0198
 D 陶彙3·1349

 A 廿一年相邦冉戈
 A 四年相邦樛斿戈
 A 五年相邦呂不韋戈
 A 十鐘

 A 考古與文物2000.1
 A 雲夢·秦律201
 B 包山7

 B 包山226
 B 郭店·老甲29
 B 郭店·語叢4·6
 B 璽彙0143

 B 璽彙0276
 C 中山王鼎
 C 中山方壺
 C 中山圓壺

 C 中山侯鉞
 C 平安君鼎
 C 相邦陽安君鈹
 C 哀成叔鼎

 C 七年邦司寇矛
 律藝8
 D 十四年陳侯午敦
 D 貨系2575

郡

D 璽彙 1590

D 璽彙 1942

D 陶彙 3·40

璽彙 3936

E 吉大 28

A 上郡守壽戈

A □年上郡守戈

A 集證 140·111

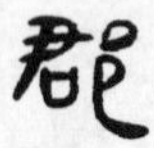
A 雲夢·秦律 157

都

A 官印 0038

A 雲夢·效律 1

A 考古與文物 1996.4

A 陶彙 9·19

A 陶彙 9·20

B 包山 113

B 包山 165

B 璽彙 0281

C 中都戈

C 廿九年高都令戈

C 三晉 99

C 璽彙 2487

C 璽彙 3237

C 璽彙 5196

D 璽彙 0198

D 陶彙 3·703

E 庚都司馬鐓

E 璽彙 0010

E 璽彙 0050

E 璽彙 0059

		E 璽彙 0121		E 璽彙 0186		E 璽彙 0188		E 璽彙 0190
		E 璽彙 0287		E 陶彙 4·151				
鄰		A 雲夢・日乙 21		B 郭店・窮達 12		B 郭店・性自 48		B 郭店・老甲 9
		C 中山王鼎						
鄗		A 雲夢・爲吏 9						
郊		B 包山 182		B 璽彙 3997				
邸		A 考古與文物 1997.1		A 集證 140·111		B 包山 162		B 包山 163
		B 包山 167						

郛	郵	⿰肖阝	竈	酆	鄭
B包山167	A官印0090	C陶彙6·156	B包山132	A陶彙5·384	A十九年殳
B璽彙0180	A雲夢·語書8	C侯馬		A集證152·304	A珍秦69
B璽彙2154					A集粹
					A十鐘

鄭（續）			
A香續二32	B隨縣165	C哀成叔鼎	C鄭左庫戈
C璽彙1618	C璽彙1619	C璽彙1620	C璽彙1621

璽彙 1623

璽彙 1624

郚

A 十七年丞相啟狀戈

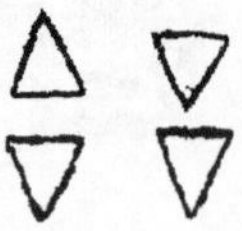
C 三晉 128

郵

B 包山 67

B 包山 181

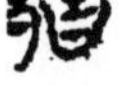
B 包山 186

邽

A 集證 223·278

A 考古與文物 2000.1

部

A 故宮 431

郖

璽彙 2146

璽彙 2147

璽彙 2149

邛

璽彙 2114

璽彙 2116

璽彙 2117

璽彙 2247

鄆

D 鄆戈

邘	邵	鄇	鄔	祁〔鄈〕	邦		邯
 璽彙 5555	 C 侯馬	 B 包山 132	 A 詛楚文	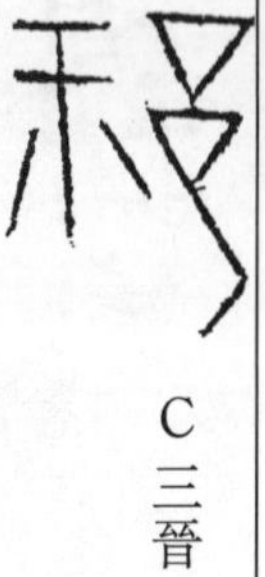 C 三晉 73	 A 湖南 95	 C 陶彙 6·33	 A 陶彙 4·159
 B 包山 115	 C 侯馬		 A 金符 35	 C 三晉 122	 璽彙 1891	 C 陶彙 6·40	 璽彙 2145
 C 四年邘令戈	 C 中山方壺			 C 三晉 122	 璽彙 1892	 璽彙 1901	 C 侯馬
					 璽彙 1902		

鄲

C 鄲孝子鼎

C 侯馬
从丹。

郇

璽彙 2238

鄗

B 包山 103

D 文物 1994.4

無

B 包山 87

鄽

C 中山方壺

C 中山圓壺

C 璽彙 1961

C 璽彙 1965

C 津藝 8

璽彙 1976

E 燕王喜矛

E 燕王職戈

E 璽彙 3857

E 璽彙 4099

E 香續 102

鄭

A 新鄭虎符

鄎

B 曾侯乙鐘

鄧

A 集粹

璽彙 1934

⿰襄阝

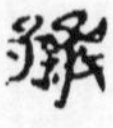
B 包山 189

鄟

D 璽彙 0237

⿰里阝

B 上博 6

郢

A 故宮 435

B 鄂君啟車節

B 包山 7

B 包山 126

B 包山 141

B 貨系 4241

B 貨系 4209

B 璽彙 5549

B 璽彙 0335

鄂

B 鄂君啟舟節

B 鄂君啟車節

郲

B 包山 149

B 包山 162

璽彙 1578

璽彙 1580

璽彙 1583

D 璽彙 1590

D 陶彙 3·620

D 陶彙 3·1068

璽彙 1585

璽彙 1586

郼

B 包山 121

邡

B 鄂君啟車節

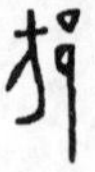
C 璽彙 2073

D 陶彙 3·1232

鄱

B 包山 154

B 包山 175

C 疋鄱戈

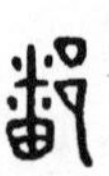
璽彙 1660

邴

C 璽彙 2098

D 璽彙 2209

䣜

B 包山 28

B 包山 116

D 陶彙 3·777

[illegible]

D 陶彙 3·1325

部

B 郗之新部戈

B 析君戟

B 羕陵公戈

郵

璽彙 2598

邛

C 槁朝鼎

[illegible]

D 陶彙 3·825

邧

璽彙 2135

鄒

A 十鐘

A 封成 873

A 秦代印風 215

𨛦

B 冉鉦鋮 經典通作徐。

B 包山 72

B 包山 84

B 包山 172

C 璽彙 1940

C 璽彙 1941

D 璽彙 1942

D 璽彙 1943

D 璽彙 1946

D 璽彙 1950

D 璽彙 1952

D 璽彙 1954

D 山東 170

D 陶彙 3·329

D 陶彙 9·40

D 陶彙 3·776

D 陶彙 3·728

D 陶彙 3·1188

郶

D 璽彙 2096

璽彙 2097

𨞰

璽彙 0263

𨟻

B 隨縣 153

郎

A 官印 0003

璽彙 0049

鄣

A 官印 0041

邗

B 邗王是埜戈

B 包山 184

C 趙孟庎壺

䣞

B 包山 40

郯

B 包山 81

B 包山 141

B 包山 143

B 包山 179

E 璽彙 0190

部

B 包山 200

B 包山 240

B 包山 206

鄺

B 包山 171

邢		A 集證 196·41		A 雲夢・秦律 89	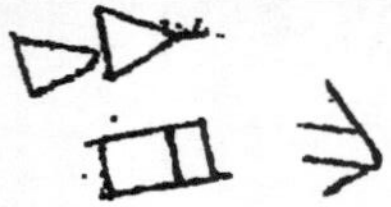	C 三晉 48		C 貨系 886
		C 貨系 879	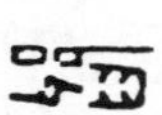	璽彙 2142				
邦		B 湖南 1		B 璽彙 2064		B 璽彙 2065		B 璽彙 2068
		B 璽彙 2066		D 陶彙 3·174				
郭		A 集粹		A 十鐘		A 吉大 151		A 秦代印風 163
郳		D 郳右戈		D 璽彙 3233				
郇		B 包山 28		B 包山 56		C 璽彙 2059	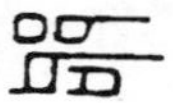	C 璽彙 2062
	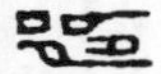	C 璽彙 2063		D 陶彙 3·813				

戠

D 陳侯因資敦

D 陶彙 3·706

D 陶彙 3·1231

邱

A 陶彙 5·384

[儿阝]

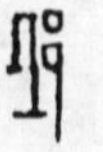
C 璽彙 2212

[求阝]

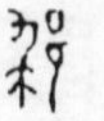
C 璽彙 2104

D 璽彙 2204

[尚阝]

B 包山 180

B 包山 165

郉

璽彙 1926

鄝

B 包山 21

B 包山 29

B 包山 105

邨

B 包山 166

部	郙		加*	邛*	坥*	邧*	邵*
 A 十鐘	 B 郙王劍	 B 包山234	 C 貨系1210	 璽彙1691	 C 璽彙1667	 B 璽彙2111	 D 津藝8
	 B 包山6	 B 包山228	 C 侯馬			 D 璽彙2112	
	 B 包山249	 B 包山239					
	 B 包山226						

⿰弋阝*

B 璽彙 0002

C 六年弋相鈹

C 璽彙 0096

⿰叵阝*

D 璽彙 2202

D 璽彙 2203

D 陶彙 3·328

邸*

璽彙 2144

璽彙 3237

⿰安阝*

B 包山 95

B 包山 157

B 包山 167

B 包山 170

⿰王阝*

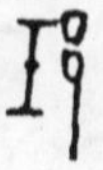
C 璽彙 2054

D 璽彙 2056

璽彙 5265

⿰夗阝*

C 璽彙 2124

邦*

C 璽彙 2176

D 陶彙 3·679

⿰勻阝*

B 包山 190

字	字形	出處	字形	出處	字形	出處
邟*		B 包山 181				
邔*		B 鄂君啟舟節		B 包山 22	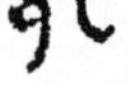	B 包山 191
𨛍*		B 包山 98				
邻*		B 包山 23		B 包山 23		
邳*		璽彙 2153				
左阝*		C 璽彙 1653				
郱*		璽彙 2210				
郘*〔郱〕		B 包山 85		B 包山 186		

白阝*	郙*	古阝*	正阝*	耶*		只阝*	外阝*
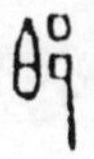 璽彙2150	 C貨系557	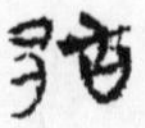 B包山153	 B包山150	 B包山27	 E璽彙0086	 B包山173	 B包山56
 璽彙2151	 C貨系560		 B包山179	 B包山76	 E璽彙0120		
 璽彙2152	 C璽彙2126			 B包山102			
	 C侯馬			 E璽彙0061			

郙*		B 包山 34		B 包山 34				
⿰戉阝*		B 曾侯⿰戉阝戟		B 越王者旨於睗鐘		B 越王句踐劍		B 戉王州句劍 戉用作⿰戉阝。
		B 包山 5		B 包山 55		B 包山 103		B 包山 174
		B 包山 166		B 包山 3		璽彙 3748		D 璽彙 2218
邪*		B 包山 125		B 包山 219		B 包山 220		B 包山 125
		C 貨系 2468		C 貨系 2480		D 璽彙 2206		
⿰宅阝*		B 包山 167 同宅。		B 包山 167				
⿰守阝*		璽彙 2219						

郘*

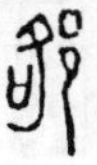

C 璽彙 2128

郱*

C 陶彙 6·30

⿰宫阝*

A 陶彙 5·87

A 陶彙 5·88

A 文博 1998.1

⿰臾阝*

璽彙 2228

⿰缶阝*

B 包山 177

⿰旨阝*

B 包山 91

⿰余阝*

B 包山 163

⿰㐬阝*

B 包山 186

耶*		D 耶左造戟						
郘*		B 包山 75		B 包山 169		B 包山 184		B 郭店・窮達 4
郑*		B 包山 140 反		B 包山 182				
郑*		B 包山 162						
⿰兆阝*		B 包山 167						
⿰曳阝*		C 璽彙 2180		C 璽彙 2181				
邮*		C 貨系 2467 同曲。		C 貨系 2466		C 貨系 2465		璽彙 2238
郁*		陶彙 9・39						

[区阝]*

C 集粹

[系阝]*

D 陶彙 3·21

[共阝]*

B 包山 188

C 建信君鈹

[共阝]戈

璽彙 1882

郱*

B 包山 221

B 包山 223

[向阝]*

C 三晉 127

[奇阝]*

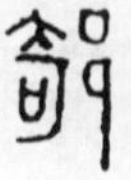
C 璽彙 1687

邽*

C 璽彙 1923

[坐阝]*

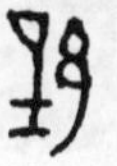
璽彙 1424

字頭	字形及出處
固阝*	 C 璽彙 1812； C 璽彙 2960
走阝*	 B 璽彙 0261
皀阝*	 E 璽彙 2216
巠阝*	 B 包山 159； C 璽彙 1980； C 璽彙 1982；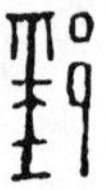 C 璽彙 1983
	 D 璽彙 4014
部*	 C 侯馬
邽*	 B 鄂君啟舟節； B 包山 3； B 包山 89； B 包山 102
	 B 包山 172

⿰⿱日女阝*

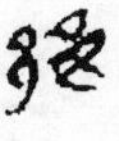
B 包山 145
同郾。

B 包山 181

津藝 21

⿰⿰禾卩阝*

璽彙 1879

挪*

C 挪戈

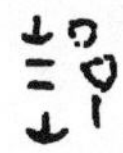
C 璽彙 2227

C 陶彙 6·148

C 陶彙 6·147

⿰隶阝*

璽彙 2102

璽彙 2103

⿰畀阝*

璽彙 2134

⿰亟阝*

B 郭店・窮達 8

璽彙 2136

郖*

B 包山 41

⿰卓阝*

B 包山竹牘

郤*

B包山132

B包山139反

䣍*

B包山118

D陶彙3·436

⿰金阝*

B包山180

⿰走阝*

B包山119

⿰黎阝*

B包山62

B包山142

B楚璽

⿰隶阝*
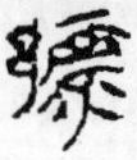
B包山153

B包山154

⿱宀郘*

B包山63

B包山182

郬*

B包山179

D璽彙0238

⿰亦阝*		A 珍秦 35			
郙*		B 包山 187		B 包山 188	
⿰我阝*	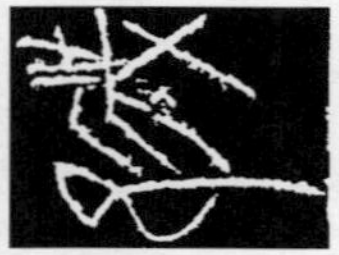	B ⿰我阝陵君豆			
⿰匋阝*		D 璽彙 2195			
⿰夜阝*		D 璽彙 0265			
⿰或阝*		B 璽彙 0204		B 璽彙 0310	 B 郭店・老乙 2
⿰斿阝*		C 璽彙 2166		C 璽彙 2167	
⿰筍阝*	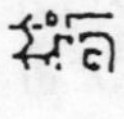	C 集粹			

字頭	字形	出處
⿰具阝*		A 集粹
⿰昔阝*		A 印典
⿰旆阝*		D 陶彙 3·347
⿰癸阝*		B 包山 153
⿰采阝*		D 璽彙 0098
⿰⿱巛台阝*	  	B 包山 62；B 包山 169；B 包山 172
⿰采阝*		璽彙 4073
⿰屈阝*	   	A 璽彙 0182；A 陶彙 5·41；A 陶彙 5·59；A 陶彙 5·75

郾*	 A 陶彙 5·28  A 陶彙 5·33  A 陶彙 5·72
	 津藝 21
郵*	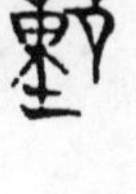 C 侯馬  C 璽彙 1999  C 璽彙 2002  C 璽彙 2008
	 C 璽彙 2031  C 璽彙 3400  C 集粹  C 陶彙 4·162
郭*	 B 越王者旨於賜戈
郪*	 B 郪之新造戈  B 包山 177
娜*	 C 貨系 2475
邳*	 C 文物春秋創刊號

鄴*	鄪*	鄹*	鄭*		𥂕*	郱*	鄙*
B 包山 170	B 包山 149 B 包山 188	B 包山 133 B 包山 145	B 包山 10 B 包山 163 B 包山 164 B 包山 180	B 包山 172	B 隨縣 26	B 隨縣 70	B 鄂君啟舟節 B 玉印 29

郻*

B 鄂君啟舟節

B 包山 169

B 包山 174

B 包山 181

E 璽彙 1679

郻*

E 璽彙 0010

郻戈

⿰亮阝*

璽彙 1698

⿰系阝*

C 集粹

⿰虒阝*

C 侯馬

⿰皁阝*

A 詛楚文

⿰畚阝*

C 璽彙 2139

同郿。

⿰素阝*

璽彙 2130

⿰秦阝*

B 隨縣 33

陶彙 9·8
同秦。

D 璽彙 2207

⿰𦍌阝*

B 包山 168

鄟*

B 包山 26

B 包山 26

⿰厓阝*

B 長⿰厓阝戈
讀作『沙』。

⿰⿸厂少阝*

B 包山 78

⿰楚阝*

B 敚戟

⿰朋阝*

B 包山 165

B 包山 172

鄗*		B 包山 68		B 包山 110		B 包山 118		B 包山 143
		B 包山 168						
⿰隻阝*		B 包山 153						
⿰基阝*		C 璽彙 2113		C 集粹				
⿰絲阝*		B 包山 186		C 貨系 2460		璽彙 2138		
⿰魚阝*		璽彙 2081						
鄤*	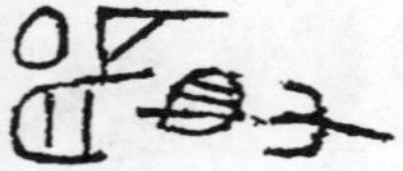	C 貨系 1210						
⿰長阝*		C 三晉 94		C 侯馬				

鄐*

C 集粹

鄩*

C 三晉 99　C 三晉 100　C 三晉 100

邪*

C 三晉 53　C 三晉 53

⿰幸阝*

C 三晉 120　C 三晉 120　C 三晉 120

⿰負阝*

C 三晉 122　C 三晉 122

⿰齒阝*

C 吉大 39

鄟*

C 璽彙 1870　C 璽彙 1871　C 璽彙 1872

郅*

C 璽彙 1912　C 璽彙 1915　C 璽彙 1916　C 璽彙 1907

字頭				
鄬*	C 三晉 79	C 三晉 79		
⿰梁阝*	B 包山 163	B 包山 165	B 包山 169	B 包山 179
	C ⿰梁阝戈	C 梁廿七年鼎	C 三晉 114	C 璽彙 1701
	C 璽彙 1705	C 璽彙 1707	C 璽彙 1713	
⿰閰阝*	B 包山 103	B 包山 115		
⿰隶阝*	B ⿰隶阝戈	B 包山 169	B 包山 166	
鄙*	D 璽彙 0577	D 湖南 18		
耶*	B 包山 124	D 陶彙 3·833		

鄜*	 B 包山 175	 B 包山 190	 B 包山 174	
郠*	 郠戈	 B 包山 164		
鄲*	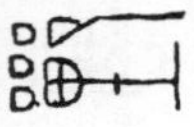 璽彙 2137			
鄀*	 D 陶彙 3·649	 D 陶彙 3·651		
鄦*	 C 璽彙 2074	 C 璽彙 2075	 C 璽彙 2077	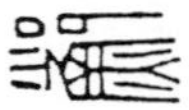 C 璽彙 2078
	 C 璽彙 2079	 C 集粹	 C 集粹	
鄗*	 B 包山 20			
鄚*	 B 包山 179			

⿰雁阝*		B 曾侯乙鐘		B 曾侯乙鐘		B 曾侯乙鐘		B 包山 183
		B 包山 201		B 包山 204		B 包山 210		
⿰集阝*		B 集□鼎 同集。		B 隨縣 142				
綁*		B 包山 141		B 包山 143				
⿰厤阝*		B 隨縣 130						
⿰肯阝*		B 包山 93		B 包山 133		B 包山 134		B 包山 164
		B 包山 183						
⿰曹阝*		C 璽彙 1616		C 璽彙 1613		C 璽彙 1615		

鄱*	鄷*	⿰畐阝*	⿰⿱罒衣阝*		⿰⿸厂林阝*	⿰⿸厃⿱八口阝*	鄵*
C 璽彙 2132	璽彙 1884 璽彙 1885	E 璽彙 0120 E 璽彙 0086	C 璽彙 0302 C 璽彙 0303 C 璽彙 1905 C 璽彙 1906	C 璽彙 2719	B 集粹	B 包山 86	B 鄂君啟車節 B 包山 63

字頭	字形	出處
鄲*		B 包山 44
[illegible]*	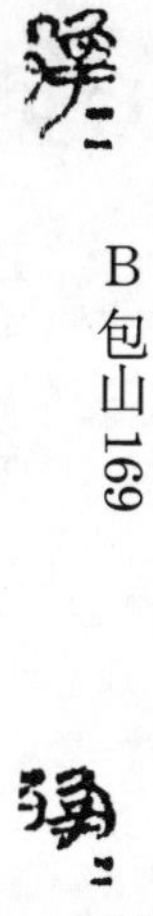	B 包山 169；B 包山 175
都*		B 隨縣 170
⿰齊阝*	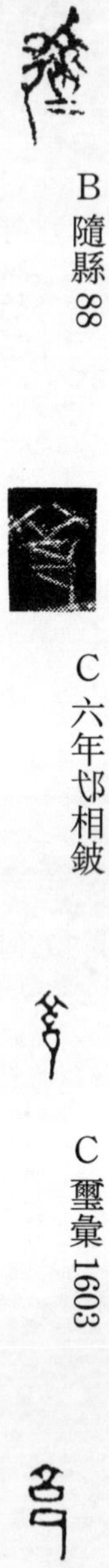	B 隨縣 88；C 六年邙相鈹；C 璽彙 1603；C 璽彙 1604
		C 璽彙 1610；C 璽彙 2248；E 津藝 13；E 璽彙 1599
	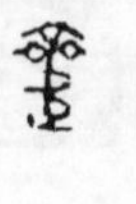	E 璽彙 3498
⿰馬阝*	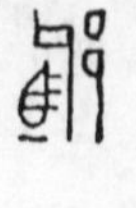	璽彙 2143
⿰繁阝*	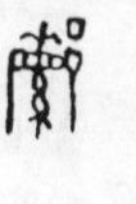	C 璽彙 2129

⿰翟阝*

B 隨縣 71

⿰⿱罒吕阝*

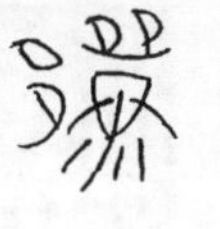
C ⿰⿱罒吕阝⿰瓜阝戈

⿰魯阝*

C 璽彙 1594

C 璽彙 1595

C 璽彙 1596

⿰龍阝*

B ⿰龍阝公戈

B 包山 174

⿰⿱竹思阝*

璽彙 2140

⿰蕃阝*

C 璽彙 2141

⿰廬阝*

璽彙 2106

璽彙 2107

⿰羅阝*

B 長沙銅量

B 包山 22

郗*

B 鄂君啟車節 同蔡。	B 包山 182	B 包山 240
B 包山 66	B 包山 191	B 璽彙 0097
B 包山 202	B 包山 200	B 璽彙 0309
B 包山 180	B 包山 203	B 璽彙 2188

B 璽彙 2189

鄃*

B 漢瓦硯齋古印叢

䣜*

C 貨系 2485

䣝*

C 鄺戈　C 鄺左庫戈

輣*

C 璽彙 2133

廓*

A 石鼓文・鑾車

A 石鼓文・霝雨

酈*

B 包山 117

纙*

B 包山 268

鄉*

C 璽彙 2122

C 璽彙 2123

鑈*

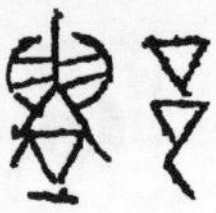
C 三晉 117

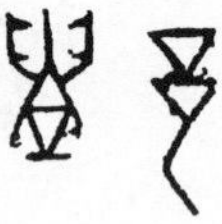
C 三晉 117

邦*

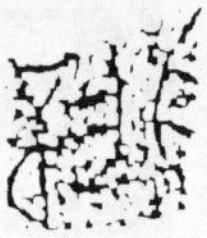
E 中國錢幣 1998.2

郊*

B 郊并果戈

欞*

C 吉大 38

⿰巿阝*

B 隨縣 167

⿰糹郎*

B 包山 192

⿱⺈畱*

D 陳侯因資敦

⿰御阝*

A 十鐘

⿱⺮鄉*

D 陳𡑔鐘

同莒。

D 齊幣 301

D 貨系 3792

⿰糹鄉*

B 鄉倗浴缶

⿱⺮鄙*

璽彙 3682

⿰或阝*

璽彙 2125

⿰車阝*	 E 陶彙 4·35			
⿰鄉阝*	 C 十八年鄉左庫戈	 C 璽彙 2183		
𨛜	 C 璽彙 2090	 C 璽彙 2091	 C 山東 160	
鄉	 A 官印 0081	 A 官印 0083	 A 官印 0084	 A 雲夢・效律 28
巷	 A 雲夢・封診 79	 A 集證 134·18	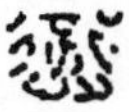 A 集證 134·19	 A 集證 134·20
	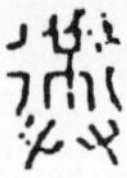 A 集證 134·21	 B 包山 142	 B 包山 144	 B 郭店・緇衣 1

戰國文字編卷七

日

A 雲夢·秦律60

B 書也缶

B 包山17

B 郭店·老乙3

B 郭店·語叢3·52

C 中山圓壺

C 令瓜君壺

D 陳昉簋蓋

D 陶彙3·719

E 璽彙0293

時

A 十鐘

A 石鼓文·吾車

A 陶彙3·797

A 青川木牘

B 包山137反

B 郭店·五行27

B 郭店·太一2

C 中山方壺

C 璽彙4343

早

A 雲夢・秦律 5

B 越王者旨於賜戈

B 郭店・老乙 1

B 郭店・語叢 4·12

B 郭店・語叢 4·13

B 郭店・語叢 3·19

B 包山 58

B 包山 63

C 中山王鼎

昧

璽彙 3303

暏

B 包山 173

B 包山 184

B 包山 185

B 帛書丙

昭

A 雲夢・爲吏 27

B 郭店・緇衣 11

晉

A 十鐘

A 秦陶 368

B [illegible]篙鐘

B 鄂君啟舟節

B 隨縣 68

B 包山 166

B 包山 174

B 郭店・緇衣 10

昃		B 包山 266		B 郭店・語叢 4・12		C 璽彙 0730		C 璽彙 3205
晧		B 包山竹牘						
晏		A 雲夢・日甲 161		B 郭店・五行 40				
昫		A 秦印						
暘		B 包山 187						
		C 侯馬		C 侯馬				
		C 貨系 942		C 三晉 42		C 三晉 42		C 陶彙 6・64
		B 郭店・緇衣 22		C 臨晉戈		C 晉陽車軎		C 鷹羌鐘

昏

C 陶彙6·48

C 陶彙6·121

D 陶彙3·1200

A 雲夢·日乙156

B 郭店·老甲30

B 郭店·老乙9

B 郭店·魯穆3

B 郭店·魯穆8

B 郭店·唐虞22

璽彙1073

晦

A 雲夢·封診73

B 帛書甲

旱

A 雲夢·日甲51反

昌

A 十鐘

A 陶彙5·185

A 陶彙6·12

璽彙0178

B 郭店·成之9

C 璽彙0006

C 璽彙1214

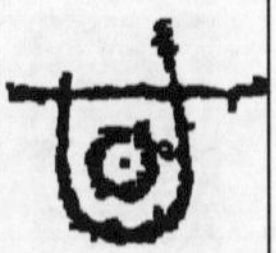
D 貨系2505

D 璽彙5390

D 陶彙3·27

E 貨系2335

E 三晉130

昔 暴 㬎 暑 晊

昔
A 雲夢·日甲29反
B 郭店·緇衣37
B 郭店·成之6
C 中山王鼎

暴
A 雲夢·秦律2

㬎
C 温縣

暑
A 雲夢·日甲50反
B 包山173
B 包山185

晊
B 陳晊戟

璽彙4977
璽彙4980
璽彙4999

璽彙4997
E 陶彙4·79
E 燕下都218·6
E 燕下都237·2

璽彙0882
璽彙4986
璽彙4987
璽彙4993

C 中山圓壺

C 吉大 12

D 陶彙 3·362
《説文》：『籀文从肉。』

昆

A 璽彙 5311

B 郭店・六德 29

B 郭店・六德 28

晐

A 陶彙 5·95

C 津藝 17

璽彙 0248

璽彙 1951

曈

璽彙 2264

眣*

B 望山 2·6

眗*

E 璽彙 0329

昳*

B 包山 173

昒*

B 包山 133

B 包山 135

B 包山 150

B 包山 135 反

昊*	旲*	旱*	鼏*	𣅀*	𣇈*	晙*	睩*
 B 信陽 1·23  璽彙 0965	 A 石鼓文·田車	 璽彙 3042	 D 陶彙 3·524	 D 陶彙 3·1123	 B 璽彙 5520	 D 璽彙 0344	 璽彙 1453

⿱日君*
C 璽彙 1077　C 璽彙 1687

⿱日帚*
C 璽彙 0397　C 璽彙 1682　C 璽彙 2294

⿱日雇*
C 璽彙 0671　C 璽彙 3204

暊*
B 包山 224
同夏。
B 包山 225　B 郭店・成之 38

⿰日臽*
B 包山 189　B 包山 8

暲*
C 璽彙 0963　C 璽彙 1272　C 璽彙 1709　C 璽彙 2044

璽彙 2644　璽彙 4009

⿰日冀*
A 石鼓文・吾水

曡*	旮*	昪*	旦	軓

字	形						
曡*	C中山王鼎	C中山方壺	C璽彙0744	C璽彙1874			
旮*	B包山22	B包山23	B包山64	B包山75			
	B包山105	B包山198	B包山215	B包山266			
昪*	B包山15 同期。						
旦	A陶彙5·300	B包山32	B包山145	B包山78			
	C璽彙0962	C璽彙2275	C璽彙2875	E璽彙0409			
	E璽彙5583						
軓	B包山75	B包山131	C三年付余令戈	C八年新城大令戈			

朝

C 十六年喜令戈

C 侯馬

C 璽彙 2333

C 璽彙 2338

E 璽彙 2805

E 璽彙 2812

E 璽彙 2815

E 璽彙 2819

E 璽彙 2830

E 璽彙 2835

A 十鐘

A 陶彙 5·215

A 雲夢・日乙 157

B 包山 145

B 郭店・成之 34

B 郭店・窮達 5

璽彙 2657

軺*

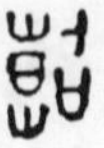
C 璽彙 0559

C 璽彙 3310

㫃

D 璽彙 0294

旗

A 秦代印風 94

A 陶彙 5·111

B 隨縣 40

B 隨縣 101

B 璽彙 0606

C 璽彙 0953

C 璽彙 3115

C 璽彙 4058

C 璽彙 4569

C 璽彙 4570

C 璽彙 5408

C 陶彙 9·95

旆

B 隨縣 142

B 隨縣 37

B 包山 273

旌

A 秦印

B 隨縣 65

从青聲。

B 包山 38

B 包山竹牘

旜

C 璽彙 3430

旂

B 隨縣 68

B 書也缶

B 王子午鼎

C 令瓜君壺

C 璽彙 2386

璽彙 2390

璽彙 2391

集粹

旞

A 中國古文字研究

A 秦代印風 182

旃

B 隨縣 72

B 隨縣 86

B 郭店・語叢 3・2

施

A 集粹

A 雲夢・爲吏 49

游

A 故宮 410

A 集粹

A 集粹

A 陶彙 5・384

旋

A 雲夢・封診 64

旄

A 雲夢・爲吏 26

B 包山竹牘

旛

A 石鼓文・田車

旅

A 雲夢・效律 41

B 安昌里館印存

B 包山 4

璽彙 3439

族

A 中國古文字研究

B 曾侯乙鐘

B 曾侯乙鐘

⿸㫃昜*	⿸㫃言*	⿸㫃丙*	⿸㫃甫*	旊*			
 B 𩂴章鎛  B 𩂴章鐘  B 𩂴章戈  B 周⿸㫃昜戈	 B 隨縣 213	 C 璽彙 0952	 A 石鼓文・田車	 璽彙 3166  璽彙 3168	 陶彙 9·61	 B 郭店・語叢 3·14  璽彙 3412  D 陳喜壺  D 宋公差戈	 B 包山 3  B 包山 10  B 包山 163  B 郭店・六德 28

斿*

B 隨縣 1

B 隨縣 166

A 石鼓文・汧殹

A 石鼓文・吾車

旟*

B 隨縣 11

旌*

B 中山方壺

冥

A 詛楚文

星

A 雲夢・日乙 41

B 帛書乙

璽彙 2745

參

A 雲夢・效律 6

A 秦陶 1120

B 包山 12

B 郭店・語叢 3・67

B 郭店・六德 30

B 郭店・語叢 4・3

B 帛書甲

B 隨縣 122

晨	 C 中山王鼎	 C 梁上官鼎	 C 梁十九年鼎	 C 魚顛匕
	 C 十一年閔令矛	 C 璽彙 0673	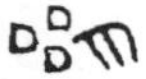 C 璽彙 1520	 C 璽彙 2932
	 C 璽彙 3773	 C 璽彙 1106	 C 貨系 576	 D 陶彙 3·1064
	 D 陶彙 3·1065	 D 陶彙 3·6	 D 陶彙 3·10	 D 陶彙 3·20
	 A 雲夢・日甲 77	 B 包山 46	 B 包山 191	 B 郭店・五行 19
	 B 郭店・五行 20	 B 帛書乙	 璽彙 3188	 璽彙 3170
月	 A 陶彙 5·384	 B 酓忑鼎	 B 書也缶	 B 包山 12
	 B 包山 36	 B 帛書乙	 C 哀成叔鼎	 C 鄲孝子鼎

朔

C 東周左官壺

D 禾簋

D 陳逆簋

D 陶彙3·658

D 陶彙3·656

E 陶彙4·1

E 陶彙4·2

E 陶彙4·17

A 珍秦169

A 雲夢·日乙53

B 包山63

B 包山63

B 璽彙3558

C 集粹

C 梁十九年鼎

C 公朱左官鼎

朏

C 侯馬

D 陶彙3·236

期

A 集粹

A 雲夢·雜抄29

B 王子申盞

B 包山36

B 郭店·老甲30

B 郭店·忠信4

C 璽彙2766

C 璽彙2879

D 璽彙0250

D 璽彙1952

明

A 商鞅方升

A 考古與文物 2000.1

A 雲夢・日乙 206

B 郭店・老乙 10

B 郭店・成之 37

C 侯馬

有

A 十鐘

A 陶彙 5・73

A 青川木牘

B 者沕鐘

胡*

C 侯馬

⿰米月*

C 璽彙 2061

肩*

B 信陽 1・23

⿰氵月*

C 璽彙 0464

C 璽彙 0465

⿰必月*

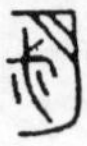
C 璽彙 1210

C 璽彙 3791

明〔盟〕

A 石鼓文・吳人

A 雲夢・秦律55

B 九店56・71

C 中山方壺

C 侯馬

C 侯馬

D 鄭公鈺鐘

B 包山23

B 包山139反

B 包山211

C 侯馬

B 王孫誥鐘

B 王子午鼎

B 驫鐘

B 驫鐘

C 侯馬

E 彙考283

E 貨系3292

E 璽彙4392

C 侯馬

C 侯馬

C 侯馬

C 侯馬

C 璽彙1173

C 陶彙6・112

C 侯馬

C 侯馬

B 郭店・太一5

B 郭店・唐虞27

C 中山方壺

C 中山圓壺

夜

璽彙1723

A十鐘

A雲夢・爲吏33

B隨縣67

B隨縣191

B包山200

B包山206

B包山240

B郭店・老甲8

C中山方壺

C中山圓壺

C璽彙2946

C集粹

C七年宅陽令矛

夢

A雲夢・日乙191

B帛書甲

夤

A陶彙5·129

D陶彙3·488

外

A故宮477

A雲夢・日乙8

B冉鉦鉞

B包山199

字頭				
	B 郭店・尊德 30	B 郭店・語叢 1・23	璽彙 3215	C 中山方壺
	D 陶彙 3・41	E 貨系 3022	E 璽彙 0365	
𡖋	A 雲夢・秦律 184	C 中山王鼎	C 中山方壺	D 𡖋戈
⿱莫夕	B 包山 63	B 包山 58		
多	A 石鼓文・鑾車	A 雲夢・效律 1	B 包山 278 反	B 郭店・成之 10
	B 郭店・老甲 30	B 郭店・老甲 36	C 杕氏壺	璽彙 3585
⿰弜多*	B 包山 139			
圅	B 包山 222	璽彙 2271	璽彙 5269	

甬

A 雲夢・效律 3

B 曾姬無卹壺

B 曾侯乙簋

B 郙陵君鑒

B 包山 267

B 郭店・成之 1

C 中山王鼎

栗

A 石鼓文・作原

B 包山 257

B 包山竹簽

D 璽彙 0233

璽彙 3101

栗

A 官印 0017

B 璽彙 0160

B 璽彙 0276

B 璽彙 5549

B 璽彙 5550

E 璽彙 0287

E 璽彙 3410

璽彙 3100

齊

A 六年漢中守戈

A 集粹

A 雲夢・封診 66

B 太府鎬

B 包山 7

B 包山 89

B 包山 192

B 郭店・窮達 6

B郭店·六德19

B郭店·語叢1·66

D陳曼匿

D陳逆簋

D十四年陳侯午敦

D璽彙0608

D璽彙1597

D陶彙3·328

D陶彙3·618

D陶彙3·624

D陶彙3·629

D陶彙3·1326

束

B郭店·老甲14

C貨系0126

D陶彙3·993

璽彙5416

棗

C酸棗戈

棘

A雲夢·日甲38反

版

A雲夢·秦律131

牒

A雲夢·秦律35

牗

A 雲夢・日甲 143 反

牏

A 雲夢・秦律 125

鼎

A 中敃鼎

B 坪夜君鼎
以貞作鼎。

B 君夫人鼎

B 王子午鼎

B 右□公鼎

B 信陽 2·14

B 包山 254

B 包山 265

C 哀成叔鼎

C 鄲孝子鼎

C 璽彙 0321

⿰鼎干*

B 蔡侯鼎

⿰鼎升*

B 蔡侯申鼎

B 望山 2·53

⿰鼎它*

B 望山 2·55

⿰鼎几*

 B 望山2·47

⿱⿰爿寺鼎*

 B 王子午鼎

⿱緐鼎*

 B 倗鼎

⿱齊鼎*

 C 內黃鼎

 C 十年弗官鼎

 C 槁朝鼎

 C 梁廿七年鼎

克

 A 集證223·283

 B 隨縣45

 B 郭店·老乙2

 C 中山王鼎

彔

 B 郭店·六德14

 B 郭店·魯穆7

 B 郭店·魯穆7

 B 隨縣2

 B 隨縣26

 B 金薤·府

 B 璽彙0141

禾

 A 高奴權

 A 珍秦162

 A 陶彙5·263

 B 鄂君啟車節

字頭	字形
秀	 C貨系1323  D禾簋  D子禾子釜  璽彙4279  璽彙4280  璽彙5118  璽彙5119  A石鼓文・田車  A雲夢・日乙13  B包山53  B包山66
稼	 B包山89  A雲夢・秦律1
穜	 A雲夢・日乙48  B包山103  B包山105  B包山110
稺	 A陶彙5・155  A秦陶361
稠	 A雲夢・封診78

稀

A 雲夢・封診 78

穖

B 包山 145

璽彙 0238

穆

B 曾侯乙鐘

B 曾侯乙鐘

B 曾侯乙鐘

B 長沙銅量

B 郭店・魯穆 1

B 郭店・窮達 7

B 隨縣石磬

B 隨縣石磬

B 隨縣石磬

B 玉印 28

C 中山方壺

C 貨系 185

C 陶彙 6·96

寒香書屋金石拓本

私

A 秦印

A 官印 0077

A 十鐘

A 雲夢・答問 180

稷

A 雲夢・日甲 18

B 郭店・尊德 7

B 郭店・唐虞 10

C 中山王鼎

采 穎 移 稗 秏 稻 秫

D 子禾子釜

璽彙 4442

A 雲夢・日甲 18

B 包山 269

B 包山 273

B 包山竹牘

A 雲夢・日乙 47

A 雲夢・秦律 41

A 雲夢・效律 24

A 雲夢・秦律 83

A 雲夢・效律 49

A 陶彙 5·71

A 雲夢・日乙 51

B 郭店・忠信 6

B 郭店・唐虞 12

B 包山 278 反

C 货系0596

C 侯馬

穫

A 雲夢・秦律35

積

A 商鞅方升

A 雲夢・效律27

秩

A 雲夢・答問55

穅〔康〕

A 璽彙2475

A 秦印

A 石鼓文・吾水

B 郭店・成之38

B 郭店・緇衣28

C 哀成叔鼎

C 令瓜君壺

璽彙0887

璽彙2059

璽彙3350

D 陳曼匠

稾〔稿〕

A 雲夢・效律33

稍

A 珍秦 156

璽彙 1898

穮

A 集粹

A 十鐘

季〔年〕

A 四年相邦儀戈

A 上郡守戈

A 六年漢中守戈

B 者汈鐘

B 曾姬無卹壺

B 包山 126

B 郭店・緇衣 12

B 郭店・窮達 5

C 中山方壺

C 平安君鼎

C 公朱左官鼎

C 三年付余令戈

C 十一年皋落戈

C 卅三年□丘戈

C 卅三年妥陰令戈

C 十六年喜令戈

C 三年□令戈

C 陶彙 9・106

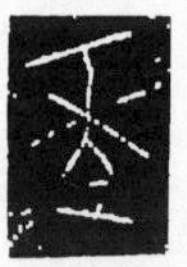
D 公孫竈壺

悍距末

E 十三年乘馬戈

E 陶彙 4・2

E 陶彙 4・3

E 陶彙 4・5

㲉		A 集粹		A 湖南 105		A 十鐘		A 雲夢・日甲 80 反
租		A 雲夢・答問 157						
稅		A 龍崗 202						
穌		C 璽彙 2486		C 陶彙 6・159		C 侯馬		
稍		A 雲夢・秦律 82						
秋		A 雲夢・秦律 120		B 包山 214		B 包山竹牘		B 郭店・六德 25
		B 郭店・語叢 1・40		B 郭店・語叢 3・20		璽彙 4919		C 侯馬
		E 璽彙 0824		璽彙 3466		璽彙 4430		璽彙 4432

秦

 璽彙 4445　 璽彙 4448　 璽彙 4456　 璽彙 4459

 璽彙 4449

 A 卅八年上郡守戈　 A 集粹　 A 集粹　 A 珍秦 36

 A 十鐘　 A 秦陶文　 A 雲夢・雜抄 5　 B 酓忎鼎

 B 𦅫鎛鐘　 B 包山 141　 B 包山 167　 B 包山 174

 B 郭店・窮達 7　 B 璽彙 5475　 C 屭羌鐘　 璽彙 1630

 璽彙 1177　 璽彙 1369　 E 璽彙 3423　 E 璽彙 3853

 E 璽彙 4131　 E 陶彙 4・109

稱	程	秸*	𥝩*	秒*	𥟍*	𥞳*	香*
 A 秦印； A 雲夢・秦律 55	 A 雲夢・效律 58	 A 陶彙 5・144	 B 隨縣 174	 B 包山 157 同梁。	 A 集粹	 B 九店 56・2	 B 璽彙 3536； B 璽彙 2553

黐*
 A 雲夢·秦律8

黎
 A 繳秋37

黍
 A 雲夢·日乙47
 C 貨系310
 E 璽彙0018
 E 璽彙5545
 B 郭店·語叢2·4
 E 陶彙4·42

兼
 A 秦印
 B 隨縣11
 B 郭店·語叢3·33
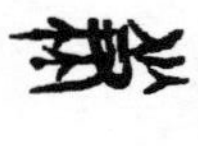 B 郭店·語叢3·60

⿰禾⿱日夊*
 璽彙3552

⿰禾癸*
 B 九店56·1

⿰禾坐*
 B 九店56·1

米	 A 雲夢・秦律 179	 B 包山 95	 B 信陽 2・29	
粱	 A 秦印	 A 雲夢・日甲 157 反		
粲	 A 雲夢・秦律 35			
糒	 A 雲夢・秦律 180			
精	 A 故宮 477	 A 雲夢・日甲 59	 B 郭店・老甲 34	 B 郭店・緇衣 39
	 璽彙 3337	 璽彙 5374		
粺	 A 雲夢・秦律 43			
釋	 璽彙 1873			

糗

A 十鐘

A 雲夢・日甲 158 反

B 信陽 2・22

B 包山 256

糧

B 郭店・成之 13

糬

B 包山 103

B 包山 276

B 璽彙 0618

氣

A 秦玉版

A 雲夢・效律 29

粉

B 包山 259

桼*

B 郭店・性自 35

粕*

B 包山 131

粿*

B 九店 56・7

粧*

B 望山 1·145

⿰米者*

B 集⿰米者鼎

B 包山 266

B 璽彙 0252

⿰米重*

C 璽彙 2578

⿰米敕*

D 璽彙 0644

粕*

D 封成 4

⿰米昔*

B 鄂君啟車節

B 包山 140

⿱般米*

B 曾侯乙鐘

同般。

⿰米責*

C 璽彙 0537

C 璽彙 0840

C 璽彙 1038

臼	舂	舀	臽	臿*	[音臽]*	凶	兇
 A 湖南 85	 A 雲夢・答問 132	 B 郭店・性自 24	 A 雲夢・日乙 101	 B 九店 56·27	 B 隨縣石磬	 A 雲夢・日甲 5	 A 雲夢・日乙 208
 B 包山 276	 A 陶彙 5·205	 B 郭店・性自 31			 B 隨縣石磬	 B 帛書乙	 C 璽彙 0094
 C 中山守丘石刻		 B 郭店・性自 44			 B 郭店・老甲 22	 B 帛書丙	
 璽彙 3354					 B 郭店・語叢 4·19		

𣏟		B 郭店·六德 28		B 郭店·緇衣 26		D 陶彙 3·828		
麻		A 雲夢·秦律 38		C 侯馬		C 侯馬		C 侯馬
		C 温縣		璽彙 2876				
⿰巠𣏟*		B 郭店·成之 8 同经。						
尗		C 璽彙 0046		C 璽彙 0680		C 璽彙 1514	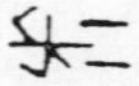	C 璽彙 0921
		C 璽彙 2027	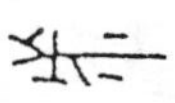	C 集粹				
耑		B 郭店·老甲 16		B 郭店·語叢 1·98		B 郭店·語叢 3·23		B 望山 2·50
		D 陶彙 3·1224						

非

A 雲夢・秦律 179

B 郭店・語叢 4·11

韱

A 雲夢・爲吏 5

瓜

A 雲夢・日乙 65

C 令瓜君壺

㼌

B 包山 174

家

A 十鐘

A 十鐘

A 秦玉版

A 雲夢・答問 106

B 包山 226

B 包山 249

B 包山 212

B 包山 206

B 包山 203

B 郭店・語叢 1·13

B 郭店・唐虞 26

B 郭店・五行 29

B 郭店・緇衣 20

C 中山王鼎

C 杕氏壺

璽彙 5341

宅

 B 包山 155
 B 包山 171
 B 郭店・老乙 8
 B 郭店・成之 33

 B 郭店・成之 34
 C 中山王鼎
 C 七年宅陽令戈
 C 三晉 102

 C 貨系 2045
 C 貨系 2057

室

 A 雲夢・日乙 176
 A 考古與文物 1997.1
 A 考古與文物 2000.1
 B 曾姬無卹壺

 B 包山 126
 B 包山 127
 B 璽彙 0213
 B 璽彙 0228

 B 湖南 8
 C 杕氏壺
 C 貨系 222
 C 璽彙 4561

 C 侯馬
 C 侯馬
 E 王后鼎
 E 王后鼎

 E 璽彙 0003

宣	 A 官印 0065	 A 珍秦 37	 A 珍秦 38	 A 文博 1998.1
	 B 曾侯乙鐘	 B 包山 135 反	 B 包山 191	
向	 B 郭店・尊德 28	 B 郭店・魯穆 3	 B 郭店・老乙 17	 C 九年鄭令矛
	 C 廿三年襄城令矛	 C 貨系 364	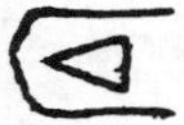 C 貨系 366	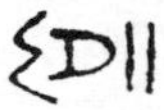 璽彙 3293
	 D 陶彙 3・5			
宛	 A 湖南 100	 A 雲夢・日乙 195		
宇	 A 雲夢・爲吏 19	 C 金村銅鈁		
宎	 C 侯馬			

㝗

C 璽彙 3063

盜

A 石鼓文・吾水　同寧。

B 包山 72

B 九店 56・13

C 中山圓壺

定

C 侯馬

A 雲夢・答問 121

A 青川木牘

B 曾篙鐘

B 隨縣 10

B 包山 165

B 郭店・老甲 14

C 中山王鼎

C 八年新城大令戈

安

C 璽彙 3061

C 行氣玉銘

C 侯馬

C 侯馬

A 宜安戈

A 集粹

A 集粹

A 陶彙 5・132

A 石鼓文・田車

A 雲夢・秦律 57

B 隨縣 48

B 包山 105

宓

B 包山 181

B 郭店・老甲 25

B 郭店・五行 8

B 璽彙 0178

B 歷博 1979.2

C 哀成叔鼎

C 陽安君鈹

C 平安君鼎

C 貨系 1278

C 貨系 0594

C 三晉 127

C 三晉 51

C 六年安平守鈹

C 璽彙 0005

D 陳純釜

D 璽彙 0289

D 璽彙 0237

D 璽彙 1944

D 璽彙 2200

D 陶彙 3・551

E 三晉 130

E 璽彙 3900

E 璽彙 0012

E 璽彙 1348

E 津藝 14

璽彙 5099

E 陶彙 4・105

宴

D 璽彙 0235

宗

C 集粹

察

A 雲夢・雜抄 37

親

C 中山方壺

C 中山王鼎

完

A 陶彙 5·5

A 考古與文物 1990.4

A 雲夢・秦律 156

富

A 雲夢・日乙 249

A 璽彙 4424

B 郭店・老甲 31

B 郭店・緇衣 20

C 中山王鼎

C 上官豆

C 富奠劍

C 七年邦司冠矛

C 璽彙 0006

璽彙 1434

璽彙 5102

C 貨系 367

實		A 雲夢・效律 58		B 郭店・忠信 5		B 郭店・六德 27		B 信陽 2・9
宗		B 包山 212						
容		A 賁陽鼎		B 郭店・語叢 1・13		B 郭店・語叢 1・47		B 郭店・語叢 1・109
		B 郭店・語叢 2・24		C 公朱左官鼎		璽彙 1069		璽彙 3840
		璽彙 1446		C 陶彙 6・83				
宂		A 雲夢・效律 2						
寶		B 書也缶		B 包山 221		C 四年春平侯鈹		C 三晉 64
		C 貨系 360		C 貨系 361		C 集粹		C 璽彙 0092

宦

C 璽彙 2732

C 璽彙 3468

C 陶彙 6·114

A 集粹

A 集粹

A 集證 135·33

A 雲夢·秦律 181

宰

A 璽彙 5497

B 隨縣 154

B 包山 157 反

B 包山 157

从刀。

B 包山 36

B 璽彙 0142

守

A 上郡守戈

A 六年漢中守戈

A 廿三年臨汾守戈

A 十鐘

B 郭店·老甲 13

B 郭店·唐虞 12

C 守陽戈

C 璽彙 0341

C 璽彙 3236

C 璽彙 3307

C 中山守丘石刻

C 侯馬

C 侯馬

C 侯馬

璽彙 5298

寵

A 雲夢・日乙 238	B 包山 135	C 璽彙 3058	

宜

A 宜安戈	A 官印 0032	A 十鐘	A 考古與文物 2000.1
A 秦陶 1230	A 秦陶 1232	B 鳥書箴言帶鈎	B 鳥書箴言帶鈎
B 包山 103	B 包山 165	B 包山 223	B 郭店・六德 26
B 郭店・語叢 3・35	B 九店 56・46	B 璽彙 5517	C 中山王鼎
C 中山圓壺	C 梁上官鼎	C 宜章矛	C 宜鑄戈
C 宜陽鼎	C 宜陽戈	璽彙 4740	璽彙 4539
璽彙 4280	璽彙 4281	璽彙 4272	璽彙 4270

	璽彙 4801	璽彙 4806	璽彙 4807	
寫	A 石鼓文・鑾車	A 石鼓文・田車	A 雲夢・答問 55	
宵	A 雲夢・封診 73	B 包山 15	B 包山 75	B 包山 86
	B 包山 87			
宿	A 雲夢・雜抄 34	A 集粹		
寑	B 曾侯乙戈	B 包山 166	B 信陽 2・21	
⿱宀丂	B 郭店・語叢 3・55			
寬	A 雲夢・爲吏 3	A 故宮 470		

寡		B 郭店・緇衣 22		B 郭店・魯穆 4		B 郭店・尊德 15		B 郭店・語叢 3·31
		B 郭店・老甲 2		C 中山王鼎		C 中山方壺		
客		A 十鐘		B 集脰鼎		B 長沙銅量		B 隨縣 171
		B 包山 141		B 包山 157		B 包山 197		B 包山 205
		B 郭店・老甲 9		B 郭店・語叢 1·89		B 郭店・語叢 3·55		B 璽彙 0160
		B 璽彙 5549		C 平安君鼎		C 璽彙 0422		D 陳喜壺
寄		A 雲夢・日甲 2						
寓		A 故宫 472		A 石鼓文・吴人		C 璽彙 3236		璽彙 3470

寠

A 雲夢·秦律 82

寒

A 雲夢·秦律 90

害

A 雲夢·答問 3

B 包山 219

B 包山 256

B 包山 268

B 郭店·老甲 28

B 郭店·老丙 4

B 郭店·成之 29

B 郭店·老甲 4

B 郭店·六德 33

B 郭店·性自 61

B 郭店·語叢 4·21

索

A 雲夢·效律 25

宋

A 珍秦 48

A 十鐘

B 隨縣 171

B 包山 109

B 璽彙 3505

C 貨系 2456

C 貨系 0371

C 八年新城大令戈

宗

C十一年皋落戈

璽彙1419

D璽彙1433

D陶彙3·803

A陶彙5·384

A集證133·15

B曾姬無卹壺

B郭店·六德28

C屭羌鐘

C貨系0216

C璽彙0092

C璽彙1439

C璽彙1440

D陳逆簠

D陳逆簋

D陶彙3·827

宔

B包山202

B包山207

B包山219

B郭店·老甲6

B郭店·六德19

B郭店·性自5

C中山王鼎

C中山圓壺

C二年戈

C侯馬

C侯馬

C侯馬

C侯馬

C侯馬

C温縣

D陳純釜

字頭	字形	出處
袁*		C 中山方壺
		C 璽彙 3202
	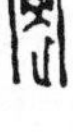	C 璽彙 4086
宙*		B 隨縣 156
		B 包山 157
		B 包山 180
		B 包山 198
		B 郭店・成之 24
		B 郭店・五行 32
		B 璽彙 5559
		E 璽彙 3496
		E 吉林 183
		E 陶彙 4・20
宂*		D 陶彙 3・732
㝉*		B 包山 96
		B 包山 96
夸*		B 包山 15
		B 包山 15 反
宅*		C 香港 37

字頭				
宎*	 C 行氣玉銘	 C 陶彙 6·111	 C 璽彙 5339	 C 璽彙 5342
宆*	 C 貨系 0356	 C 貨系 0355		
㝐*	 B 郭店·唐虞 9	 B 郭店·唐虞 24		
宑*	 B 包山 123	 B 包山 137	 B 包山 142	 B 郭店·窮達 6
宧*	 B 包山 26	 B 包山 62	 B 包山 126	 B 包山 127
	 B 包山 157	 C 璽彙 0254	 C 璽彙 0256	 D 田齊銅量
	 E 九年將軍張戈	 E 左周宧弩牙		
寁*	 B 包山 145	 B 璽彙 0214		

或*

B 包山 10

B 包山 124

B 包山 125

B 包山 143

寿*

B 郭店・語叢 1・103

寎*

璽彙 4133

害*

B 郭店・性自 62

B 郭店・語叢 4・1

D 陶彙 3・804

宅*

B 璽彙 0211
同宅。

宲*

E 璽彙 0745

E 璽彙 1228

E 璽彙 5564

宴*

B 隨縣 70

寷*

C 媿之造戈

晑*

A 秦印

⿱宀⿱甲廾*

C 璽彙 3034

⿱宀見*

C 璽彙 1636

璽彙 2492

璽彙 3265

⿱宀孨*

璽彙 2569

曹*

山東 163

⿱宀具*

C 杕氏壺

寞*

B 郭店・唐虞 9

B 郭店・唐虞 24

⿰氵⿱宀夾*

B 郭店・語叢 4・12

窴*

B 酓璋鎛

寃*

璽彙 1110

憲*

璽彙 3060

璽彙 1629

宇*

C 貨系 1375

窗*

B 郭店·緇衣 41

前*

B 郭店·五行 47

寏*

B 包山簽牌

廇*

B 郭店·語叢 4·7

C 兆域圖

⿱宀曾*

B 隨縣 18

⿱宀銍*

B 酓忎鼎

⿱宀絡*

E 重金壺

⿸广⿰月臽*

C 璽彙 0913

C 璽彙 1893

⿱宀戚*

E 璽彙 3422

⿱宀前*

C 璽彙 2884

⿱宀焦*

璽彙 1731

璽彙 4015

⿱宀嚚*

C 屭羌鐘

⿸疒予*

C 侯馬

⿸疒客*

E 璽彙 5556

⿸疒夏*

B 郭店・尊德 34

⿸疒夢*

B 包山 267

⿸疒胥*

E 津藝 12

⿸疒女*

E 郭大夫甑

⿸疒集*

B 集脰鼎

B 集緖鼎

B 酓忎鼎

B 包山 10

B 包山 20

B 包山 209

⿱穴鬼*	⿱穴稕*	⿱穴齊*	⿱穴犢*	⿱穴䖵*	⿱穴眉*	⿱穴前*	⿱穴腎*

A 珍秦 109	C 集粹	C 璽彙 1548	C 璽彙 3062	D 陳肪簋蓋	B 包山 157	C 侯馬	B □君戈

宮	 A 平宮鼎	 A 官印 0009	 A 陶彙 5·224	 A 考古與文物 2000.1
	 A 陶彙 5·220	 A 集證 202·69	 B 曾侯乙鐘	 B 隨縣鐘架
	 B 鄂君啟舟節	 B 天星	 B 包山 7	 B 包山 207
	 C 十三年𨟭□令戈	 C 貨系 0224	 C 侯馬	 E 左宮車書
	 E 陶彙 4·33	 E 陶彙 4·35		
營	 A 上博 32	 A 雲夢·日甲 1	 D 璽彙 3687	
呂	 A 十鐘	 B 曾侯乙鐘	 B 郭店·緇衣 29	 C 錢典 659
	 璽彙 1637	 C 陶彙 6·90	 璽彙 1638	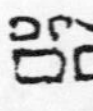 璽彙 1642

船〔舩〕

B包山 226

璽彙 5192

璽彙 5195

穴

A雲夢・答問 152

窨

璽彙 2142

璽彙 2951

窯

A故宮 476

A上博 35

竈

A十鐘

A石鼓文・吴人

A雲夢・日甲 72 反

B璽彙 5496

C三年付余令戈

璽彙 5479

D公孫竈壺

室

A故宮 408

穿

A吉大 123

A集粹

A雲夢・日乙 57

璽彙 0381

寮

B 帛書甲

實

A 雲夢·答問 197

A 集粹

空

A 官印 0021

A 陶彙 5·232

A 雲夢·秦律 152

C 十一年庫嗇夫鼎

窞

A 雲夢·日乙 33

窋

A 雲夢·日甲 25 反

室

C 貨系 223

D 璽彙 3937

D 璽彙 4090

突

A 雲夢·效律 42

A 湖南 104

A 集粹

A 陶彙 5·134

究

A 吉大 141

窮〔竆〕

A 秦玉版

A 雲夢・爲吏 47

B 包山 227

B 包山 228

B 包山 234

B 郭店・窮達 10

B 郭店・成之 11

B 郭店・成之 14

窔

B 包山 245

窆

璽彙 3500

窀

B 包山 157

B 包山 172

B 包山 174

B 包山 191

窗*

A 上郡守戈

C 貨系 0358

窩*

C 侯馬

窴*

璽彙 1961

璽彙 0581

⿱穴甬*	空*	宣*	⿱穴悳*	⿱穴蜀*	⿱穴重*	⿱穴电*	疾
A 十鐘	B 郭店・窮達 10	A 集粹	D 陶彙 3・232 D 璽彙 0231	D 陶彙 3・1087	D 陶彙 3・2 D 陳⿱穴重車軎	A 陶彙 5・240	A 集粹 A 雲夢・日甲 142 B 包山 123 B 包山 207

B 包山 220
B 包山 247
B 包山 236
B 郭店・性自 42

B 郭店・語叢 1・110
C 四年咎奴令戈
C 十三年上官鼎
C 六年安平守劍

D 璽彙 1433
D 陶彙 3・556
E 璽彙 2812
E 陶彙 4・5

璽彙 2722

痛

A 雲夢・封診 85

病〔疠〕

A 集粹
A 秦玉版
A 雲夢・封診 85
B 包山 221

B 包山 220
B 包山 243
B 包山 247
璽彙 2039

璽彙 0795

瘇

B 包山 174

B 包山 175

B 包山 13

D 璽彙 2654

疒丌

A 秦陶 768

A 秦陶 769

疵

A 集粹

A 雲夢・日甲 142

瘏

璽彙 2921

瘲

D 陶彙 3・1032

痟

C 侯馬

疕

B 包山 8

瘍

璽彙 0793

璽彙 4019

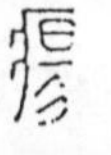
A 集粹

C 侯馬

⿸疒馬		C 集粹						
疦		璽彙 2981						
瘖		璽彙 2017		璽彙 2140		璽彙 2150		
瘀		C 璽彙 2058						
痀		A 集粹						
痤		A 秦代印風 170		A 秦代印風 189		A 澂秋		B 玉印 19
		B 望山 1·40		璽彙 2483				
癰		A 秦印		C 廿一年啟封令戈		C 璽彙 0478		C 璽彙 2016

C 璽彙3801

C 侯馬

C 侯馬

疥

A 珍秦86

A 集粹

B 包山114

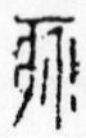

璽彙1028

癘

A 雲夢・答問121

瘧

B 郭店・緇衣27

痎

B 包山13

B 包山126

B 包山127

B 包山12

痹

A 集粹

D 陶彙3・901

D 陶彙3・902

D 陶彙3・903

⿸疒童

B 包山249

B 包山177

⿸疒盍

C 璽彙1694

疻

A 雲夢·答問 87

痏

A 雲夢·答問 89

痍

A 雲夢·答問 208

瘕

A 雲夢·封診 60

疢

A 湖南 90

A 秦印

A 秦代印風 43

㾜

璽彙 1972

璽彙 2260

D 陶彙 3·376

痞

A 集粹

疲

璽彙 3203

疲　癃〔瘁〕　疫　痑　痁　瘳

疲

C 香續 20

C 璽彙 2484

癃〔瘁〕

A 十鐘

A 雲夢・日甲 55
《説文》：『瘁，籀文癃省。』

疫

A 雲夢・日甲 37 反

痑

B 包山 187

痁

C 侯馬

瘳

A 集粹

A 上博 35

A 十鐘

A 秦玉版

B 包山 10

B 包山 171

B 包山 188

C 三年付余令戈

C 璽彙 2646

字頭	字形	出處	字形	出處
癡		璽彙 2137		璽彙 2398
⿸疒子*		璽彙 0790		璽彙 3805
⿸疒夊*		璽彙 2616		璽彙 3186
⿸疒孑*		璽彙 2999		
⿸疒亩*		璽彙 0470		璽彙 1591
疞*		璽彙 0791		
⿸疒安*		璽彙 5273		陶彙 9·40
⿸疒五*		D 陶彙 3·830		

疽*	 C 璽彙 1023	 C 璽彙 2491	 D 陶彙 3·809	 璽彙 0599
疲*	 璽彙 1786			
[疒+木]*	 璽彙 0469			
疾*	 璽彙 0794	 璽彙 1026		
痈*	 璽彙 1544			
[疒+疋]*	 璽彙 3114	 璽彙 3802		
[疒+瓜]*	 璽彙 1626	 璽彙 2670	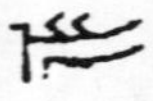 璽彙 4056	
疰*	 C 七年宅陽令矛	 C 璽彙 4078	 璽彙 4199	

⿸疒召*		C 璽彙 3800		C 陶彙 9·5		
⿸疒卯*		璽彙 0797				
⿸疒兒*		D 陶彙 3·957				
⿸疒⿱彖心*		璽彙 3175				
⿸疒千*		璽彙 2948		璽彙 3000		C 侯馬
⿸疒⿱豕心*	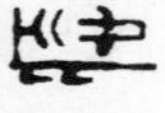	璽彙 3209				
⿸疒石*		璽彙 0216				
⿸疒先*		璽彙 1388				

⿸疒因*

B 包山 83

⿸疒安*

B 包山 108

⿸疒交*

璽彙 1996

C 侯馬

⿸疒言*

璽彙 3809

璽彙 3989

吉大 41

⿸疒肥*

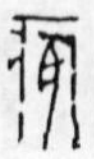
璽彙 2645

⿸疒祠*

璽彙 1035

⿸疒晏*

璽彙 1025

D 璽彙 0236

⿸疒尭*

璽彙 0476

璽彙 1120

璽彙 4072

C 侯馬

	 C 侯馬	 C 侯馬	
⿸疒狊*	 A 秦代印風 112		
痓*	 C 侯馬		
癝*	 A 澂秋		
瘠*	 璽彙 3245		
瘱*	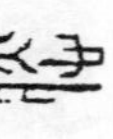 璽彙 1119		
⿸疒斤*	 璽彙 2653		
瘁*	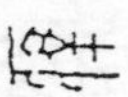 集粹	 吉大 10	 璽彙 1170

瘄*

 璽彙 1033

 璽彙 1034

痰*

 B 隨縣 26

疾*

 B 包山 3

瘟*

 E 璽彙 2402

瘜*

 璽彙 1087

瘠*

 璽彙 1791

 璽彙 2770

瘷*

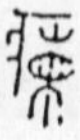 C 集粹

瘡*

 E 璽彙 1291

 E 璽彙 3249

 E 璽彙 3873

瘩*		D 陶彙 3·1227						
瘠*		D 陶彙 3·1038						
癐*		C 信安君鼎						
痣*		C 侯馬		C 侯馬				
痻*	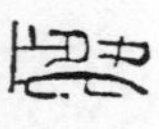	璽彙 1227	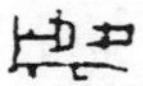	璽彙 2804				
𤸊*		B 包山 171		B 包山 171				
痯*		B 包山 102		C 璽彙 0551		C 璽彙 0857		C 璽彙 2847
𤺄*		璽彙 3101						

⿸疒羔*

璽彙 2347

瘙*

璽彙 1656

⿸疒胥*

璽彙 0473

瘚*

B 包山 141

B 包山 141

⿸疒咸*

E 璽彙 2803

E 璽彙 3489

E 津藝 6

瘏*

C 璽彙 1029

⿸疒惠*

璽彙 3742

⿸疒憲*

璽彙 2056

⿸疒敢*

璽彙0482

⿸疒雁*

E 陶彙4·53

⿸疒歇*

璽彙1877

癄*

璽彙0598

璽彙1413

⿸疒羍*

璽彙1790

⿸疒喬*

D 陶彙3·1132

⿸疒語*

D 陶彙3·531

⿸疒善*

B 包山173

瘨*

津藝 6

瘣*

璽彙 3806

⿸疒參*

璽彙 2966

⿸疒鼻*

C 璽彙 4043

⿸疒蜀*

B 包山 129

D 陶彙 3·924

癧*

A 珍秦 89

⿸疒磨*

A 集粹

⿸疒桌*

C 璽彙 0796

字頭	字形出處			
⿸疒歲*	E 璽彙 0798			
⿸疒叡*	B 包山 218	B 包山 240	B 包山 242	B 包山 245
	B 包山 247	B 湖南 7		
⿸疒維*	D 陶彙 3·1008			
⿸疒縣*	C 考古 1990.8	C 十二年邦司寇矛		
⿸疒慶*	C 璽彙 1971	C 璽彙 3218		
⿸疒興*	C 侯馬	C 侯馬		
⿸疒賓*	B 包山 247	B 包山 240		

⿸疒款*		C 璽彙 1031
⿸疒雋*		璽彙 2447
⿸疒雋*		璽彙 1788
⿸疒⿰隹阝*		璽彙 2015
⿸疒弓*		璽彙 5507
痒*		璽彙 3808
⿸疒寽*		璽彙 3411
⿸疒專*		璽彙 1782

痟*		璽彙 3950						
痣*		璽彙 2243						
冠		B 包山 219		B 包山 231		B 包山 259		
冣		A 十鐘						
同		A 石鼓文・吾車		B 包山 126		B 包山 127		B 包山 173
		B 郭店・老甲 28		C 中山方壺		C 三晉 99		D 陶彙 3・368
冢		A 集證 145・196		B 包山 94		B 郭店・窮達 3		C 陶彙 4・138
胄		B 隨縣 1		B 包山竹牘		C 中山方壺		

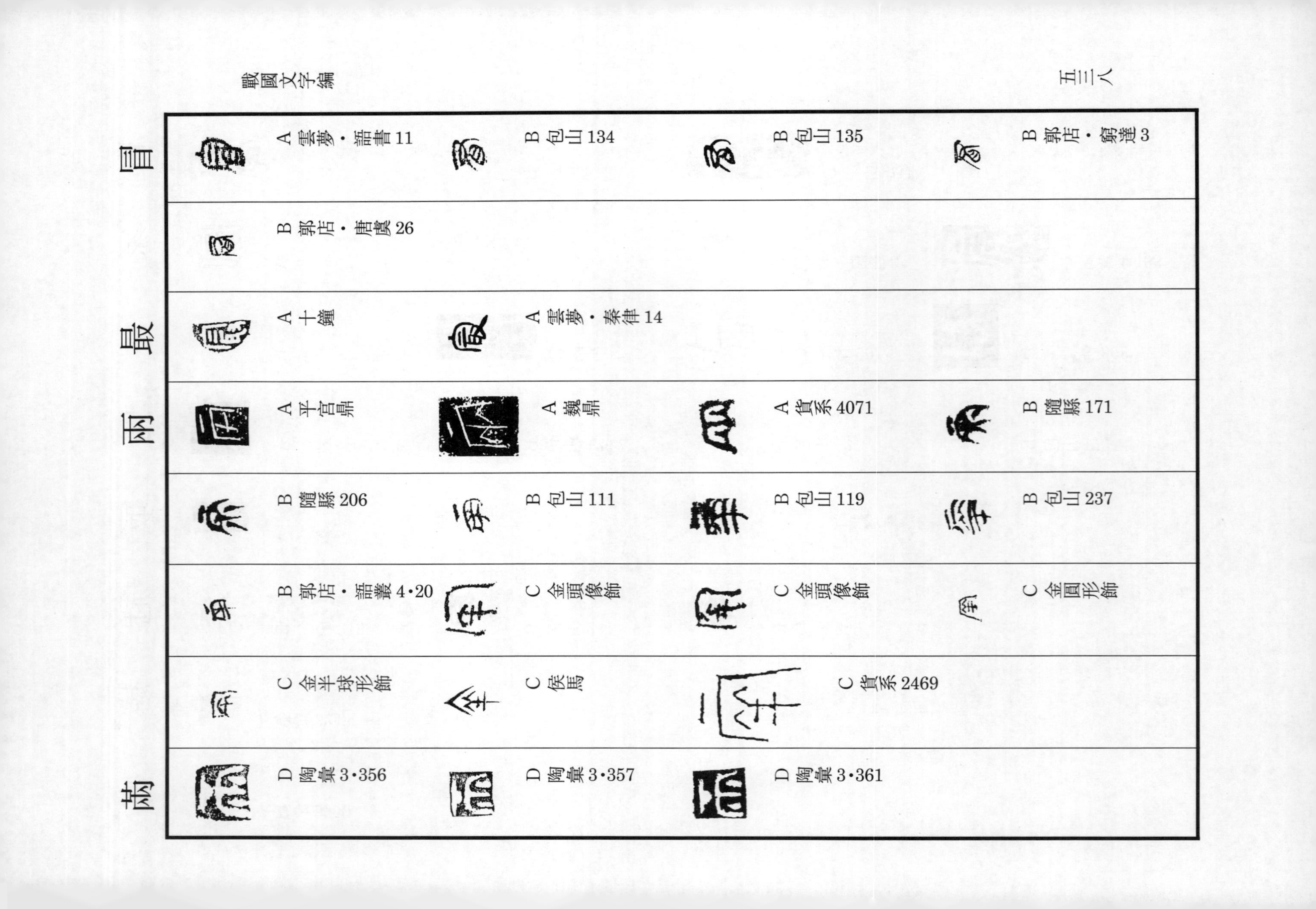

冒	A 雲夢・語書 11	B 包山 134	B 包山 135	B 郭店・窮達 3
	B 郭店・唐虞 26			
最	A 十鐘	A 雲夢・秦律 14		
兩	A 平宮鼎	A 魏鼎	A 貨系 4071	B 隨縣 171
	B 隨縣 206	B 包山 111	B 包山 119	B 包山 237
	B 郭店・語叢 4・20	C 金頭像飾	C 金頭像飾	C 金圓形飾
	C 金半球形飾	C 侯馬	C 貨系 2469	
㒼	D 陶彙 3・356	D 陶彙 3・357	D 陶彙 3・361	

网〔罔〕

A 雲夢・爲吏35

《說文》：『网或从亡。』

璽彙2459

罕〔罕〕

A 集證138·91

罪

A 龍崗266

罽

A 集粹

A 集粹

A 中國古文字研究

A 珍秦53

罟

A 石鼓文・作原

璽彙0424

璽彙0708

C 中山守丘石刻

羅

A 雲夢・日乙223

A 十鐘

B 包山24

B 包山26

B 包山180

B 包山22

罯

D 陶彙3·1320

署

A 雲夢・爲吏 20

罷

A 雲夢・答問 133

置

A 雲夢・秦律 195

A 雲夢・日乙 86

罵

C 侯馬

罵〔羈〕

A 雲夢・秦律 188

A 陶彙 5·384

罳*

璽彙 0390

璽彙 1403

璽彙 1654

孯*

C 三年付余令戈

C 三年付余令戈

羿*

B 包山 130 反

⿱网云*		E 璽彙 3888		
⿱网冒*		璽彙 0489		
⿱网乇*		C 杕氏壺		
⿱网覍*		璽彙 3459		
⿱网𣲽*		B 包山 149		B 包山 149
⿱网刮*		E 璽彙 2826		
⿱网异*		B 包山 255		B 包山 256
⿱网陞*		E 璽彙 0011		

⿱罒則*		E 璽彙 1666		E 璽彙 3371		E 璽彙 3882		
⿱罒殺*		玉印 29						
⿱罒綺*		璽彙 0456		璽彙 1768				
⿱罒彪*		B 包山 35						
⿱罒畢*		B 包山 140		B 包山 140 反		B 包山 158		B 包山 159
		B 玉印 27						
⿱罒結*		E 璽彙 4126		E 璽彙 4127				
⿱罒賠*		D 陶彙 3·673		D 陶彙 3·674				

字頭	字形	出處
罬*		D 璽彙 0336
罼*		C 公朕右官鼎
覆		A 雲夢・封診 13
巾		B 包山 277
		B 信陽 2・24
帥		A 石鼓文・作原
		A 雲夢・日甲 7
		C 侯馬
幣		B 郭店・老乙 14
		B 郭店・緇衣 33
		B 九店 56・44
幅		A 雲夢・日甲 13 反
帶		A 上郡守戈
		A 十鐘
		A 珍秦 48
		A 香港 170

常

A 陶彙5·410

A 雲夢・日乙125

B 信陽2·2

B 包山219

A 雲夢・日乙23

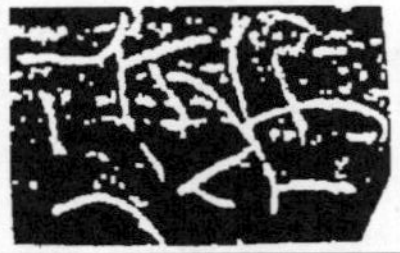
B 郪陵君豆

B 包山203

B 包山244
《說文》：『常或从衣。』

B 包山214

B 隨縣123

D 陶彙3·424

D 陶彙3·425

D 陶彙3·426

D 陶彙3·428

帬

A 雲夢・封診68

B 信陽2·15

幏

A 雲夢・秦律91

飾

A 詛楚文

幃

B 隨縣122

B 隨縣137

席		A 雲夢・雜抄 4		B 隨縣 88		B 望山 2·49		B 包山 259
勝		A 十鐘						
布		A 雲夢・秦律 65		A 雲夢木牘		B 隨縣 122		B 信陽 2·15
		B 仰天 4		B 郭店・六德 27				
市		B 隨縣 130		B 隨縣 136				
帢		B 天星						
⿰巾屯*		B 隨縣 65						
⿰巾回*		B 隨縣 136		B 隨縣 136				

柘*

B 隨縣 123

同席。

枇*

B 隨縣 124

帾*

B 隨縣 190

B 隨縣 204

桹*

B 隨縣 58

榑*

B 隨縣 53

幎*

B 隨縣 62

幦*

B 隨縣 210

帛

A 雲夢・封診 22

A 石鼓文・汧殹

B 信陽 2・13

B 郭店・性自 22

敝	㡀		白	皪*	〔⿰巾金〕錦	
 A雲夢・秦律104	 C貨系1369	 B帛書甲	 A十鐘	 A石鼓文・汧殹	 B隨縣67	 C魚顛匕
	 C貨系1372	 璽彙0591	 B隨縣46		 B隨縣漆箱	 E璽彙1140
		 C貨系3861	 B包山219			 E璽彙3495
		 C貨系3879	B郭店・老乙11			

人

A 新鄭虎符

A 石鼓文・吳人

B [illegible]篙鐘

B 包山 5

B 包山 7

B 郭店・老甲 6

C 中山王鼎

C 貨系 3879

D 子禾子釜

D 陶彙 3・154

僮

B 包山 3

B 包山 237

B 隨縣 177

B 郭店・老甲 37

保

A 雲夢・封診 86

B 包山 218

B 包山 249

B 郭店・老甲 2

C 中山王鼎

D 陳曼匿

D 十四年陳侯午敦

D 陳侯因資敦

仁

 A 珍秦 191

 A 故宫 422

 A 雲夢・答問 63

 B 包山 180

 B 郭店・唐虞 2

 B 郭店・唐虞 7

 B 郭店・五行 9

 B 郭店・五行 12

 B 郭店・忠信 8

 B 郭店・六德 26

 B 郭店・語叢 1·16

 B 郭店・殘 14

 C 中山王鼎

企

 A 龍崗 217

仕

 仕斤徒戈

 璽彙 1463

佩

 A 雲夢・日甲 146

仲

 A 珍秦 40

 璽彙 3379

伊

 A 雲夢・編年 14

伀

 A 珍秦 70

 A 郭店・五行 32

倓

 B 璽彙 3616

佖

 B 郭店・語叢 4・10

俦

 D 陶彙 3・302

僓

 A 陶彙 5・14

僑

 E 璽彙 0308

侗

 璽彙 2010

 津藝 19

 璽彙 2806

字	字形	出處
倨		A 雲夢·爲吏 38
倗		B 倗缶
		B 冉鉦鋮
		B 包山 173
		B 郭店·緇衣 45
		B 郭店·六德 30
		B 郭店·六德 28
		B 璽彙 3720
儆		B 璽彙 2562
僾〔僁〕		B 包山 117
仿		B 包山 161
		B 包山 182
佗		A 珍秦 143
		A 十鐘
		B 包山 161
		B 包山 102
		C 璽彙 0968
		C 璽彙 1585
		C 陶彙 6·99
		E 燕下都 61·3

何

A 十鐘

B 璽彙 2985

C 王何戈

C 十六年喜令戈

D 璽彙 2198

D 陶彙 3·431

D 陶彙 3·668

璽彙 2547

儋

A 十三年少府矛

A 秦印

B 包山 147

供

璽彙 5483

備

A 雲夢・秦律 175

B 郭店・成之 5

B 郭店・成之 7

B 郭店・尊德 25

B 郭店・語叢 1·94

B 郭店・語叢 3·54

B 郭店・成之 3

B 包山 213

B 帛書甲

C 中山王鼎

位

B 包山 224

B 包山 225

B 郭店・緇衣 25

偕

A 雲夢・答問 12

俱

A 秦印

傅

A 鐵雲

A 雲夢・日甲 154 反

俌

C 中山王鼎

倚

A 澂秋 35

B 包山 125 反

B 包山 78

B 包山 184

D 璽彙 0651

E 璽彙 1232

E 璽彙 3878

依

A 雲夢・秦律 198

A 香續二 23

B 郭店・尊德 32

佴

璽彙 0590

璽彙 3561

侍	付	佰	侳	伍	什	佰	敳
 璽彙 5266	 B 包山 39  B 包山 91	 B 包山 42	 B 包山 237	 A 雲夢・雜抄 33  B 璽彙 0135	 A 雲夢・雜抄 36	 A 雲夢・答問 64	 A 石鼓文・馬薦  B 郭店・六德 38  B 郭店・老甲 15  B 郭店・唐虞 17

C 六年邙相鈹

C 三年□令戈

作

A 雲夢・語書 2

B 包山 12

B 包山 212

B 包山 221

B 郭店・老甲 17

假

A 龍崗 264

借

E 璽彙 2805

侵

A 龍崗 242

侯

A 十鐘

償

A 龍崗 268

僅

D 璽彙3690

代

A 陶彙7·8

A 石鼓文·吳人

A 雲夢·日乙42

B 包山61

佀〔似〕

C 侯馬

便

A 秦陶491

任

A 集粹

A 吉大131

A 珍秦33

A 十鐘

A 雲夢·秦律196

璽彙2559

吉大30

優

B 包山197

B 包山227

B 包山229

B 包山231

B 包山233

B 璽彙2553

B 包山201

儉

A 雲夢・封診 27

俗

A 雲夢・語書 3

俾

A 秦代印風 146

B 包山 263

C 陶彙 6·152

使

A 陶彙 5·384

A 雲夢・答問 180

B 璽彙 0203

傳

A 雲夢・秦律 182

B 王命虎符

B 郭店・唐虞 1

B 郭店・唐虞 13

B 郭店・尊德 28

璽彙 0583

E 雁節

倌

B 璽彙 3580

B 包山 15

B 包山 15 反

B 包山 16

B 包山 175

B 包山 157

B 包山 136

B 包山 155

俎

C 璽彙0003

倍

A 詛楚文

B 郭店·老甲1
省口。

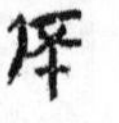
B 郭店·忠信3

B 郭店·語叢2·14

偏

A 金符307

倀

B 包山163

B 郭店·緇衣6

B 郭店·性自7

B 帛書甲

B 璽彙2556

B 璽彙3756

僻

B 包山258

偽

B 雲夢·答問180

侮

C 中山王鼎

傷

A雲夢·爲吏29

僨

A雲夢·封診84

傴

A吉大156

B望山2·23

陶彙9·69

傷 〔剔戧〕

A雲夢·答問74

A雲夢木牘

B包山80

B包山144

B郭店·太一12

吉大11

E璽彙0369

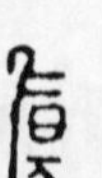
璽彙2652

伏

A雲夢·日乙147

係

A廿二年臨汾守戈

A集粹

A十鐘

A陶彙5·214

C璽彙2912

伐	 A雲夢·秦律5	 B郭店·太一9	 B帛書丙	 C貨系454
	 C侯馬	 C侯馬		
但	 A上造但車害	 A集粹	 B包山96	
僂	 A雲夢·爲吏22			
咎	 A雲夢·日甲6	 B郭店·老甲5	 B包山197	 B九店56·29
	 B帛書丙	 C四年咎奴令戈	 C十一年皋落戈	 C三晉78
	 C璽彙0049	 C珍秦3		
像	 B帛書乙			

弔

C 哀成叔鼎

C □年宫令戈

C 璽彙 2549

D 陳曼匿

D 陳肪簋蓋

D 陳肪簋蓋

E 璽彙 3370

倅

B 包山 25

B 璽彙 0337

倜

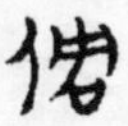
B 天星

停

B 包山 120

伺

B 羕陵公戈

仟*

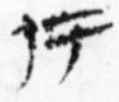
B 包山 44

B 包山 71

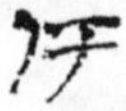
B 包山 191

佯*

B 包山 5

B 包山 67

佢*

B 包山 65

B 包山 153

B 包山 190

B 郭店・唐虞 16

B 璽彙 2558

彼*

B 包山 163

叐*

B 郭店・成之 13

B 郭店・成之 25

B 郭店・老丙 1

侎*

B 郭店・老乙 15

佡*

B 郭店・老乙 14

佐*

A 陶彙 5·384

A 雲夢木牘

A 雲夢・效律 27

A 雲夢・答問 157

佑*

E 璽彙 0053

E 璽彙 0361

字頭	出處
佯*	璽彙 2726
性*	E 璽彙 1337 同姓。；E 璽彙 2793；E 燕下都 158·1
侄*	B 包山 170；C 鳳羌鐘
俤*	B 包山 227
佶*	B 包山 16；B 包山 57；B 包山 149；B 璽彙 2550
俍*	B 郭店·尊德 21
偤*	C 金村銅鈁；C 東周左官壺；C 左內偤壺
佢*	璽彙 3326

倌*

璽彙 0523

璽彙 3799

佸*

A 雲夢・日甲 34

仛*

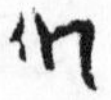

B 包山 261

偖*

B 璽彙 3552

C 陶彙 4・153

侗*

B 包山 101

所*

B 郭店・尊德 24

倫*

C 廿三年襄城令矛

C 三年鈹

C 九年鄭令矛

C 吉大 8

信*

B 包山 184

佳*

B 包山 35

偳*

B 包山 30

璽彙 1586

俸*

B 包山 123

偈*

B 信陽 1·4

傎*

B 耳盃

B 貨系 4175

B 貨系 4176

倠*

B 包山 165

偊*

B 包山 166

傢*

B 包山 188

⿰亻⿱山月*

A 雲夢・秦律 125

⿰亻⿱壬心*

C 中山王鼎

璽彙 2561

仗*

A 雲夢・秦律 147

⿰亻悳*

B 鄂君啟車節

B 包山 84

B 包山 85

⿰亻蜀*

B 仰天 13

⿰亻魚*

B 帛書甲

儞*

E 陶彙 4·47

⿰亻䜌*

璽彙 1683

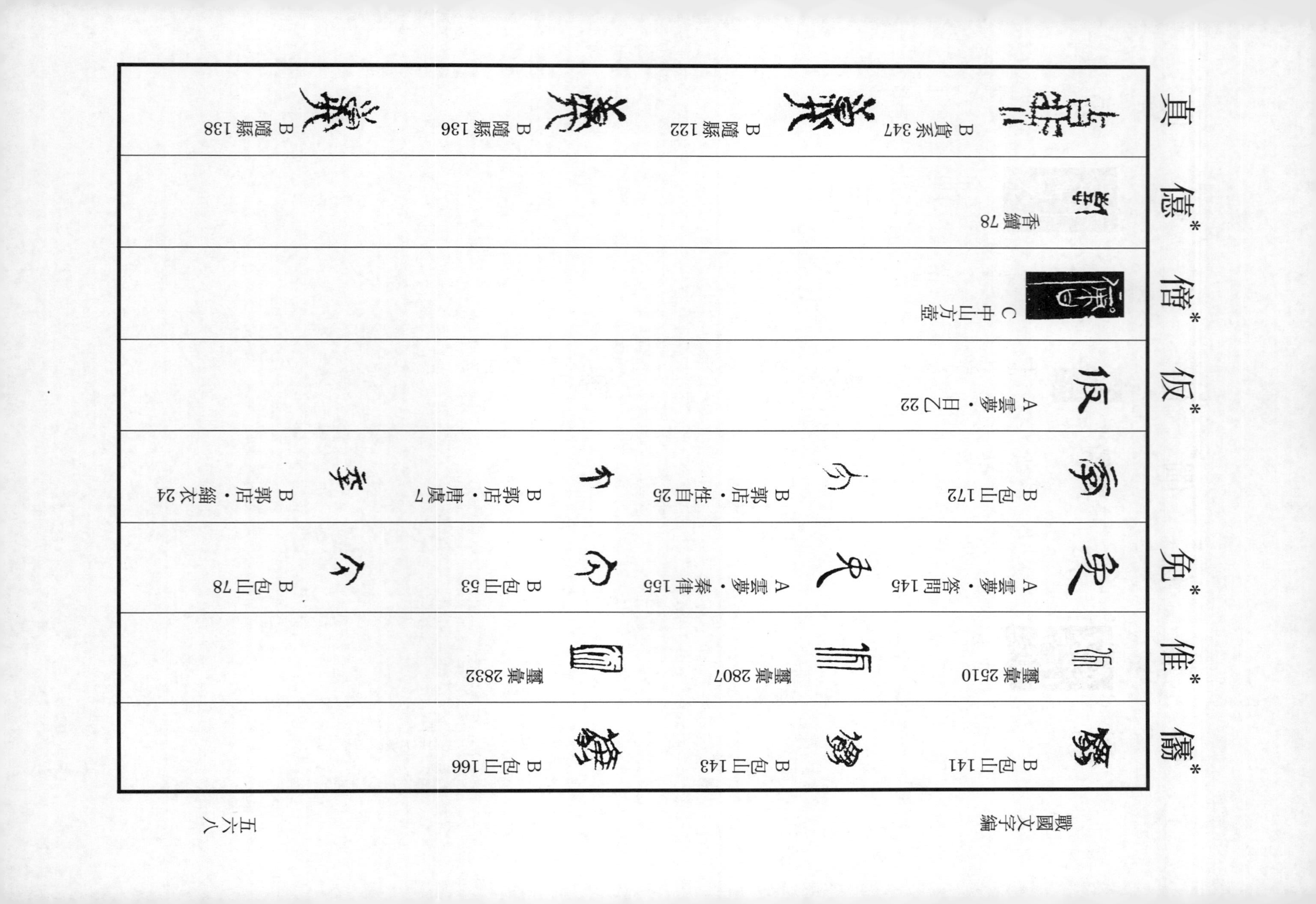

儴*	B 包山 141	B 包山 143	B 包山 166	
傕*	璽彙 2510	璽彙 2807	璽彙 2832	
免*	A 雲夢·答問 145	A 雲夢·秦律 155	B 包山 53	B 包山 78
	B 包山 172	B 郭店·性自 25	B 郭店·唐虞 7	B 郭店·緇衣 24
仮*	A 雲夢·日乙 22			
偣*	C 中山方壺			
億*	香續 78			
真	B 貨系 347	B 隨縣 122	B 隨縣 136	B 隨縣 138

化	匕	𣄼	頃	匘	卬	卓	艮
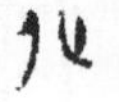 B 郭店・老甲 6	 B 望山 2·56	 B 𩇗鐘	 A 陶彙 5·136	 A 雲夢・封診 57	 A 珍秦 138	 B 天星	 A 雲夢・封診 53
 C 七年侖氏令戈	 C 魚顛匕		 D 鍗頃戈		 A 續齊魯 10		
 C 貨系 0456					 璽彙 2062		
 D 陶彙 3·260							

从		B 郭店·忠信 5						
從		A 官印 0008		A 璽彙 4340		A 雲夢·日甲 130		B 包山 91
		B 包山 138 反		B 郭店·太一 11		C 上官豆		C 中山王鼎
		C 璽彙 0877		C 侯馬		C 侯馬		C 侯馬
		璽彙 0453						
并		A 陶彙 5·387	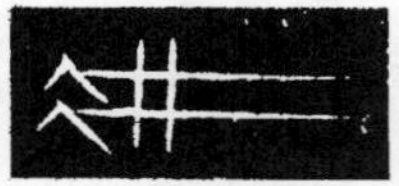	C 中山王鼎		璽彙 1925		D 璽彙 1589
比		A 雲夢·效律 27		B 貨系 4179		B 郭店·老甲 33		B 郭店·成之 17
		C 璽彙 3057		C 璽彙 3066		C 璽彙 3068		C 陶彙 9·106

	 C 侯馬	 C 侯馬	 C 侯馬	 C 侯馬
	 D 陶彙3·763			
北	 A 陶彙5·175	 A 雲夢・答問174	 B 九店56·50	 B 郭店・太一13
	 C 貨系2477	 D 陶彙3·664	 D 陶彙3·666	
冀	 A 珍秦52	 A 考古與文物1996.4		
丘	 A 官印0036	 A 雲夢・封診47	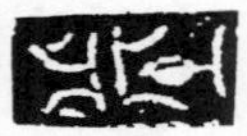 B 鄂君啟車節	 B 包山188
	 B 包山241	 C 廿三年戈	 C 璽彙0324	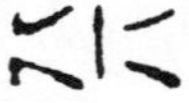 C 璽彙3301
	 C 璽彙3229	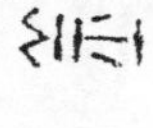 C 璽彙3307	 C 中山守丘石刻	 D 子禾子釜

虛

D 璽彙 4014

D 陶彙 3·632

D 陶彙 3·676

D 陶彙 3·987

D 陶彙 3·941

玉印 26

A 龍崗 226

B 郭店・老甲 24

B 璽彙 5559

衆

A 商鞅方升

A 珍秦 186

A 雲夢・秦律 78

B 郭店・成之 25

B 帛書丙

C 中山王鼎

C 中山侯鉞

D 山東 170

D 陶彙 3·537

D 陶彙 3·675

E 燕下都 215·16

E 燕下都 224·11

聚

A 集粹

A 雲夢・日乙 132

B 郭店・六德 4

B 郭店・性自 53

璽彙 2844

徵

A 秦印

A 雲夢・爲吏 20

B 曾侯乙鐘

B 隨縣鐘架

B 隨縣鐘架

B 隨縣鐘架

B 隨縣鐘架

B 隨縣石磬

B 隨縣石磬

璽彙 3530

朢〔望〕

A 雲夢・爲吏 29

B 郭店・語叢 2・33

E 璽彙 5691

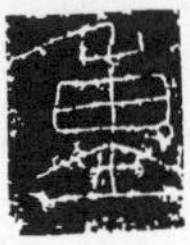
A 商鞅方升

A 貨系 4071

A 秦陶 368

B 郭店・成之 10

重

B 郭店・唐虞 19

C 璽彙 4064

E 璽彙 3493

量

A 陶彙 5・398

B 包山 53

B 包山 73

臥

A 雲夢・封診 73

監	A 封成 2220	A 陶彙 5·250	B 郡陵君鑒	B 包山 168
	B 包山 265	B 郭店・窮達 4	B 郭店・語叢 2·33	監戈
臨	A 廿二年臨汾守戈	A 雲夢・日乙 136	B 包山 79	B 包山 185
	B 郭店・老甲 11			
身	A 湖南 106	A 雲夢・爲吏 41	B 包山 210	B 包山 226
	B 包山 228	B 郭店・成之 7	B 郭店・六德 44	B 帛書乙
	璽彙 5593	C 中山方壺	C 璽彙 2702	C 璽彙 2698
	C 璽彙 4639	C 璽彙 2697	D 公孫竈壺	E 璽彙 0364

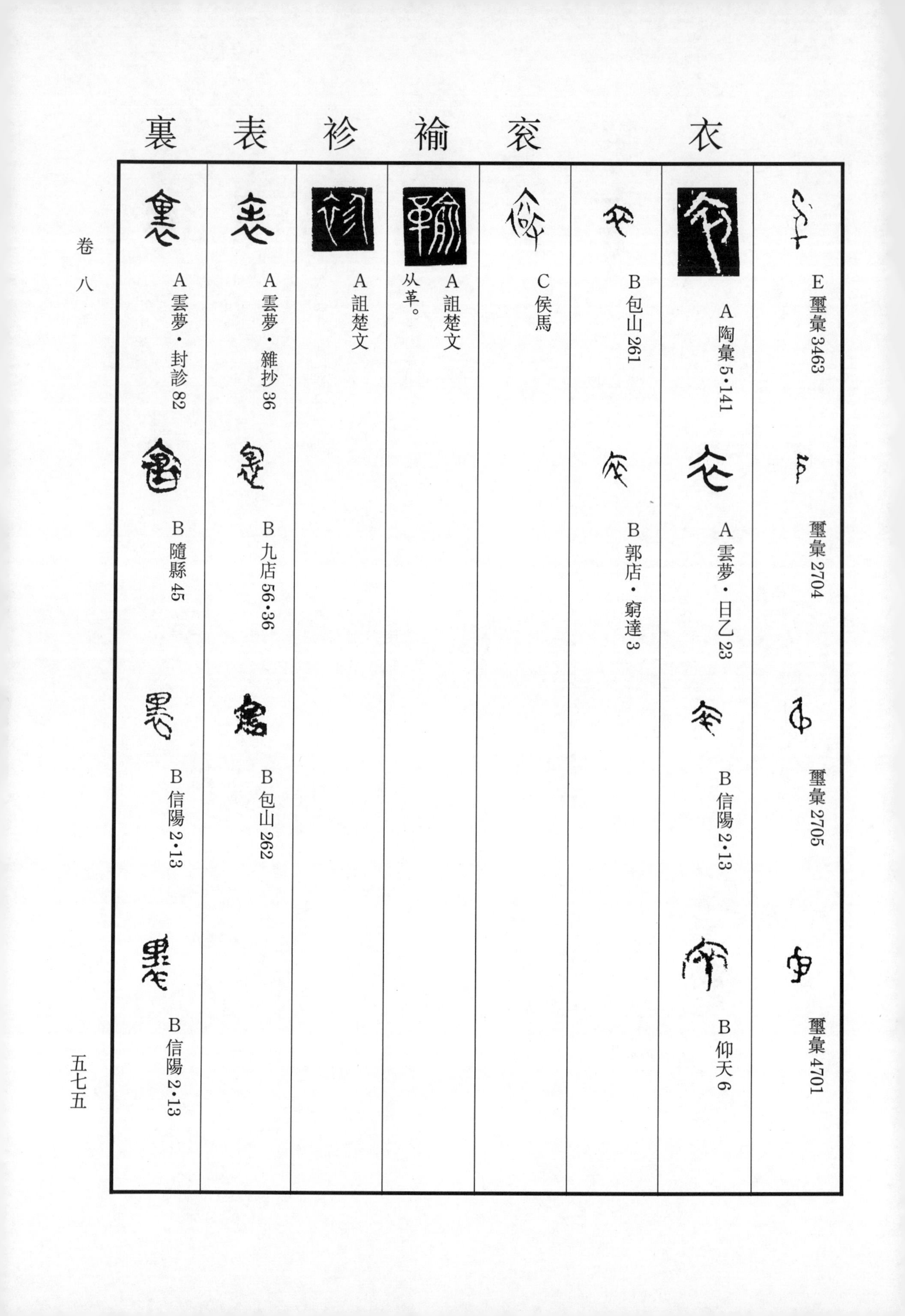

字	字形出處
衣	E 璽彙 3463；璽彙 2704；璽彙 2705；璽彙 4701
衣	A 陶彙 5·141；A 雲夢·日乙 23；B 信陽 2·13；B 仰天 6
衣	B 包山 261；B 郭店·窮達 3
衮	C 侯馬
褕	A 詛楚文 从革。
袗	A 詛楚文
表	A 雲夢·雜抄 36；B 九店 56·36；B 包山 262
裏	A 雲夢·封診 82；B 隨縣 45；B 信陽 2·13；B 信陽 2·13

B包山263

D陶彙3·636

襮

B隨縣45

衽

A雲夢·封診58

襲

A雲夢·答問105

衮

A雲夢·封診58

褎

A雲夢·封診22

裹

A故宮475

A十鐘

A集粹

B隨縣117

璽彙1061

璽彙1295

璽彙0448

璽彙2954

裔 袳 褆 複 褢 袑 褎

璽彙 1528

璽彙 1654

A 集粹

A 集粹

A 雲夢・日甲 117 反

A 赫連 108

A 璽彙 5534

A 十鐘

A 輯存 206

D 陳逆簠

濁

B 信陽 2·19

B 帛書乙

濡

A 雲夢·封診 58

禪

A 雲夢·封診 68

襄

A 十鐘

A 陶彙 9·32

A 雲夢·日甲 28

B 信陽 2·12

C 三晉 55

C 三晉 55

C 玉印 29

C 璽彙 0077

C 璽彙 1358

C 璽彙 0125

C 璽彙 3134

C 璽彙 3139

被

A 新鄭虎符

A 湖南 98

B 包山 214

B 包山 203

C 璽彙 1350

衷

A 文博 1985.5

A 輯存 203

A 秦代印風 82

雜

A 雲夢・效律 28

裕

B 郭店・緇衣 10

C 十六年喜令戈

衦

璽彙 0493

裂

A 雲夢・答問 80

袓

B 郭店・六德 28

補

A 考古 1990.1

A 雲夢・秦律 118

裏

A 雲夢・封診 85

裛

B 隨縣 25

B 信陽 2·15

褐

A 官印 0007

A 雲夢·秦律 91

衰

A 秦印

A 秦印

A 雲夢·爲吏 33

B 郭店·六德 27

卒

B 郭店·成之 8

B 郭店·語叢 4·22

A 雲夢·日甲 120 反

B 包山 201

B 郭店·緇衣 7

B 郭店·唐虞 18

□外卒鐸

D 陶彙 3·501

D 陶彙 3·503

褚

C 新城大令戈

䙝〔製〕

A 雲夢·日乙 23

裀*	⿰衤丕*	袿*	袮*	袄*	裷*	衵*	裹
 B 信陽 2・21  B 信陽 2・19	 B 郭店・窮達 3	 D 陶彙 3・490  D 陶彙 3・496	 璽彙 3194	 C 璽彙 3126  璽彙 3865	 璽彙 2344	 B 隨縣 143	 A 十鐘  B 郭店・緇衣 41

衹*

B 信陽 2·9

𧝠*

C 侯馬

C 侯馬

C 侯馬

袸*

A 雲夢·日甲 25 反

𧚥*

吉大 3

裪*

B 隨縣 137

B 隨縣 123

褑*

B 隨縣 172

複*

C 璽彙 1394

𧝁*

B 隨縣 136

禮*

A 雲夢・日乙 87

B 隨縣 8

褻*

B 信陽 2・11

B 信陽 2・19

褭*

璽彙 0517

璽彙 0516

璽彙 1936

裘〔求〕

A 石鼓文・吾車

A 雲夢・日乙 189

A 雲夢・答問 2

B 包山 63

B 郭店・成之 1

B 郭店・緇衣 18

B 郭店・六德 6

B 郭店・六德 7

璽彙 4048

古文裘省衣作『求』。

老

A 雲夢・雜抄 32

B 郭店・老甲 35

B 郭店・唐虞 23

B 包山 217

B 包山 237

C 中山方壺

耆

A十鐘

A雲夢·爲吏35

耇

A故宮431

壽

A上郡守壽戈

A秦印

A陶彙5·12

A雲夢·日乙75

B壽春鼎

B書也缶

B□壽之歲戈

B王子午鼎

B包山26

B包山68

B包山117

B璽彙3517

B璽彙4685

B璽彙4688

C三晉54

C三晉55

C璽彙4543

C璽彙4544

C璽彙4549

D陳逆簋

D公孫竈壺

D璽彙3676

D陶彙3·834

E璽彙1889

考

A 雲夢・日乙 238
B 王子午鼎
B 郭店・唐虞 6
C 中山王鼎
C 中山方壺
C 貨系 632
D 陳曼匿

孝

A 雲夢・爲吏 47
B 王子午鼎
B 郭店・老丙 3
B 郭店・語叢 3・6
B 郭店・語叢 3・8
B 郭店・語叢 1・55
C 中山方壺
C 鄲孝子鼎

耆*

D 十四年陳侯午敦
D 陳侯因資敦
D 陳肪簋蓋
B 包山 68
D 滕侯戈
D 滕侯戈

毛

A 考古 1995.10
B 包山 37
B 包山 194

毴*

B 包山 25

⿰毛安*
 B 隨縣 56
 B 隨縣 61

⿰毛是*
 B 隨縣 98

⿰毛甬*
 B 隨縣 51
 B 隨縣 45

⿰毛袁*
 B 天星

⿱莫毛*
 B 隨縣 42
同毛。
 B 隨縣 98

毫*
 B 包山 273
同豪。

⿰毛⿱大或*
 B 隨縣 138

⿰毛畾*
 B 包山 262

尸

A 雲夢・日甲 112

居

A 雲夢・效律 20

B 之利殘器

B 鄂君啟車節

B 包山 127

B 郭店・老甲 17

B 郭店・老丙 9

C 上官豆

E 璽彙 3495

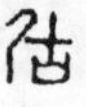
E 璽彙 4103

E 陶彙 4・56

眉

A 故宮 416

A 集粹

展

A 集粹

屆

A 集粹

屍

B 隨縣 124

B 隨縣 136

尼

A 陶彙 5·48

A 秦陶 1362

屖

B 王孫遺者鐘

B 曾侯乙鐘

B 王子午鼎

C 令瓜君壺

屠

A 集粹

A 秦印

B 郭店・窮達 5

屋

A 雲夢・日乙 112

B 望山 2·15

璽彙 3143

E 璽彙 0015

E 璽彙 5546

屏

A 十鐘

A 雲夢・日乙 190

屎*

D 陳侯因資敦

履	A 雲夢・封診22；B 包山54；B 包山57；B 包山163；B 郭店・老甲23；B 璽彙3599；C 三晉113；B 長沙銅量；B 包山4；B 包山62；B 包山190
屈	A 雲夢・爲吏34；A 秦陶374；A 秦陶375；B 稠篙鐘
屬	A 十鐘；A 雲夢・秦律201
尾	B 隨縣34；B 璽彙3941
尺	A 雲夢・答問6
屎*	A 雲夢・秦律27

履

E 璽彙 2516

A 雲夢・日甲 61 反

屡*

B 包山 61

B 包山 167

舟

A 石鼓文・霝雨

B 鄂君啟舟節

B 包山 157

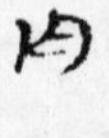
B 包山 168

B 包山 180

璽彙 5500

俞

B 郭店・忠信 3

C 三晉 44

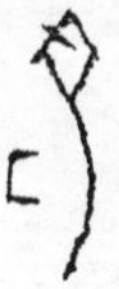
C 三晉 44

璽彙 1361

C 璽彙 3316

C 侯馬

船

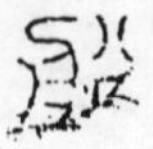
A 考古與文物 1997.1

A 秦印

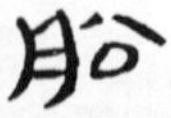
A 雲夢・日乙 44

朕

B 冉鉦鋮

C 中山方壺

C 中國錢幣 1997.2

舫

A 石鼓文・霝雨

般

D 陳曼簠

D 公孫竈壺

服

A 雲夢・爲吏 35

⿰舟召*

A 秦陶 1007

⿰舟甾*

B 璽彙 3200

B 璽彙 3201

⿰舟彖*

B 鄂君啟舟節

B 鄂君啟車節

方

A 石鼓文・霝雨

B 包山 231

B 郭店・老乙 12

B 郭店・五行 41

兑

A 雲夢・日甲 5

B 郭店・尊德 14

B 郭店・老乙 16

B 郭店・忠信 4

E 燕侯載簋

允

A 石鼓文・鑾車

B 鳥書箴言帶鈎

B 郭店・成之 25

C 中山方壺

B 郭店・語叢 4・27

璽彙 5276

兒

A 集粹

A 雲夢・秦律 50

B 沇兒鐘

B 余義鐘

旅*

B 隨縣 11

璽彙 3961

璽彙 1577

B 郭店・尊德 28

B 帛書乙

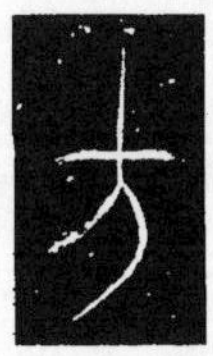
C 中山王鼎

E 陶彙 4・48

亮*

D 陶彙 3·1025

D 陶彙 3·1026

亮矛

C 璽彙 1692

C 璽彙 1693

C 璽彙 1694

C 璽彙 1696

兄

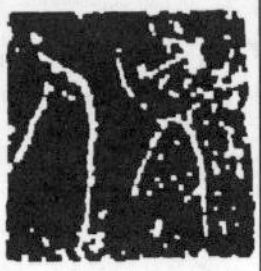
B 鄀陵君豆

B 包山 138 反

B 包山 96

B 包山 63

B 包山 135

B 包山 227

B 郭店・六德 13

B 郭店・語叢 1·70

璽彙 2400

C 侯馬

兢

A 十鐘

A 十鐘

A 珍秦 124

A 集粹

〔貌〕 皃

B 郭店・五行 32

皃

B 包山 240

B 包山 245

B 郭店・老甲 2

B 郭店・五行 32

B 郭店・性自 43

C 侯馬

C 侯馬

C 侯馬

C 侯馬

璽彙 1523

先

A 雲夢・效律 25

B 包山 140 反

B 包山 237

B 郭店・成之 3

B 郭店・語叢 1・70

C 中山圓壺

C 羼羌鐘

璽彙 2845

肆*

B 曾侯乙鐘

B 隨縣鐘架

B 隨縣鐘架

B 隨縣鐘架

B 隨縣鐘架

B 隨縣鐘架

B 隨縣鐘架

B 隨縣石磬

積

A 珍秦 163

A 集粹

A 故宮 414

A 陶彙 5・202

見

A 雲夢・效律 12

B 鄂君啟車節

B 包山 218

B 郭店・老丙 5

B 郭店・魯穆 2

B 郭店・五行 24

B 郭店・五行 27

B 郭店・五行 23

B 帛書乙

視

A 故宮 426

B 視金錢牌

B 包山 17

B 郭店・老甲 2

B 郭店・老乙 3

B 郭店・老丙 5

C 中山方壺

C 侯馬

C 侯馬

C 侯馬

C 侯馬

觀

B 包山 230

B 包山 185

B 郭店・老乙 18

B 郭店・老乙 18

C 中山方壺

尋

B 包山 94

同得。

B 包山 183

B 郭店・成之 11

B 玉印 2

C 中山方壺

C 中山圓壺

C 中山守丘石刻

D 貨系 3791

D 貨系 3790

D 山東 157

D 璽彙 0291

D 陶彙 3·25

覺

A 雲夢・答問 10

親

A 雲夢・日乙 148

B 郭店・唐虞 9

B 郭店・唐虞 5

B 郭店・語叢 1·77

B 郭店・語叢 3·30

B 包山 51

B 璽彙 3521

C 中山王鼎

D 陶彙 3·917

䠶

B 郭店・老甲 1

B 郭店・老甲 31

字頭	字形	出處
⿰舟亘*	 	B包山28 B包山46 B包山64 B包山167
		B包山175
⿰舟或*		B郭店·緇衣6 B郭店·緇衣43
⿰舟圭*		B郭店·緇衣3
艫*		B郭店·老甲9 B郭店·五行22
艓*		B鄂君啟舟節 B包山164
艒*		B包山167 B包山177
欽		A雲夢·效律11 B包山143 B包山143 B郭店·尊德2

欿		歇		歡	欣	款	欲
 B帛書乙	 B包山85	 A集證212·189	 C璽彙1884	 C璽彙2467	 A珍秦84	 A十鐘	 A詛楚文
 C魚顛匕	 B璽彙2744	 A集證212·182	 C璽彙1900		 A故宮421		 A雲夢·雜抄26
		 A考古與文物2000.1			 A陶彙5·89		 B郭店·老甲5
		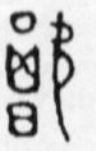 C璽彙1883			 A文博1998.1		 B郭店·老丙13

	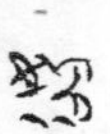	B 郭店・老甲 2		璽彙 3098				
歌〔訶〕		A 雲夢・日乙 132		B 𩁹鐘		璽彙 2741		
歍		A 廿二年臨汾守戈		A 集粹		A 故宫 460		
欥		A 雲夢・日甲 56 反						
歊		A 印典						
歖		A 集粹		A 吉大 154		B 郭店・唐虞 3		
歐		A 十鐘		A 陶彙 5・179		璽彙 1132		璽彙 3148
歜		A 湖南 83		A 集粹		A 陶彙 5・384		

歎

A 商鞅方升

A 陶彙 5·398

欬

A 珍秦 91

A 珍秦 104

A 珍秦 147

A 十鐘

歙

A 珍秦 111

次

A 雲夢·語書 8

A 鐵雲

B 王子嬰次爐

欺

A 十鐘

A 珍秦 80

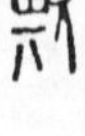
璽彙 2526

歓〔飲〕

A 雲夢·日乙 146

C 中山方壺

璽彙 0808

《說文》作『歓』,『歓』『飲』古今字。

璽彙 5317

玫*

B 王子玫戈

字頭	字形 1	字形 2	字形 3	字形 4
欸*	A 秦代印風 47	A 集粹		
玫*	C 貨系 238	C 璽彙 1838	C 璽彙 2650	C 侯馬
歆*	B 越王句踐劍	B 包山 189	B 包山 189	
𣤁*	B 望山 1·37	B 望山 1·38		
㰦*	B 包山 168			
㰯*	璽彙 1690			
𣚶*	A 石鼓文·鑾車			
𧿹*	B 包山 162	B 隨縣 137	C 侯馬	C 侯馬

C 侯馬

C 兆域圖

酘*

璽彙 2100

[illegible]*

璽彙 0825

璽彙 2157

[illegible]*

C 侯馬

C 侯馬

C 侯馬

C 侯馬

[illegible]*

C 魚顛匕

[illegible]*

B 包山 163

[illegible]*

B 包山 87

[illegible]*

B 隨縣 126

同贛。

歠*

璽彙 1823

欶*

C 侯馬

C 侯馬

盜

A 雲夢・效律 35

A 雲夢・秦律 119

頁

B 信陽2·17

B 仰天8

B 包山竹牘

E 璽彙0308

頭

A 雲夢·日甲72反

B 蔡侯紳鼎蓋

B 望山2·49

璽彙0933

璽彙1305

璽彙1361

顏

A 雲夢·答問74

D 璽彙3718

頌

B 郭店·老甲8

B 郭店·性自20

顯

A 湖南91

A 雲夢·爲吏23

顛

A 十鐘

A 秦陶 859

C 魚顛匕

頯

A 雲夢・答問 74

煩

A 雲夢・日甲 79 反

頸

A 雲夢・日甲 75 反

B 隨縣 9

B 隨縣 89

B 包山 16

領

A 雲夢・封診 22

項

A 雲夢・答問 75

B 包山竹牘

B 望山 2・13

顀

A 十鐘

碩

A 石鼓文・鑾車

璽彙 3318

顝	願	顯	顡	頑	顆	頞	顧
 A 陶彙 5·384	 E 擷華 从泉。	 顯戈 通沫。	 A 雲夢·日甲 72 反	 A 秦代印風 129	 A 十鐘	 C 侯馬 通没。  C 侯馬  C 侯馬	 A 雲夢·答問 89  B 郭店·緇衣 34  C 中山方壺

順 〔𢛁〕

 A 集粹
 B 越王者旨於賜鐘
 B 越王者旨於賜鐘
 B 郭店·緇衣 12

 C 中山方壺
 D 璽彙 1472
 D 璽彙 3570

頓

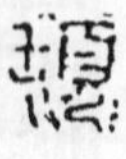 A 集證 155·353

頡

 A 故宮 453
 B 包山 155
 D 璽彙 1948

頪

 璽彙 3824

顧

 集粹

頌

 A 珍秦 46

頍

 A 陶彙 5·198

字頭								
顫		A 璽彙 3232		A 集粹		A 十鐘		
⿸疒頁		A 雲夢・日甲 77		A 考古與文物 2000.1				
顡		A 十鐘		A 秦代印風 102				
頪		B 郭店・尊德 4		B 郭店・緇衣 4		B 郭店・六德 31		
⿰㒸頁		A 上博 34						
顯		A 詛楚文		B 隨縣 61		B 隨縣 115		C 侯馬
		C 侯馬						
顓*		B 郭店・語叢 1・15						

字頭	字形
顡*	 A 雲夢・日甲 130
頊*	 璽彙 1234  璽彙 1244
顏*	 A 十鐘  A 上博 25
頣*	 B 郭店・語叢 1·47 同色。
顗*	 B 包山 47
百	 B 隨縣 173  B 隨縣 11
脜	 B 包山 180  B 九店 56·40
面	 B 包山 271  B 包山 272  B 包山竹牘  B 郭店・尊德 15

䩉

B 郭店・唐虞 25

B 曾侯乙鐘

B 隨縣鐘架

B 隨縣鐘架

B 隨縣鐘架

B 隨縣石磬

B 隨縣石磬

丏

B 璽彙 3648

B 郭店・唐虞 27

C 單竮討戈

D 貨系 2624

D 貨系 2625

璽彙 4467

璽彙 4469

璽彙 4474

首

A 陶彙 5・389

B 璽彙 3487

B 璽彙 3645

B 包山 273

B 包山 276

B 包山竹牘

B 信陽 2・4

B 郭店・語叢 4・5

D 陶彙 3・796

⿰𢇍首〔剸 剸〕		縣		須		⿰革首*	⿰月首*
B包山16	C廿五年戈	A雲夢·效律28	D封成15	A雲夢·日甲71反	須盂生鼎	B包山21	B郭店·五行36
B包山134	E璽彙5573	B隨縣2		B隨縣10		B包山22	
B包山137反	E璽彙3903	B包山22		B包山88			
B包山123	E陶彙4·11	D陶彙3·41		B包山130反			

文 彣 弱 彫 彰 修 蹟*

B包山200

C中山方壺

E璽彙0012

E璽彙0364

文

A珍秦135

B曾侯乙鐘

B酓璋戈

B璽彙3079

彣

B包山203

B玉印3

弱

A珍秦139

A雲夢・秦律184

A雲夢・封診66

彫

B信陽2·9

B包山254

D陶彙3·625

D山東157

彰

B郭店・語叢3·10

D陶彙3·1062

修

D璽彙1946

璽彙4496

璽彙4497

璽彙4498

蹟*

D陶彙3·1266

⿱文⿰犮犮*		E 璽彙2883		E 璽彙2885		E 璽彙2886		E 璽彙2887
髟		B 郭店・成之22						
髮		A 雲夢・日甲13反						
髡		A 雲夢・答問103						
⿱髟坐		A 秦印		A 雲夢・日乙22				
鬸*		A 雲夢・封診35						
后		B 郭店・唐虞3		璽彙3989		璽彙3990		E 璽彙4091
		E 陶彙4・142						

司

A 官印[illegible]

A 陶彙 5·305

A 陶彙 5·384

B 鄂君啟舟節

B 隨縣 169

B 包山 56

B 帛書丙

B 璽彙 5538

C 中山圓壺

C [illegible]令矛

D 璽彙 0027

D 璽彙 0029

D 璽彙 0033

E 庚都司馬鐓

E 陶彙 4·131

詞

D 郭店・老丙 12

B 郭店・成之 5

B 郭店・成之 23

B 郭店・老甲 19

B 郭店・尊德 5

B 郭店・尊德 6

门

璽彙 4826

C 貨系 424

C 貨系 426

令

A 雲夢・效律 17

A 雲夢・秦律 81

D 陳逆簋

卲

B 邵王簋　B 卲豆　B 鄂君啟車節　B 之利殘器

B 酓璋戈　B 包山 16　B 包山 203　B 包山 227

B 望山木烙印　B 郭店·性自 25　B 郭店·緇衣 11　B 玉印 28

B 璽彙 2552　C 中山方壺　C 貨系 630　C 貨系 629

厀

B 隨縣 12　B 隨縣 64　B 信陽 2·2　B 望山 2·6

B 包山 253

卷

A 雲夢·編年 10

⿰希卩*

B 包山 184

鉶*	印		色			巻*	魿*
 B 包山 135	 A 珍秦 70  A 珍秦 146  A 集粹  A 十鐘	 A 璽彙 0151  陶彙 9·92	 A 雲夢·日乙 170  B 𪒠鐘  B 𪒠鐘  B 信陽 1·1	 B 郭店·五行 13  B 郭店·成之 24  B 郭店·語叢 1·47 从頁。  B 郭店·語叢 1·50	 B 郭店·語叢 1·110	 B 包山 99	 B 包山 171

⿰飠占*

B 包山 182

餎*

B 九店 56·20

⿰飠者*

B 信陽 2·15

B 包山 261

B 望山 2·12

⿰飠是*

B 包山 58

B 望山 2·49

⿰飠蜀*

B 包山 181

B 包山 170

B 包山 88

卿

A 商鞅方升

A 陶彙 5·384

A 雲夢・日乙 248

B 信陽 1·32

B 郭店・成之 12

B 郭店・緇衣 23

C 中山方壺

C 中山圓壺

D 璽彙 3742

璽彙 0874

璽彙 4010

辟

A 雲夢・秦律 185

A 文博 1998.1

B 郭店・五行 47

C 梁十九年鼎

D 子禾子釜

勹

璽彙 4923

璽彙 4924

D 陶彙 3·616

E 璽彙 0022

E 璽彙 0361

E 璽彙 5562

E 陶彙 4·69

勻

B 包山 129

B 包山 130

C 土勻錍

C 三晉 72

C 三晉 72

C 貨系 2003

C 璽彙 1565

C 璽彙 2707

C 璽彙 1997

津藝 29

旬

A 雲夢・答問 7

B 王孫遺者鐘

B 九店 56·85

匈	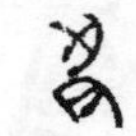	B 望山 1·37		B 望山 1·52				
復		C 侯馬		C 侯馬				
豕		B 包山 202		B 包山 203		B 包山 227		C 中山圓壺
		C 中山圓壺圈足		C 笿鼎		C 十三年上官鼎		C 金村銅鈁
		乍冢簟戈		C 侯馬		C 侯馬		C 温縣
		C 陶彙 6·25		D 陶彙 3·945		D 璽彙 5678		
彖*		C 貨系 1336		C 貨系 1342		C 貨系 1343		C 貨系 1348
		D 璽彙 0643		D 璽彙 3725				

字				
匀*	 A 雲夢・日甲41反			
包	 A 雲夢・答問61			
荀	 璽彙4167	 璽彙4164	 璽彙4227	 陶彙4・174
	 璽彙5324			
敬	 A 珍秦44	 A 陶彙5・151	 A 石鼓文・吴人	 B 王子午鼎
	 B 鳥書箴言帶鈎	 B 郭店・五行22	 B 郭店・語叢2・2	 B 郭店・語叢2・3
	 B 帛書乙	 B 璽彙2540	 B 璽彙3529	 B 璽彙5039
	 B 璽彙5048	 B 璽彙5698	 C 中山方壺	 C 中山侯鉞

 璽彙 3655	 璽彙 4149	 璽彙 4171	 璽彙 4183
 璽彙 4219	 璽彙 4244	 璽彙 4724	 璽彙 4229
 璽彙 4719	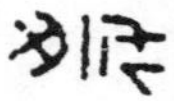 璽彙 4703	 璽彙 5028	 璽彙 4162

鬼

 D 璽彙 0342	 璽彙 3535		
 A 上郡守戈	 B 郭店・老乙5	 B 郭店・老乙5	 B 隨縣漆書
 C 侯馬	 D 陳助簋		

醜

 A 陶彙 5・15	 A 陶彙 5・16	 C 侯馬	 C 侯馬
 C 侯馬	 C 侯馬	 C 侯馬	 C 侯馬

厶

B 包山 141

B 包山 196

B 郭店・老甲 2

璽彙 4792

禺

C 趙孟庎壺

A 瀫秋 36

A 雲夢・日乙 181

B 郭店・老乙 12

B 郭店・語叢 4・10

B 郭店・五行 34

B 郭店・五行 36

B 郭店・成之 5

畏

A 詛楚文

B 王孫遺者鐘

B 王子午鼎

B 王子午鼎

由

B 分益環權

B 包山 23

B 包山 217

B 包山 246

䰯*

C 侯馬

魋

A 秦印

 E 璽彙 4130

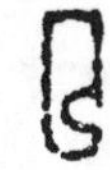 璽彙 4658

篡

 A 雲夢・封診 71

羑〔誘〕

 A 雲夢・秦律 1

《説文》：『或體作誘。』

魏

 A 魏公䀝

 A 十鐘

 A 十鐘

 A 十鐘

 A 集粹

 A 秦陶 302

山

 A 陶彙 5・193

 A 陶彙 5・188

 B 帛書甲

 B 包山 121

 B 包山 243

 B 郭店・窮達 2

 B 郭店・唐虞 4

 B 璽彙 2556

 C 中山王鼎

 C 中山侯鉞

 C 貨系 1448

 集粹

字頭	字形及出處
岡	 E 璽彙 0363　 E 璽彙 3849
岑	 璽彙 1617
密	 A 雲夢・爲吏 48
嵍	 A 雲夢・爲吏 5　 D 高密戈　 D 高密造戈
嵒〔岩〕	 B 包山 185
隓	 B 包山 163
崩〔嵭〕	 A 集粹
崔	 A 考古與文物 2000.1

嵩

B 郭店・語叢3・15

莔*

C 侯馬

C 侯馬

C 侯馬

C 侯馬

C 侯馬

C 侯馬

C 温縣

C 温縣

舢*

璽彙5300

⿱丕山*

須⿱丕山生鼎

B 郭店・老乙13

⿱廿山*

E 璽彙3820

⿱石山*

E 璽彙3518

⿱頃山*

A 雲夢・爲吏11

府

B 曾侯乙鐘

B 大府匜

B 大府敦

B 鄂君啟車節

A 少府戈

A 官印 0006

A 中國文物報 1988.8

A 璽彙 3358

義*

D 陶彙 3·919

軺*

B 包山 87

嵔*

B 包山 55

B 包山 64

䍙*

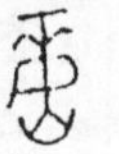
C 集粹

C 璽彙 3042

C 璽彙 3047

C 璽彙 3055

C 下官鍾

C 貨系 1411

C 貨系 1240

C 璽彙 5376

[illegible]*

B 包山 214

B包山3

B包山172

B包山181

B璽彙0128

B璽彙0131

B璽彙0337

B璽彙0127

C璽彙0304

C璽彙5392

C璽彙5414

C璽彙5343

廱

A陶彙6·184

廡

B包山53

廚

A官印0011

庫

A官印0042

A廿二年臨汾守戈

C十一年庫嗇夫鼎

C九年鄭令矛

C上黨武庫戈

C甘丹上庫戈

C左庫戈

C司馬成公權

（續）

C 集粹

D 陰平劍

廏

A 官印 0027

A 官印 0029

A 雲夢・雜抄 29

B 邵王簋

B 隨縣 175

B 包山 61

B 包山 164

B 包山 167

廦

A 雲夢・封診 81

廣

A 廣衍矛

A 集粹

A 陶彙 5·96

A 雲夢・答問 52

D 陶彙 3·734

廥

A 封成 2139

A 雲夢・效律 32

C 陶彙 6·59

廁

A 雲夢・日乙 188

B 包山 158

壥

B 郭店·緇衣 36

茂

璽彙 3382

廉

A 雲夢·語書 9

底

A 詛楚文

庶

A 十九年殳

A 石鼓文·汧殹

A 陶彙 5·384

B 包山 257

B 包山 258

B 九店 56·47

B 郭店·緇衣 40

璽彙 3198

C 中山方壺

C 吉大 4

廔

璽彙 5521

同樓。

厍〔庫〕	 A 集粹  A 秦印  A 續齊魯 69  A 瀓秋 39
廢	 A 考古與文物 1997.1
廟	 B 郭店・唐虞 5  B 郭店・語叢 1・88  B 郭店・語叢 4・27  B 郭店・性自 20
	 C 中山方壺
庰	 A 雲夢・語書 11
廖	 A 陶彙 5・181
倉*	 C 陶彙 6・199 同倉。  C 陶彙 6・201
廳*	 B 郭店・性自 24  E 燕王職戈

庎*

C 趙孟庎壺

⿸广定*

D 曹右⿸广定戈

庰*

A 云梦・封診 84

廆*

C 梁十九年鼎

⿸广⿰阝矣*

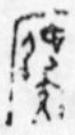
C 璽彙 2882

C 金薤・府

厓

A 雲夢・答問 28

⿸广敢

璽彙 2881

⿸广欮

A 吉大 124

仄

 B 郭店・唐虞18

厞

 B 包山57

 B 包山45

厭

 B 包山219

⿸厂永*

 B 帛書乙

⿸厂交*

 B 包山189

⿸厂画*

 C 六年令戈

⿸厂叀*

 C 璽彙0108

 C 璽彙2849

 C 璽彙2859

 C 璽彙2857

⿸厂丙*

 C 璽彙0108

⿸厂癸廾*	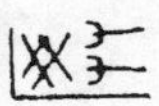 璽彙 2875			
⿸厂幵*	 璽彙 2871	 璽彙 2873		
⿸厂昏*	 璽彙 0937	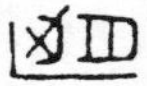 璽彙 2419		
⿸厂易*	 璽彙 1711			
⿸厂驫*	 C ⿸厂驫羌鐘	 C 璽彙 2842	 C 璽彙 2844	 C 璽彙 2847
	 C 陶彙 6·82			
⿸厂員*	 C 璽彙 1612			
⿸厂盃*	 C 六年令戈			

⿸厂賢*	⿸厂緊*	⿸厂覞*	⿸厂男*	⿸厂鄉*	厗*	⿸厂前*	⿸厂昏*
 C 璽彙 0938  C 璽彙 0939  C 璽彙 0739	 C 璽彙 0860	 C 侯馬	 C 中山王鼎	 璽彙 2879	 璽彙 0740	 B 東陵鼎蓋	 B 帛書乙

廱*	 C 璽彙 1545			
[illegible]*	 C 璽彙 2878			
危	 A 陶彙 5·145	 B 隨縣漆書	 B 郭店・六德 17	 E 璽彙 0119
	 E 璽彙 0122	 E 璽彙 0124	 E 璽彙 3171	 E 璽彙 3335
	 璽彙 5103	 璽彙 5104		
[illegible]*	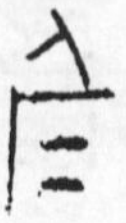 C 貨系 544			
石	 A 高奴權	 A 陶彙 5·110	 A 雲夢・效律 3	 A 文物 1988·6
	 B 隨縣 177	 B 包山 80	 B 包山 150	 B 包山 203

礜 礐 磿 磬 破 礶

B 郭店・性自 5

C 中山圓壺圈足

C 司馬成公權

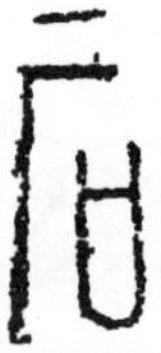
C 貨系 2441

C 璽彙 1156

璽彙 1153

D 璽彙 0266

璽彙 1162

A 官印 0061

A 考古與文物 1997.6

A 文博 1998.1

B 郭店・緇衣 44

B 包山 181

B 玉印 19

B 𪑐鐘

B 𪑐鐘

B 𪑐鐘

A 珍秦 75

B 郭店・緇衣 36

砧

B 郭店・緇衣 36

硯*

E 璽彙 4105

砠*

E 璽彙 5406

硂*

E 璽彙 2319

E 璽彙 2320

E 璽彙 2321

⿰石正*

璽彙 3532

⿰石句*

B 郭店・老甲 36

⿰石至*

B 信陽 2・8

硞*

B 包山 255

B 包山 255

B 包山 255

研*	 B 包山 207			
碨*	 B 包山 46			
⿰石束*	 B 郭店・忠信 1	 B 郭店・忠信 1	 B 郭店・忠信 2	
⿰石囂*	 B 𪔁鐘	 B 包山 143		
⿰石奉*	 B 信陽 2・8			
長	 A 長陵盉	 A □年上郡守戈	 A 陶彙 5・384	 A 雲夢・答問 208
	 B 長郵戈	 B 之利殘器	 B 隨縣 164	 B 包山 54
	 B 包山 61	 B 包山 78	 B 包山 220	 B 包山 230

	B 包山 271		B 郭店・老甲 8		B 郭店・成之 27		B 郭店・老乙 3
	C 長子盉		C 貨系 1528 長之變體。		C 璽彙 0740		C 璽彙 0744
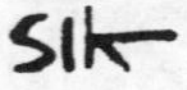	C 璽彙 0716	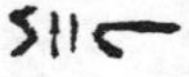	C 璽彙 0804		C 璽彙 0844		C 璽彙 0719
	D 璽彙 0874		E 璽彙 0022		E 璽彙 0745		E 璽彙 0755
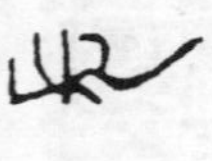	E 璽彙 0798		E 璽彙 0883		E 吉林 182	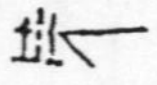	集粹

巖*

	璽彙 2054						

勿

	A 十鐘		A 雲夢・效律 1		A 石鼓文・吴人		B 鳥書箴言帶鈎
	B 包山 80		B 郭店・性自 5		B 郭店・性自 12		B 郭店・老甲 13

易

 B 郭店・成之16	 B 郭店・老甲24	 B 郭店・語叢1・2	 璽彙0295
 B 帛書乙	 C 哀成叔鼎	 C 中山王鼎	
 A 陶彙5・175	 B 鄂君啟車節	 B 正昜鼎	 B 包山2
 B 包山27	 B 之利殘器	 B 璽彙1196	 B 包山164
 B 古璽通論186	 C 中山圓壺	 C 貨系0923	 C 貨系3995
 C 璽彙2464	 D 建陽戈	 D 宋公差戈	 D 貨系2512
 D 璽彙0062	 D 璽彙0198	 D 璽彙0291	 D 陶彙3・19
 D 陶彙3・20	 D 陶彙3・315	 E 璽彙0158	 E 璽彙0188

	E 璽彙 0192	E 璽彙 0362	E 璽彙 0364	E 璽彙 1670
	E 璽彙 1675	E 璽彙 3897	E 集粹	
冄〔冉〕	A 相邦冄戈	A 集粹	A 吉大 145	B 冄鉦鍼
而	A 石鼓文・而師	A 石鼓文・吴人	A 雲夢・效律 12	B 包山 2
	B 包山 13	B 包山 15	B 包山 95	B 包山 218
	B 郭店・老甲 7	B 郭店・老甲 32	B 郭店・魯穆 1	B 郭店・尊德 19
	B 郭店・尊德 19	B 郭店・唐虞 1	B 郭店・唐虞 6	B 郭店・語叢 1・4
	B 郭店・語叢 1・31	B 郭店・語叢 1・57	B 郭店・語叢 3・12	B 郭店・語叢 3・18

耐		B 郭店・成之8		B 郭店・成之16		B 帛書甲		C 中山王鼎
		C 中山方壺	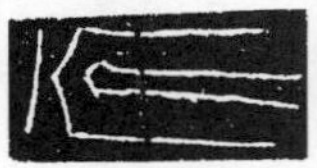	C 中山圓壺		C 侯馬		C 侯馬
	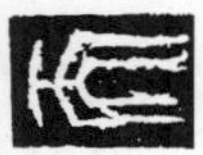	D 子禾子釜		D 陶彙 3·1022				
		A 雲夢・秦律 153						
豕		A 雲夢・日乙 158		A 石鼓文・田車		B 包山 146		B 包山 168
		B 包山 211		B 包山 227		璽彙 1218		E 璽彙 1679
	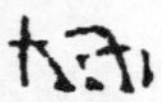	E 璽彙 1224						
豬		A 雲夢・秦律 63						

豣

 A 十鐘

 A 石鼓文·吾車

豤

 A 雲夢·秦律 74

豧

 B 隨縣 1

豢

 B 包山 206

 B 包山 210

 B 包山 214

 B 包山 248

 B 包山 227

 B 包山 203

豲

 A 龍崗 254

豨

 A 秦印

豦

 C 侯馬

⿱⺕巾	⿰豕韱*	⿰豕舌*	⿰豕善*		⿰豕昔*	⿰豕占*	⿱豕⿰豕豕*
 B 郭店·語叢 2·24	 D 璽彙 2599	 C 中山王鼎	 B 包山 257	 B 包山 250	 B 包山 202	 B 包山 187	 璽彙 1447
 B 信陽 2·3			 B 包山 257	 B 包山 200	 B 包山 204	 B 包山 207	
					 B 包山 215	 B 包山 219	
					 B 包山 244		

豪

A 雲夢·爲吏27

B 包山273

D 陶彙3·925

㕙

A 龍崗279

C 侯馬

豚

A 雲夢·日甲157反

A 故宮417

A 秦代印風76

豸

A 雲夢·日甲49反

豹

A 集粹

A 集粹

B 包山277

貙

A 雲夢·日甲71反

貔

A 十鐘

豺

A 雲夢·日甲77反

B 龍崗255

獏

B包山271
同貘。

豿

A龍崗255

豻

B隨縣11
从鼠。

B隨縣43

B包山271

貂

B隨縣10
从鼠，召省聲。

B隨縣13

貉

A雲夢·日甲77反

D陶彙3·1056

D陶彙3·1057

貍

A雲夢·日乙61

B隨縣2
从鼠。

豰*

A雲夢·日甲13反

貖*

A故宮428

𢉖〔兕〕

A 雲夢・日甲 157 反

《説文》：『古文从儿。』

易

A 陶彙 4・168

A 雲夢・效律 44

B 信陽 1・1

B 郭店・老甲 25

B 郭店・尊德 5

B 郭店・尊德 6

B 郭店・尊德 37

B 郭店・六德 25

B 郭店・語叢 1・36

B 郭店・語叢 2・23

B 郭店・語叢 2・24

C 中山王鼎

C 中山方壺

象

A 雲夢・爲吏 17

B 鄂君啟車節

B 郭店・老乙 12

B 郭店・老丙 4

C 璽彙 1455

豫

A 陶彙 5・123

B 包山 7

B 包山 52

B 包山 171

豫*

B 包山 191

B 郭店・六德 33

C 璽彙 1492

C 璽彙 1831

C 璽彙 3341

C 璽彙 1839

C 璽彙 2083

D 陳豫戈

D 璽彙 2218

E 十三年乘馬戈

B 蔡侯鎛

戰國文字編卷十

馬

 A官印0027	 A集粹	 A雲夢·效律55	 A石鼓文·吾車
 B鄂君啟舟節	 B璽彙5538	 B隨縣150	 B包山30
 B包山38	 B包山103	 B包山200	 B包山竹牘
 B郭店·窮達8	 C中山圓壺	 C中山圓壺	 C三晉120
 C三晉120	 C貨系1708	 C璽彙3828	 C侯馬
 C侯馬	 D平陽高馬里戈	 D璽彙0025	 D璽彙0026

騏　駒　馬　驚

D 璽彙 0028　D 璽彙 0064　D 陶彙 3·399　E 庚都司馬鐓

E 燕侯載簋　E 十三年乘馬戈　E 璽彙 0050　E 璽彙 0052

E 璽彙 0293

A 集粹

C 侯馬　C 侯馬

A 集粹　A 雲夢·日乙 42　C 侯馬　E 璽彙 3866

E 考古 1987.5

B 隨縣 145　B 隨縣 150

騩

A 大騩權

騮

B 隨縣 169

B 隨縣 171

騅

A 雲夢・封診 21

駱

A 珍秦 129

A 集粹

A 十鐘

騧

A 十鐘

駒

B 郭店・窮達 10

駁

B 隨縣 164

B 包山 93

B 包山 247

驐〔驁〕

A 集粹

A 集粹

A 石鼓文・鑾車

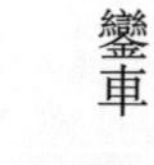
A 秦代印風 54

驕

A 秦代印風 194

A 方氏

A 雲夢・爲吏 25

驩

A 十鐘

A 秦印

駜

B 郭店・緇衣 42

驀

A 雲夢・雜抄 9

騎

C 璽彙 2512

D 璽彙 0307

E 騎傳馬節

駕

A 十鐘

A 集證 218・242

A 雲夢・雜抄 3

A 石鼓文・吾水

B 包山 38

B 包山 60

C 侯馬

C 侯馬

駢		A 珍秦 52						
驂		A 石鼓文・吾水		A 石鼓文・田車		B 隨縣 169		
駟		A 續齊		A 雲夢・秦律 179		B 隨縣 169		B 隨縣 177
		E 璽彙 1504						
篤		A 雲夢・雜抄 29						
馺		D 璽彙 3705						
馮	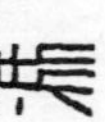	A 集粹		A 集粹		A 集粹		A 十鐘
		A 十鐘						

驅

A 石鼓文·吾車

C 侯馬

D 陶彙 3·743

E 璽彙 3226

馳

A 印典

騁

A 故宮 449

驚

A 秦代印風 76

A 雲夢木牘

駐

B 隨縣 163

騷

A 珍秦 43

A 十鐘

駘

A 璽彙 5535

A 十鐘

A 故宮 405

駔

A 十鐘

B 珍秦 66

A 集粹

A 陶彙 5·40

騶

A 陶彙 5·483

A 雲夢・雜抄 3

騰

A 十鐘

A 雲夢・語書 4

騅

A 珍秦 56

駃

A 雲夢・雜抄 27

騠

A 雲夢・雜抄 27

馳*

B 隨縣 160

同牝。

駐*

B 隨縣 197

同牡。

騷*

A 十鐘

⿰馬夭*	⿰馬六*	⿰馬占*	⿰馬匹*	駝*	⿰馬可*	⿰馬見*	⿰馬缶*
 B 隨縣 144	 B 隨縣 175	 B 隨縣 176	 B 曾姬無卹壺	 B 包山 187	 B 包山 119 或釋騎。  C 璽彙 0048  C 陶彙 6·71	 B 隨縣 147	 A 石鼓文·吾車  B 隨縣 176

⿰馬寽*		B 隨縣 166		B 隨縣 173				
⿰馬再*		B 隨縣 146						
⿰馬或*		B 隨縣 174						
⿰馬柱*		B 南越王墓虎符		B 包山 12		B 包山 132 反		B 包山 157
騍*		B 隨縣 142						
騝*		A 石鼓文・田車						
騜*		B 隨縣 203						
駽*		璽彙 5490		E 璽彙 1237				

⿰馬班*

B 隨縣 171

⿰馬甫*

B 隨縣 142

B 隨縣 158

B 隨縣 169

B 隨縣 174

⿰馬幾*

B 郭店・窮達 10

騎*

A 秦印

騹*

B 郭店・窮達 10

⿱與馬*

A 十鐘

⿰馬齊*

A 石鼓文・馬薦

驓*

B 隨縣 183

騹*

B 隨縣171

驪*

B 隨縣166

麃

B 郭店·語叢4·9

B 郭店·成之9

璽彙2743

薦

A 石鼓文·馬薦

D 陳侯因資敦

灋〔法〕

A 商鞅方升

A 官印0036

A 秦玉版

A 雲夢·效律35

B 包山18

B 包山145

B 郭店·老甲23

B 郭店·老甲31

B 郭店·緇衣9

B 郭店·六德2

B 郭店·六德44

C 中山方壺

C 璽彙0500

摝*		B 郭店・成之35						
麀		A 石鼓文・吴人		B 包山179		B 包山190		B 包山246
		D 陶彙3・153		D 陶彙3・523		D 陶彙3・713		
麛		C 璽彙3373						
麔		麔屆節						
麋		A 石鼓文・田車		A 雲夢・答問81		B 璽彙0360		D 山東159
		D 璽彙3519		D 璽彙3693				
麃		A 雲夢・語書12		B 包山265				

麗

A 陶彙5·193

A 秦陶1467

A 秦陶1478

A 雲夢·日乙200

B 隨縣193

D 陳麗子戈

鹿

A 石鼓文·吾車

A 石鼓文·田車

麢*

B 隨縣170

B 隨縣170

B 隨縣155

毚

A 雲夢·答問12

㲋*

A 十鐘

A 石鼓文·汧殹

兔

A 石鼓文·田車

璽彙3072

逸

C 中山圓壺

C 璽彙0304

C 璽彙1616

C 璽彙2620

犬

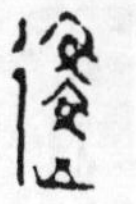
C 璽彙 2622

A 十鐘

A 雲夢・秦律 7

B 隨縣 170

B 包山 6

B 包山 62

B 包山 219

C 貨系 109

C 侯馬

D 陶彙 3・65

E 香續 102

E 考古 1989.4

狗

A 官印 0011

A 十鐘

A 雲夢・日甲 48 反

B 包山 176

B 郭店・語叢 4・2

C 璽彙 1158

璽彙 0639

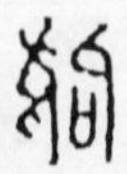
E 璽彙 3496

獀

A 珍秦 90

尨

璽彙 0407

璽彙 2848

集粹

璽彙 1526

狀	⿰犭斤	⿰犭翏	獿	狊	猗	狂	狡
 A 商鞅方升	 C 璽彙 2518	 A 璽彙 5524	 A 珍秦 87	 A 秦印	 C 璽彙 0826	 C 璽彙 1016	 A 雲夢・答問 189
 A 珍秦 88	 C 璽彙 2519	 A 中國古文字研究			 C 璽彙 2522	 C 璽彙 2043	
 A 津藝 80	 E 璽彙 2520					 C 璽彙 2971	
 A 集粹	 E 璽彙 2521						

	 A 吉大133	 A 十鐘	 A 雲夢·答問162	 A 集證223·280
	 A 陶彙5·394	 璽彙3128		
狃	 A 璽彙2526			
犯	 A 吉大146	 A 文博1998.1	 A 雲夢·日乙142	
猛	 B 郭店·老甲33	 C 璽彙0918	 C 吉大48	 C 璽彙1579
犺	 A 雲夢·日甲55			
戾	 A 雲夢·爲吏3			
獨	 A 故宮433	 A 雲夢·秦律25		

獯 獵 臭 獲 獻

獯

A 湖南 76

獵

A 雲夢・雜抄 27

C 中山圓壺

臭

A 雲夢・日甲 82

B 郭店・語叢 1·47

獲

A 秦代印風 86

A 雲夢・日乙 19

A 考古與文物 2000.1

獻

A 上造但車軎

A 十鐘

A 珍秦 159

A 雲夢・日甲 112

B 包山 147

C 璽彙 3088

C 璽彙 2749

C 侯馬

C 侯馬

D 陳曼固

D 十四年陳侯午敦

E 九年將軍張戈

E 璽彙 2746

豣

A 十鐘

獟

璽彙 1095

狂

B 包山 22

B 郭店・語叢 2・3

C 璽彙 0827

C 璽彙 0829

C 璽彙 1012

類

A 鐵續

A 秦代印風 94

A 雲夢・封診 80

狄

D 陶彙 3・759

璽彙 0836

玃

A 雲夢・日甲 73 反

猷

A 石鼓文・作原

A 雲夢・答問 115

B 郭店・老甲 8

B 郭店・語叢 3・1

狐　狼

B 郭店·老丙 2	B 郭店·成之 27	C 中山王鼎	C 璽彙 1089
C 璽彙 1827	C 璽彙 1993	C 璽彙 3143	D 陳純釜
璽彙 3659			
A 集粹	A 集粹	A 龍崗 255	
A 珍秦 62	A 秦代印風 206	A 十鐘	A 十鐘
A 璽彙 0646	B 隨縣 36	B 隨縣 46	B 包山 164
B 包山 259	C 陽狐戈	C 集粹	C 璽彙 3986
C 璽彙 3987	C 香續 115		

狷

 C 璽彙 1645

 C 璽彙 2362

犳*

 C 璽彙 1015

 C 璽彙 5588

犴*

 E 璽彙 3354

⿱夭犬*

 B 郭店・六德 24

 B 郭店・六德 36

⿰犭屯*

 C 陶彙 6・151

⿰犭寽*

 C 侯馬

⿰犭戈*

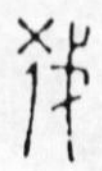 璽彙 0799

⿰犭乍*

 B 郭店・性自 47

⿰甚犬*

C 中山王鼎

⿰犭匠*

A 故宫 473

A 秦代印風 69

⿰犭豆*

D 陶彙 3·948

狢*

C 璽彙 2524

⿰犭耳*

C 九年鄭令矛

⿰犭酉*

C 璽彙 2048

⿰犭台*

C 陶彙 6·186

⿰犭田*

C 中山圓壺

狂*

C中山圓壺

㹀*

C中山王鼎

猤*

A十鐘

狷*

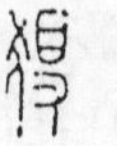
C集粹

猶

陶彙9·11

猲*

C璽彙1014

C璽彙1179

C璽彙2860

C璽彙2938

E璽彙2510

E璽彙2517

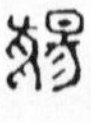
E璽彙3452

犒*

B隨縣58

⿰犭烏*

A 集粹

獏*

C 璽彙 1309
同貘。

C 璽彙 3817

C 璽彙 2872

璽彙 1309

⿱𦥑犬*

B 包山 202

C 中山方壺

⿰犭翟*

B 隨縣 143

猭*

B 隨縣 61

⿸虍犬*

C 璽彙 1738

獻*

B 包山 105

犽*

C 虒令鼎

獄

A 集粹

B 包山 84 反

B 包山 131

鼠

A 雲夢・答問 152

B 帛書乙

⿰鼠各

B 包山 87

B 包山 227

⿰鼠勺

B 包山 277

B 包山 268

鼦*

B 隨縣 5
同貂。

B 隨縣 8

B 隨縣 10

鼾*

B 隨縣 11
同豻。

B 包山 271

⿰鼠系*

A 雲夢・答問 152

B 包山 91

⿰鼠予*

B 包山 85

B 包山 162

B 包山 180

⿰鼠瓜*

B包山259

⿰鼠里*

B隨縣2

同貍。

B包山165

⿰鼠朿*

B隨縣49

⿰鼠胃*

B包山42

⿰鼠乚*

C中山方壺

⿰鼠高*

B隨縣4

⿰鼠莫*

B包山271

⿰鼠賣*

B包山273

能

A 秦玉版
A 雲夢·效律 44
B 信陽 1·18
B 包山 156

B 郭店·老甲 3
B 郭店·老甲 18
B 郭店·唐虞 19
B 郭店·唐虞 21

B 郭店·五行 9
B 郭店·五行 10
B 郭店·尊德 11
B 郭店·語叢 1·53

B 郭店·語叢 3·13
B 郭店·語叢 3·19
B 郭店·老乙 9
C 中山圓壺

C 哀成叔鼎

熊

A 十鐘
A 詛楚文
B 羕陵公戈

火

A 雲夢·答問 159
B 九店 56·39
B 帛書丙
璽彙 3364

E 貨系 3393

燬	 B 帛書丙			
然	 A 雲夢・效律 54	 B 郭店・老乙 15	 B 郭店・太一 3	 B 郭店・太一 4
	 C 中山王鼎			
燔	 A 新郪虎符	 A 雲夢・答問 159		
⿰火虎	 B 包山 186			
烰	 A 雲夢・日甲 51 反			
焛	 C 十一年閔令矛	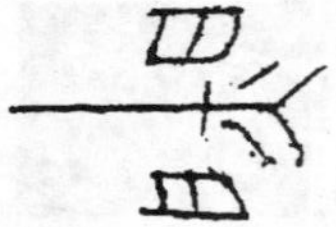 C 貨系 1467	 C 貨系 1483	 C 貨系 4065
	 C 璽彙 2655	 C 璽彙 2656	 C 璽彙 2657	 C 侯馬

羨

C 侯馬

B 王孫誥鐘

B 冉鉦鉞

㒵

A 石鼓文·吾車

炊

A 故宮 441

熬

B 包山 257
从囂聲。

B 包山 257

尉〔尉〕

B 官印 0075

A 集粹

A 秦印

A 雲夢·秦律 159

燭

B 包山 163

爂

A 雲夢·日甲 80 反

焦

A 十鐘

A 珍秦 44

A 上博 34

E 璽彙 3153

煙

C 哀成叔鼎

熅

B 隨縣 98

煌

B 黝鐘

光

A 故宮 424

B 包山 207

B 包山 220

B 包山 277

B 郭店・老甲 27

C 中山王鼎

熱

A 雲夢・日乙 20

炅

璽彙 1978

威

A 詛楚文

B 信陽 2·3

D 子禾子釜

蕢

A 集粹

爐*

璽彙 2208

D 璽彙 3561

D 璽彙 3665

發*

B 包山 257

焚*

B 鄂君啟車節

B 隨縣 212

焐*

D 陶彙 3·628

D 陶彙 3·632

D 陶彙 3·637

㚇*

璽彙 2995

焜*

璽彙 3218

煨*	 璽彙 2092	
煬*	 B 郭店・六德 36	 C 中山方壺
⿰火朱*	 B 隨縣 11	
⿱穴焦*	 B 望山 1·139 同竈。	
炎	 A 雲夢・答問 179	
餤	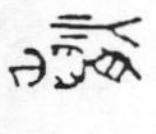 C 璽彙 1423	 C 璽彙 2739 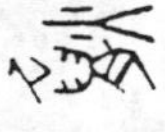 C 璽彙 3761
⿰火⿱卒又	 璽彙 3286	
⿱炎毛*	 B 包山 269	

[illegible]*

B 包山 265

黑

A 十鐘

A 雲夢・封診 23

B 隨縣 174

C 璽彙 0737

[illegible]

C 璽彙 2842

D 璽彙 3934

E 陶彙 4・8

E 燕下都 165・2

[illegible]

A 故宮 450

黠

A 集粹

黔

A 商鞅方升

A 陶彙 5・389

A 陶彙 5・398

黕

A 十鐘

黨

A 集粹

B 郭店・尊德 17

C 上黨武庫戈

黥

A 雲夢·答問78

黬

A 十鐘

B 黬鐘

C 侯馬

⿰黑彡

金符34

A 秦代印風170

⿰黑弗*

D 陶彙3·297

D 陶彙3·296

恖

A 雲夢·日甲158反

璽彙1108

⿰亻楚屖鼎

熒

陶彙6·57

炙

A 雲夢·日甲21反

璽彙1516

璽彙5303

赤

A 雲夢·日乙170

B 信陽2·5

B 包山168

B 包山272

大

B 包山 276

B 郭店・老甲 33

B 帛書甲

C 三晉 144 頁

C 璽彙 1098

C 璽彙 2986

D 陶彙 3・822

璽彙 0892

璽彙 2624

璽彙 3226

A 陶彙 5・384

A 陶彙 5・319

A 陶彙 5・321

A 雲夢・秦律 17

A 青川木牘

B 曾侯乙鐘

B 隨縣鐘架

B 隨縣鐘架

B 鄂君啟舟節

B 東陵鼎

B 大府敦

B 太后鼎

B 隨縣 146

B 包山 2

B 包山 154

B 包山 157

B 郭店・老丙 4

B 郭店・太一 6

B 文物 1988.2

C 中山方壺

	 C 大攻尹鈹	 C 陶彙6·219	 D 陳逆簠	 D 貨系2505
	 D 貨系3793	 D 陶彙3·87	 D 陶彙3·91	 D 陶彙3·95
	 D 陶彙3·620	 E 十三年乘馬戈	 E 璽彙0022	
奎	 A 集粹	 A 雲夢·日甲152		
夾	 A 雲夢·日甲151			
奄	 A 雲夢·秦律181			
夸	 A 集粹	 A 集粹	 A 集粹	 A 故宫420
	 A 十鐘	 A 陶彙5·33	 A 陶彙5·34	

契

A 雲夢・日甲 35 反

夷

A 官印 0031

A 雲夢・日甲 67

B 包山 65

B 包山 124

C 侯馬

C 侯馬

C 温縣

E 璽彙 3901

⿰夷鼻*

B 包山 58

⿰夷曷*

B 包山 88

亦

A 雲夢・秦律 1

B 郭店・老甲 20

B 郭店・老甲 20

B 郭店・太一 11

夾

C 哀成叔鼎

集粹

A 陶彙 6・55

臭

A 鐵續

吴

A 珍秦 92

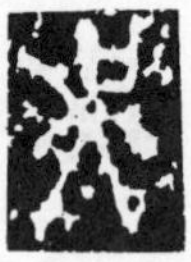
A 石鼓文・吳人

B 隨縣 138

B 包山 98

B 包山 174

B 郭店・唐虞 1

B 郭店・唐虞 13

B 璽彙 1183

C 中山王鼎

C 貨系 0373

C 璽彙 1166

C 璽彙 1173

C 璽彙 1181

D 璽彙 1185

夭

B 郭店・唐虞 11

B 帛書乙

璽彙 0911

璽彙 1965

璽彙 3774

喬

B 酓忎鼎

B 酓忎鼎

B 包山 49

B 包山 141

B郭店・老甲7

C中山王鼎

C侯馬

C侯馬

C侯馬

C侯馬

D璽彙0246

E津藝14

E璽彙1227

E璽彙1225

E璽彙1237

E璽彙1240

E璽彙1248

奔

A石鼓文・田車

A石鼓文・霝雨

A雲夢・答問132

B包山6

C中山王鼎

D璽彙3693

交

A雲夢・答問74

B璽彙0310

B包山146

B郭店・魯穆6

B郭店・尊德29

B郭店・語叢3・34

B郭店・性自10

B郭店・語叢1・42

壺

璽彙0669

A珍秦63

A雲夢·秦律13

B曾姬無卹壺

C盛季壺

C中山方壺

C令瓜君壺

C東周左官壺

D公孫竈壺

D陳喜壺

E重金壺

壹

A商鞅方升

A陶彙5·395

A陶彙5·384

A詛楚文

懿

D禾簋

幸

C中山方壺

E燕王戎人矛

睪

B曾侯乙鐘

B無睪鼎

B包山218

執

B包山259

B郭店·語叢1·87

B郭店·語叢3·38

C中山方壺

C璽彙1065

C璽彙1858

D璽彙0098

A石鼓文·田車

A雲夢·答問102

B隨縣1

B包山188

B包山122

B包山143

B包山224

B郭店·老丙11

B郭店·老甲10

B郭店·緇衣18

C侯馬

C侯馬

C六年𨚵相鈹

圉

A十鐘

盩

A石鼓文·作原

夫 耎 皋 奏 莽 亢 奢 報

報

A 雲夢·秦律 184

奢

A 十鐘

A 陶彙 5·88

A 詛楚文

亢

A 雲夢·日乙 97

莽

A 石鼓文·鑾車

奏

A 雲夢·語書 13

皋

A 雲夢·日甲 13 反

耎

A 雲夢·封診 57

夫

A 陶彙 5·87

B 曾姬無卹壺

B 君夫人鼎

B 包山 4

夫

B包山142　B郭店·老甲13　B郭店·六德34　B郭店·忠信4

B郭店·性自46　B郭店·成之13　C中山方壺　C十一年庫嗇夫鼎

C璽彙0110　C璽彙0112　D子禾子釜

規

A十鐘

[害夫]*

B王子午鼎　B包山75　B包山165　B包山169

B包山173　B包山177

立

A陶彙5·398　A雲夢·日乙237　B鄦陵君豆　B包山202

B郭店·成之7　B郭店·緇衣3　B郭店·緇衣12　C中山方壺

字頭	字形及出處
	 D 公孫竈壺　 D 璽彙 0289　 D 貨系 2655　 D 陶彙 3·37
	 D 陶彙 3·30　 璽彙 4247　 E 貨系 3689
端	 A 集粹　 A 雲夢・答問 36　 B 隨縣 176
竘	 D 璽彙 0037　 D 璽彙 0039　 D 封成 2
竭	 A 璽彙 0182　 A 陶彙 5·61
䇌	 C 單䇌討戈
⿰立攴*	 璽彙 3426
⿰爿立*	 A 集粹

⿰立召*

璽彙 1535

⿰立止*

C 中山圓壺

⿰立亘*

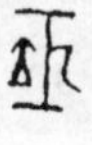
璽彙 1763

璽彙 3138

⿰立需*

C 五年鄭令戈

⿰立月*

A 石鼓文·汧殹

⿰立皮*

B 包山 188

C 璽彙 0522

⿰立失*

璽彙 1163

竘*

D 陳侯因資敦

⿰立巠*	⿰立沓*	⿰立俞*	竳*	⿱立豆*	⿰立奇*	⿱尚立*	⿰立長*
D 陶彙 3·1364	C 吉林 181	C 十一年庫嗇夫鼎	C 中山王鼎	C 璽彙 2976	A 雲夢·日甲 13 反	B 貨系 4183	C 中山王鼎
D 陶彙 3·1366	C 璽彙 3124	C 五年龔令戈		C 璽彙 3766	C 璽彙 2369	B 貨系 4184	C 三晉 127
D 陶彙 3·1367		C 卅三年鄴令戈				B 郭店·老甲 10	C 行氣玉銘
							D 貨系 2575

⿰立生*

 E 璽彙 0003　 E 璽彙 0301　 E 璽彙 3362

 E 璽彙 0058　 E 璽彙 0186　 E 陶彙 4·151

⿰立真*

 C 中山圓壺圈足

⿰立重*

 C 中山王鼎

⿰立申*

 C 璽彙 2076　 C 璽彙 2574

同坤。

⿰立正*

 C 璽彙 2085

⿰立它*

 璽彙 0625　 璽彙 2259

⿰立勻*

 C 璽彙 1129

同均。

竘*

C 璽彙1964

C 璽彙3019

竧*

C 璽彙1482

竨*

C 璽彙2873

䇌*

C 中山方壺

竦*

C 温縣

䇖*

B 包山205

𥪰*

C 侯馬

䲕*

C 集粹

⿰立喬*

C 侯馬

集粹

⿰立暴*

D 陳⿰立暴鐘

D 陳⿰立暴鐘

並〔竝〕

B 次並果戈

B 包山 153

B 郭店・唐虞 15

C 中山方壺

替

C 中山王鼎

囟

B 郭店・太一 12

B 隨縣 116

C 貨系 0282

思

A 珍秦 188

A 十鐘

A 璽彙 4879

B 帛書甲

B 包山 198

B 郭店・魯穆 1

B 郭店・窮達 8

B 郭店・語叢 3・48

C 五年龏令戈

C 璽彙 1895

C 璽彙 2422

E 璽彙 4101

慮

 A 雲夢・爲吏21
 B 郭店・緇衣33
 B 郭店・性自48
 B 郭店・性自62

 B 郭店・語叢2・10
 C 中山王鼎
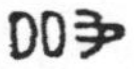 C 璽彙3212
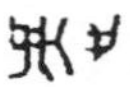 E 璽彙3447

 D 陶彙3・913

心

 A 十鐘
 A 雲夢・日甲36反
 B 包山247
 B 郭店・緇衣8

 郭店・五行10
 B 郭店・五行10
 B 郭店・語叢3・15
 B 璽彙4501

 C 中山方壺
 D 陶彙3・620
 E 陶彙4・33

息

 A 珍秦110
 A 集粹
 C 中山方壺
 C 六年卭相鈹

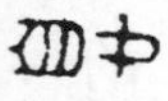 C 璽彙0685
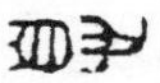 C 璽彙1578
 E 燕下都239・10

情

A 秦玉版
B 郭店・語叢 1·31
B 郭店・語叢 2·1
B 郭店・緇衣 3
B 郭店・性自 28
B 郭店・性自 29

志

A 十鐘
A 青川陶釜
A 雲夢・日甲 3
C 包山 182
B 郭店・老甲 8
B 郭店・語叢 1·48
B 九店 56·27
C 中山方壺

意

C 璽彙 0070
璽彙 4334
璽彙 4519
A 十鐘
A 雲夢・封診 82

悳〔德〕

B 包山 169
B 包山 232
B 郭店・成之 6
B 郭店・語叢 1·24
B 郭店・老甲 33
B 郭店・老乙 11
B 郭店・語叢 3·26
B 郭店・語叢 3·50

忠　慎　應

B 郭店・語叢3·54

C 中山王鼎

C 中山方壺

C 令瓜君壺

C 侯馬

D 陳侯因資敦

A 十鐘

A 雲夢・日甲34反

A 珍秦183

A 雲夢・爲吏50

B 郭店・語叢1·46

D 邾公華鐘

A 珍秦190

A 十鐘

A 雲夢・語書6

B 郭店・魯穆1

B 郭店・魯穆2

B 郭店・尊德4

B 郭店・尊德20

B 郭店・緇衣20

B 郭店・忠信1

B 郭店・忠信1

B 郭店・唐虞9

B 璽彙2557

C 中山方壺

璽彙4504

愨	A 雲夢・語書 9			
快	A 珍秦 74	A 秦印	B 包山 82	B 包山 169
	B 郭店・性自 12	B 郭店・尊德 35		
念	A 十鐘	B 者沪鐘	B 郭店・成之 2	B 郭店・語叢 2・13
	C 中山王鼎			
憲	A 十鐘	C 六年陽城令戈		
戁	B 郭店・老丙 13	B 郭店・六德 49	B 郭店・老甲 16	
忻	B 璽彙 2197	B 包山 91	B 郭店・性自 32	C 璽彙 0383

惇

C 璽彙2011

璽彙2321

璽彙2322

D 陶彙3·982

B 郭店·窮達15

慧

A 珍秦130

A 集粹

悊

C 璽彙4934

C 陶彙6·170

璽彙4938

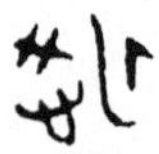
璽彙4945

璽彙4959

璽彙4969

璽彙4307

璽彙4313

璽彙4324

該字也隶定爲『⿱近心』，讀作『慎』。

恬

A 吉大142

恢

A 上郡守戈

A 秦印

恭	慜	恕	怡	慈	恩	慭	慶
 B帛書乙	 C中山方壺	 B郭店·語叢2·26	 D陶彙3·73	 B郭店·老甲30	 B郭店·五行13	 B包山15反	 A卅八年上郡守戈
 璽彙3658		 C中山圓壺		 B郭店·緇衣25	 B郭店·五行32	 B包山172	 A珍秦49
 璽彙5389				 C中山方壺			 A珍秦165
							 A集粹

懷　惟　恂　愻

A 雲夢・封診 84

D 陳侯因資敦

B 郭店・尊德 21

D 陶彙 3・1052

D 陶彙 3・1053

D 陶彙 3・1054

B 郭店・緇衣 26

D 璽彙 0236

D 璽彙 1146

D 璽彙 1269

D 璽彙 3427

C 五年龔令戈

C 璽彙 1489

C 璽彙 2955

C 璽彙 3071

B 包山 169

B 包山 179

B 郭店・緇衣 13

B 郭店・六德 11

A 陶彙 5・154

A 雲夢・日甲 34

B 璽彙 2257

B 包山 136

懼

A 雲夢·爲吏 7

B 九店 621·13

B 玉印 26

C 中山王鼎

D 陶彙 3·234

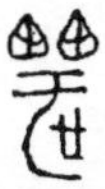
E 璽彙 2813

E 璽彙 3413

恃

B 郭店·語叢 1·38

C 侯馬

恁

B 包山 207

B 包山 236

B 包山 239

B 郭店·老甲 36

B 郭店·緇衣 25

B 郭店·成之 20

郭店·唐虞 6

B 郭店·唐虞 8

B 郭店·尊德 26

B 郭店·尊德 33

B 郭店·五行 13

B 郭店·語叢 1·92

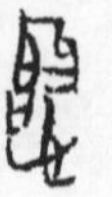
B 郭店·語叢 3·8

B 郭店·語叢 3·35

C 中山方壺

C 中山圓壺

C 璽彙 4655

D 書法 1989.1

忞

璽彙 2325

慔

D 陳侯因資敦

懋

B 郭店・性自 47

悚

C 璽彙 3374

C 侯馬

悤

B 郭店・成之 39

B 郭店・語叢 2・42

D 陶彙 3・532

慆

B 郭店・性自 34

愿

B 包山 138 反

B 郭店・尊德 34

B 郭店・緇衣 10

B 郭店・緇衣 22

恤

C 侯馬

忏〔忎〕

B 會忎鼎

B 會忎鼎

陶彙9·24

懽

B 郭店·性自52

B 郭店·尊德16

B 郭店·尊德32

B 郭店·緇衣24

D 陳逆簠

恝

B 沇兒鐘

D 邾公華鐘

⿱毳心

C 侯馬

急

A 雲夢·秦律54

⿰忄亟

C 温縣

C 侯馬

C 侯馬

⿰忄巠

B 郭店·尊德34

恁

- B 王孫遺者鐘
- 璽彙 2561

悆

- B 包山 5
- C 陶彙 6·66
- D 陶彙 3·991

忒

- C 侯馬

愚

- C 中山王鼎

愉

- B 郭店・老乙 11
- B 郭店・窮達 13
- 璽彙 3403

悍

- A 吉大 127
- A 珍秦 123
- A 集粹

怪

- A 雲夢・答問 69

怠

- B 郭店・語叢 1·67
- B 郭店・老甲 36
- C 中山方壺
- C 璽彙 2899

惰

A 集粹

忿

E 璽彙 1289

忽

C 中山王鼎

忘

A 雲夢・爲吏 23

B 郭店・尊德 14

B 郭店・語叢 2・16

C 中山方壺

C 中山圓壺

D 十四年陳侯午敦

悝

A 印典

悅

E 三晉 130

E 璽彙 0014

E 璽彙 0052

E 璽彙 0329

E 璽彙 3919

忌	A 珍秦109　A 集粹　A 雲夢・日甲151反　B 郭店・太一・7
惛	B 郭店・性自64
	B 湖南20　C 中山王鼎
惑	B 包山57　B 包山138　B 郭店・魯穆4　B 郭店・語叢4・13
	集粹
	C 侯馬　C 侯馬　C 侯馬　C 侯馬
愆〔諐〕	B 客豊鼎　B 包山85　C 廿四年晉戈　C 侯馬
忨	C 中山方壺

B 郭店・尊德 1

C 璽彙 0855

C 璽彙 0974

C 璽彙 2506

D 璽彙 1146

D 璽彙 1269

忿

A 陶彙 5・10

A 雲夢・爲吏 11

B 郭店・尊德 1

悁

A 集粹

A 陶彙 5・273

A 陶彙 5・349

恚

A 陶彙 5・1

B 沈□玉圭

怨

A 雲夢・爲吏 25

怒

A 雲夢・爲吏 42

B 郭店・性自 2

B 郭店・老甲 34

慍

B 郭店・性自 34

B 郭店・語叢 2・7

B 郭店・語叢 2・30

惡	 A 雲夢・秦律 65	 B 郭店・語叢 2・25	 B 郭店・語叢 2・25	 B 璽彙 2068
忍	 D 陶彙 3・1010	 D 陶彙 3・1015	 D 陶彙 3・1016	
悔	 A 璽彙 5705	 A 雲夢・爲吏 41	 B 鳥書箴言帶鈎	 C 侯馬
愷	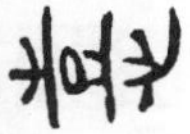 A 雲夢・日乙 221	 B 包山 7	 B 包山 198	 B 包山 200
	 B 包山 211	 B 郭店・語叢 1・45	 C 宜陽戈	
快	 C 兆域圖			
悶	 C 璽彙 2012			
愴	 B 包山 68	 B 包山 143	 B 包山 144	

悲

A 秦印

B 郭店·性自 31

B 郭店·語叢 2·29

B 郭店·老丙 10

璽彙 5451

璽彙 5452

惻

B 包山 207

B 包山 220

B 郭店·老甲 1

B 郭店·老甲 31

B 郭店·語叢 2·27

B 郭店·語叢 2·43

B 帛書乙

感

A 十鐘

忧

B 郭店·六德 16

恙

A 雲夢·日甲 59 反

惴

A 十鐘

怲

B 包山 146

惙

B 郭店・五行 10

慁

C 侯馬

惐

B 郭店・性自 30

B 郭店・性自 34

悳

A 雲夢・日甲 81 反

B 郭店・老乙 4

B 郭店・語叢 2・7

B 郭店・老甲 34

B 郭店・五行 9

B 郭店・五行 12

B 郭店・唐虞 16

C 中山王鼎

患

C 中山圓壺

B 郭店・老乙 5

B 郭店・老乙 7

B 郭店・性自 42

㥦

D 陶彙3·1319

憚

C 中山王鼎

恐

A 雲夢·答問51

B 九店621·13

C 中山王鼎

惕

A 雲夢·爲吏37 从狄聲。

B 包山138

B 包山157

B 包山163

B 郭店·老甲14

B 郭店·老甲16

C 趙孟庎壺

C 侯馬

惎

B 郭店·語叢2·26

B 郭店·語叢4·13

B 郭店·忠信1

D 璽彙1247

D 璽彙3662

D 陶彙3·274

璽彙5289

耻

B 郭店·緇衣28

B 郭店·語叢2·3

B 郭店·語叢2·4

恧

B 郭店・語叢2·17

怍

B 曾侯乙方鑒

B 鳥書箴言帶鈎

憐

A 石鼓文・吳人

B 郭店・性自59

忍

B 雲夢・爲吏36

B 郭店・語叢2·51

C 中山方壺

懲

璽彙2984

懌

B 玉印28

B 包山82

B 包山168

B 郭店・老甲9

忘*

B 郭店・成之36

D 陶彙3·1042

B 郭店・唐虞7

⿰忄丩*

 璽彙0326

⿱川心*

 B 郭店・緇衣12 同順。

 C 中山王鼎

 D 璽彙1472

⿱丆心*

 B 禽忎鼎

 B 埜秦匕

 B 璽彙5567

 B 璽彙1555

忐*

 D 古璽通論54

⿱木心*

 B 郭店・太一10

 B 郭店・尊德25

⿱大心*

 璽彙2424

 璽彙2890

 A 陶彙5・460

⿱伀心*

 B 郭店・太一12

 B 郭店・性自49

 B 郭店・性自50

 B 郭店・性自55

 B 郭店・老丙4

⿱厄心*	 B 郭店・窮達 15			
悒*	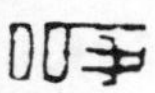 璽彙 0694	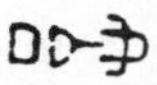 璽彙 0695		
忤*	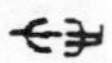 璽彙 2461			
思*	 A 雲夢・日甲 79 反			
⿱医心*	 A 秦代印風 211			
悆*	 B 包山 141	 B 包山 180	 B 郭店・老甲 11	 B 郭店・老甲 17
⿱毋心*	 B 郭店・老甲 25 同謀。	 B 郭店・語叢 2・38	 B 郭店・尊德 16	
⿱巨心*	 D 陶彙 3・978	 D 陶彙 3・979		

岳*

B包山93

B仰天1

D陶彙3·100

恙*

C三年□令戈

窓*

A雲夢·日乙2

悍*

悍矢形器

悍距末

悍距末

㤚*

D陶彙3·356

D陶彙3·432

㤞*

B郭店·太一11

B郭店·緇衣21

㤥*

B郭店·尊德31

同哀。

B郭店·語叢2·31

B包山111

C兆域圖

息*

B郭店·尊德20

同信。

B郭店·語叢3·35

璽彙3700

怵*		B 包山 95				
悈*		B 包山 90		B 包山 171		B 郭店・語叢 1·99
悤*		璽彙 2677				
悹*		集粹				
悾*		C 侯馬				
悆*		B 郭店・語叢 2·13		B 郭店・語叢 2·17		
悹*		B 包山 141		B 包山 168		B 玉印 27
悜*		B 包山 110				

[illegible]*	B 鄂君啟車節	B 璽彙2555	B 包山226	B 包山228
	B 包山230	B 包山267		
恿*	A 雲夢・日乙245 同勇。	B 郭店・尊德33	B 郭店・性自63	
[illegible]*	B 郭店・緇衣31			
悡*	B 郭店・語叢2・4	B 郭店・語叢2・4		
[illegible]*	B 郭店・緇衣2	B 郭店・語叢1・76	B 郭店・語叢1・93	B 郭店・語叢3・24
	B 郭店・語叢3・35	B 郭店・語叢3・36		
悆*	B 郭店・成之11	B 郭店・語叢2・36		

㥼*	悳*	㤲*	𢚬*	悟*	惰*	𢟍*	惁*
 B 郭店·語叢 2·43  璽彙 0686  璽彙 2590	 B 包山 198	 B 包山 197	 B 包山 191  B 包山 47  B 郭店·尊德 16	 B 郭店·語叢 2·11	 B 郭店·成之 2  B 郭店·成之 31  B 郭店·緇衣 23	 陶彙 9·107	 璽彙 3794

字頭	字形及出處			
⿰忄受*	 E 燕王喜矛	 E 燕王喜矛	 E 璽彙 2216	
陸*	 C 香續 7			
悕*	 B 中山王鼎	 璽彙 1426		
恋*	 C 璽彙 0690	 C 璽彙 2670	 璽彙 2673	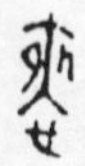 C 璽彙 2674
⿰忄冒*	 C 璽彙 1749	 C 璽彙 4085		
⿱帝心*	 璽彙 2768			
⿱奎心*	 D 璽彙 0589	 D 璽彙 3634		
⿱斿心*	 D 璽彙 0578			

恞*

 D 璽彙 3538

 D 陶彙 3·479

𢜩*

 D 陶彙 3·154

 D 陶彙 3·194

𢘫*

 C 侯馬

㥶*

 D 陶彙 3·1045

㤕*

 B 包山 20

 B 郭店・老甲 1

 B 郭店・性自 65

愋*

 B 包山 182

𢛔*

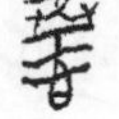 B 郭店・緇衣 8

𢤱*

 B 郭店・語叢 1·12

惝*

B包山249

髓*

B包山226

B包山228

B包山230

B包山232

惎*

B郭店·語叢1·46

訵*

B包山217

褰*

B郭店·窮達10

憨*

A十鐘

㦓*

C陵陰令戈

彊*

B包山278反

C侯馬

憲*

B郭店·尊德23　B郭店·尊德38

㦥*

B郭店·尊德24

㤜*

B郭店·成之4

慮*

B郭店·老甲1
同怚。

憏*

B郭店·語叢1·84　B郭店·語叢1·85　B郭店·語叢1·85

慬*

B郭店·窮達2　B郭店·窮達3

綛*

B郭店·五行12

寭*

C中山圓壺

慹*	㦸*	憢*	濕*	戀*	𡫸*	慪*	憍*
B 𨚕鐘	D 陶彙 3·41	D 陶彙 3·150	璽彙 3518	C 璽彙 0386 C 璽彙 2676	B 郭店·尊德 34	B 包山 87	A 珍秦 41 B 包山 143

蔥*

B 郭店·語叢3·15

[illegible]*

B 郭店·六德16

[illegible]*

B 郭店·緇衣23

B 郭店·緇衣23

[illegible]*

C 中山王鼎

[illegible]*

C 中山王鼎

C 中山方壺

[illegible]*

B 包山191

[illegible]*

B 王孫誥鐘

[illegible]節

[illegible]*

C 璽彙3183

C 吉大45

⿱竹⿱目心*

璽彙 2677

圜*

C 兆域圖

彊*

B 郭店·語叢 2·34

璽彙 0657

璽彙 3598

D 璽彙 3667

⿰忄樂*

璽彙 0971

璽彙 1386

璽彙 2595

懷*

B 包山 119 反

⿱雨心*

B 郭店·語叢 1·34

D 璽彙 2330

懸*

璽彙 5307

⿱龍心*

B 郭店·老乙 5

B 郭店·老乙 6

⿰忄奮*

B 郭店·性自 46

⿱頁心*

璽彙 2678

⿱競心*

B 包山 95

B 包山 95

⿰忄觀*

B 包山 259

⿰酉憙*

B 璽彙 2096

⿰亻⿱厤心*

B 包山 117

⿱蟲心*〔惑〕

B 包山 106

恀*

B 之利殘器

宓*	懶*	惌*	惝*	縈			
 璽彙 2154	 璽彙 1319	 A 雲夢・日乙 14 《説文》宛之或體从心。	 A 雲夢・日甲 36 反	 A 十鐘			

戰國文字編卷十一

水

A 十鐘

A 石鼓文・霝雨

A 陶彙 5・247

A 陶彙 5・249

A 陶彙 5・384

A 雲夢・答問 121

B 包山 215

B 包山 237

B 包山 248

B 郭店・尊德 7

B 郭店・太一 1

B 古璽通論 186

C 魚顛匕

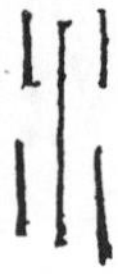
C 貨系 1519

C 山東 2

D 陶彙 3・411

D 齊幣 444

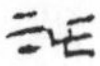
E 璽彙 1598

河

A 雲夢・秦律 7

B 郭店・窮達 3

C 璽彙 0124

D 陶彙 3・856

江

D 陶彙3·855

A 故宮423

A 故宮423

A 十鐘

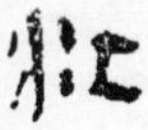
A 雲夢·語書8

B 鄂君啟舟節

B 郭店·老甲2

B 璽彙0101

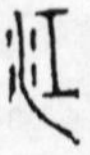
璽彙2590

沱

A 官印0003

A 雲夢·爲吏34

B 包山170

B 郭店·五行17

C 趙孟庎壺

C 璽彙1086

C 璽彙1774

C 陶彙6·118

浙

A 上博29

湔

C 璽彙2136

C 貨系2464

温

A 集粹

A 集粹

沮

A十鐘

A集粹

涂

B徐郊尹鼎

沅

B鄂君啟舟節

B長沙木烙印

溺

B包山 7

B包山 172

B包山 177

B包山 246

涇

B郭店·老甲 8

B郭店·老甲 37

B郭店·語叢 2·36

C陶彙 6·81

A官印 0031

A陶彙 5·10

A陶彙 5·14

B郭店·緇衣 6

B郭店·唐虞 12

渭

A雲夢·封診 66

陶彙 9·3

漾

B 曾姬無卹壺

B 包山 12

B 包山 13

漢

A 六年漢中守戈

D 陶彙 3·1106

沔

A 石鼓文・汧殹

汧〔汧〕

A 秦陶 1251

A 石鼓文・汧殹

A 石鼓文・霝雨

漆

A 上郡守戈

A 卅八年上郡守戈

A 廿七年上守戈

A 高奴權

A 集證 222·273

洛

A 集粹

汾

A 廿二年臨汾守戈

沇

B 沇兒鐘

C 貨系 0555

灌

A 雲夢・日甲 51 反

漸

B 包山 249

B 包山 250

D 陶彙 3・287

泠

A 文物 1978.2

湘

B 鄂君啟舟節

B 包山 83

深

A 石鼓文・霝雨

A 雲夢・封診 35

B 郭店・老甲 8

B 郭店・成之 4

B 郭店・成之 10

B 郭店・性自 23

B 郭店・性自 31

B 郭店・五行 46

B 郭店・五行 46

C 中山方壺

集粹

油

B 鄂君啟舟節

淮

A 雲夢木牘

D 陶彙 3·40

D 陶彙 3·1156

澧

B 鄂君啟舟節

濮

璽彙 3982

濼

璽彙 1286

洹

E 蝨生戈

洋

A 十鐘

A 上博 38

D 陶彙 3·784

濁

A 珍秦 43

B 曾侯乙鐘

B 曾侯乙鐘

濟

A 石鼓文・霝雨

C 中山方壺

洨

洨陽戈

渚

B 璽彙 0343

B 郭店・語叢 4·17

寖

A 二年寺工壺

A 官印 0015

A 集證 135·47

治

A 十鐘

A 秦代印風 222

A 璽彙 4887

A 雲夢・答問 74

溉

A 雲夢・爲吏 6

B 隨縣石磬

B 郭店・老甲 9

B 隨縣石磬

B 隨縣石磬

B 隨縣石磬

B 隨縣石磬

濡

A 雲夢・日甲 2

灗

B 鄂君啟舟節

沽

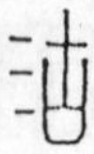
A 集粹

A 秦印

A 陶彙 5·173

B 郭店・語叢 4·10

淶

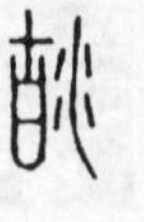
C 璽彙 2354

D 陶彙 3·1041

E 璽彙 3014

C 璽彙 1915

泥

A 考古與文物 2000.1

汈

B 隨縣 177

B 郭店・成之 35

海

A 官印 0021

B 包山 147

B 郭店・老甲 2

B 郭店・窮達 10

衍　湋　滔　涓　渙　泫　滂

B 郭店・性自9

E 璽彙0362

吉大43

A 十鐘

C 璽彙1979

D 陳侯因資敦

D 陶彙3·419

A 石鼓文・而師

C 璽彙1009

C 璽彙1775

A 陶彙5·304

璽彙2595

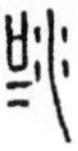
璽彙2596

A 津藝80

C 璽彙1777

A 石鼓文・霝雨

汪

A 集粹

A 澂秋 35

A 秦代印風 87

C 璽彙 0091

沖

璽彙 2591

璽彙 2593

沄

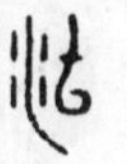
璽彙 1010

璽彙 2074

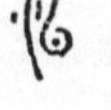
璽彙 3002

浩

B 包山 67

B 璽彙 1559

璽彙 1537

濞

A 十鐘

滕

A 秦陶 488

D 滕侯戟

波

A 雲夢・日甲 142 反

B 包山 110

C 璽彙 1431

C 璽彙 2485

浮

A 雲夢・日甲 81 反

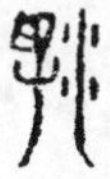
璽彙 1006

湍

B郭店・老甲38

汋

C中山王鼎

清

A珍秦107

B郭店・老甲10

B郭店・五行12

B郭店・尊德13

D璽彙0156

E璽彙0215

淵

A石鼓文・汧殹

B郭店・性自62

B帛書乙

C中山王鼎

D子淵戈

滿

A集粹

A陶彙9·79

滑

A十鐘

字頭	出處
澤	A 十鐘　A 秦代印風 234　B 郭店・性自 23　B 郭店・語叢 4·7
	C 璽彙 1619　C 璽彙 2090　E 璽彙 0362　E 考古 1989.4
淫	A 詛楚文　A 雲夢・語書 3　B 郭店・尊德 16
潰	A 雲夢・封診 54
淺	A 十鐘　B 越王句踐劍　B 信陽 2·14　B 郭店・五行 46
淖	A 石鼓文・汧殹
滋	A 雲夢・日甲 34
浥	B 郭店・語叢 2·36

沙

A 陶彙 5·12

A 陶彙 5·121

A 雲夢·日甲 41 反

瀆

A 雲夢·日甲 62 反

浦

A 上博 32

A 集證 154·336

A 秦代印風 33

滎

A 秦印

A 陶彙 5·18

C 陶彙 6·108

沼

B 包山 179

溝

A 雲夢·爲吏 16

濆

A 雲夢·日甲 16 反

C 璽彙 2594

渠

A 集粹

A 秦陶 1214

潤

B 包山 10

D 陶彙 3·1021

灘

B 鄂君啟舟節

汕

E 璽彙 0363

決

A 集粹

注

A 雲夢・日甲 31 反

津

A 官印 0032

璽彙 2408

潛

璽彙 2584

璽彙 2585

泛

A 雲夢・雜抄 25

砅〔濿〕	 A 石鼓文·汧殹	 D 陶彙3·1076	
湛	 B 包山169		
没	 A 秦印	 A 秦王版	
泱	 A 秦印		
淒	 B 郭店·成之25	 B 郭店·六德16	 B 九店56·39
澍	 A 雲夢·日甲124		
潦	 A 集證150·284	 A 雲夢·秦律2	
濩	 A 印典		

字	字形及出處
涿	 A秦代印風 222
瀧	 B帛書甲
滈	 A十二年上郡守戈
沈	 A陶彙 5·326  B郭店·窮達 9  B沈□玉圭
潰	 A中國古文字研究
溓	 A十鐘
渴	 C中山方壺  C璽彙 0816  C璽彙 1303
溼	 A平都矛  A石鼓文·鑾車  B郭店·太一 3  B郭店·太一 4

汗

A 雲夢·封診 66

湫

A 詛楚文

洎

A 石鼓文·霝雨

湯

A 珍秦 51

B 包山 173

B 包山 184

B 郭店·唐虞 1

B 郭店·尊德 6

C 璽彙 1160

C 璽彙 1565

E 陶彙 4·2

E 陶彙 4·30

涚

A 珍秦 92

涫

璽彙 2586
从官省。

瀝

B 蔡侯申簋

B 蔡侯申簋

潘

A 十鐘

璽彙 1470

潃

A 雲夢·日甲 26 反

淡

B 郭店·老丙 5

洒

A 雲夢·日甲 58 反

滄

B 郭店·緇衣 10

沬

A 雲夢·日甲 104

沫

B 王子申盂

B 王孫遺者鐘

B 書也缶

B 王子午鼎

浴

B郭店尊德35

D陳逆簠

D公孫竈壺

《説文》：『古文沫从頁。』

A官印0009

A雲夢·爲吏40

B倗缶

B帛書乙

B郭店·老乙11

B信陽1·5

澡

B郭店·太一4

洗

A秦代印風234

汲

B鳥書箴言帶鉤

E璽彙4113

淳

A十鐘

A秦代印風211

B郭店·成之4

渫

A雲夢·日甲122

瀚〔浣〕

B 信陽2·8

濯

右濯戈

涑

E 涑鄙戈

泰

A 官印0015

A 集證140·117

A 秦代印風33

A 陶彙5·326

A 秦陶1197

湩

E 璽彙0054

E 璽彙0287

E 湖南2

潸〔霖〕

C 中山圓壺

泣

璽彙1417

涕

B 郭店・五行17

瀻

A 雲夢・秦律122

減

A 雲夢・效律46

B 者減鐘

滅

A 集粹

B 郭店・唐虞28

漕

C 璽彙0501

濊

平庵1·233

汩

B 帛書甲

瀘〔濾〕

B 鄂君啟舟節

B 鄂君啟舟節

C 璽彙2878

黎*	沶*	汎*	凼*	㕜*	汈*	沃*	浞*
 B 鄂君啟舟節 水名，今作資。	 A 集證 205·93	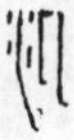 璽彙 1581  璽彙 2032	 B 帛書甲	 D 陶彙 3·622	 B 者汈鐘	 A 陶彙 5·91  A 雲夢·日甲 59 反	 B 包山 55  B 包山 164 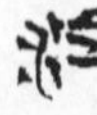 B 包山 172  B 包山 183

字	字形	出處
沖*		C 侯馬
汸*		C 中山圓壺
洵*		E 璽彙 0119
		E 璽彙 0359
泊*		B 信陽 2·10
		B 郭店・性自 63
泰*		A 秦陶 1342
渦*		B 郭店・老甲 2
		B 郭店・老甲 3
泪*		璽彙 2544
		璽彙 2588
河*		C 中山圓壺

泩*	浻*	沊*	淀*	浗*	淏*	淏*	清*
A 石鼓文・汧殹	A 陶彙 3・874　C 三晉 127　C 貨系 2287　C 貨系 2289	B 隨縣 174	B 郭店・緇衣 6	B 郭店・唐虞 17　璽彙 3688	A 秦陶 1036	B 郭店・五行 17	璽彙 2598

涅*

B 包山 149

B 郭店・老甲 16

C 六年䢼相鈹

C 貨系 1219

C 貨系 1222

C 三晉 97

C 璽彙 0815

E 休涅壺

涵*

C 卅三年鄭令劍

C 璽彙 2488

溗*

C 璽彙 1667

同滕。

C 璽彙 1691

滯*

B 郭店・語叢 2·17

B 郭店・語叢 2·17

洴*

A 雲夢・效律 45

馮*

璽彙 2437

溕*

B 包山 149

漣*

B 信陽 2·14

洝*

璽彙 0626

澍*

A 雲夢·秦律 1

潑*

B 郭店·性自 30

温*

C 璽彙 0818

湎*

D 陶彙 3·645

D 陶彙 3·646

瀝*

A 雲夢·爲吏 33

⿰氵⿰方支*	⿰氵膏*	⿰氵戠*	溳*	淸*	⿱敦水*	⿰氵繇*	灊*
 B 隨縣 166	 D 璽彙 0259	 B 郭店・性自 30	 璽彙 1886	 B 曾侯乙鐘	 B 包山 96  B 包山 137 反  B 包山 139 反	 B 鄂君啟舟節 今作油。	 C 璽彙 3266

[illegible]*	渫*	渒*	洱*	濿*	隊*	湯*	濉*
 A 珍秦 36	 A 石鼓文·霝雨	 B 包山 85	 璽彙 1085	 B 郭店·窮達 4	 璽彙 0628	 C 中山圓壺	 B 郭店·尊德 1

涼*

B 包山 3

B 郭店・成之 11

B 郭店・成之 14

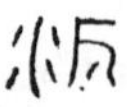
璽彙 2316

E 璽彙 0363

E 璽彙 2508

溪*

B 包山 140 反

B 包山 182

B 郭店・語叢 4・17

流

A 石鼓文・霝雨

B 璽彙 0212

B 璽彙 3200

B 璽彙 3201

B 郭店・成之 11

B 郭店・緇衣 30

C 中山圓壺

涉

A 石鼓文・霝雨

B 郭店・老甲 8

璽彙 2758

瀕

A 秦陶 1245

鄰

A 雲夢・雜抄 10

川		A 集證 151·292		B 郭店・老甲 8		B 郭店・唐虞 4		B 帛書丙
		C 貨系 576		C 貨系 577				
巠		B 郭店・尊德 13		B 郭店・唐虞 19		D 陶彙 3·242		璽彙 3122
巟	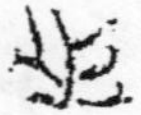	B 包山 174		B 郭店・唐虞 8				
侃		B 郭店・緇衣 32		C 侯馬				
州		A 湖南 89		B 越王州句劍		B 越王州句矛		B 文物 1988.6
		B 璽彙 0184		B 璽彙 5554		B 集粹		B 包山 164
		B 帛書甲		C 豫州戈		C 三晉 59		C 璽彙 0046

泉

C 璽彙 1325

E 右泉州矛

E 燕下都 20·3

A 商鞅方升

B 包山 86

B 包山 143

原

A 珍秦 194

A 集粹

A 陶彙 5·117

A 集證 151·286

永

A 石鼓文·吾水

B 酓璋鐘

B 王子午鼎

C 中山方壺

C 哀成叔鼎

鵙公劍

D 十四年陳侯午敦

D 陳曼匿

E 休涅壺

羕

B 羕陵公戈

B 鄴陵君鑒

B 包山 75

B 包山 221

B 郭店·老甲 35

B 郭店·性自 10

D 陳逆簋

D 公孫竈壺

谷

B 郭店・老甲 6

璽彙 3141

谿

A 官印 0085

冰

A 集粹

D 陳逆簋

冬

A 商鞅方升

A 陶彙 5・384

A 雲夢・秦律 94

B 包山 2

B 包山 206

B 郭店・老甲 8

B 郭店・緇衣 10

D 璽彙 2207

冶

B 冶紹匕

B 羕陵公戈

B 包山 80

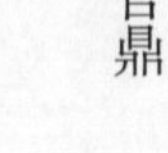
C 公朱左官鼎

C 九年鄭令矛

C 三年付余令戈

C 十一年皋落戈

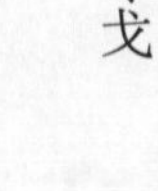
C 妥陰令戈

C 十一年閃令矛

C 高都令劍

C 信安君鼎

C 陽安君鈹

雨

C 璽彙 3258

D 貨系 3790

D 貨系 3791

A 石鼓文・霝雨

A 雲夢・秦律 115

B 郭店・緇衣 9

B 郭店・五行 17

B 帛書甲

C 中山圓壺

C 貨系 0288

C 貨系 0289

雷

B 包山 85

B 包山 175

B 信陽 2·1

電

B 帛書乙

震

A 雲夢・日甲 7 反

霰

B 包山 91
从殺。

雹

B 帛書甲

霝	A 石鼓文·霝雨	B 包山 230	B 包山 234	B 包山 272
	B 包山 276	B 包山 277	C 璽彙 2638	C 璽彙 2639
	D 陶彙 3·747	D 陶彙 3·751		
零	B 郭店·老甲 19	C 零令銅牌	C 三晉 92	C 三晉 92
	C 璽彙 2642	C 璽彙 2643		
屚	A 雲夢·效律 22			
霽	A 集粹			
露	A 故宮 443			

雩

B 曾侯乙鐘

B 隨縣石磬

B 隨縣鐘架

B 隨縣 79

B 包山 69

B 包山 141

B 包山 253

B 郭店・五行 17

C 中山王鼎

C 貨系 0290

C 璽彙 0451

C 璽彙 1531

D 陶彙 3・1368

D 陶彙 3・1369

需

C 貨系 0291

雲

A 陶彙 5・294

A 璽彙 4876

A 璽彙 4877

A 雲夢・封診 40

B 郭店・緇衣 35

B 帛書丙

霒〔侌〕

B 包山 134

B 包山 135

B 包山 180

C 璽彙 0068

《說文》：『侌，古文。』

字頭	字形	出處
雲*		C 璽彙 3162
		C 璽彙 3164
⿱雨夾*		B 帛書乙
⿱雨走*		B 隨縣 97
⿱雨豕*		B 帛書甲
⿱雨爰*		B 隨縣 11
雩*		B 包山 174
⿱雨肙*		C 侯馬
		B 郭店・語叢 1·87

⿱雨毛*

B 郭店・老甲 25
同膬。

⿱雨㹜*

璽彙 3217

⿱雨⿰禾弟*

C 中山圓壺
同涕。

⿱雨⿱勿氺*

A 石鼓文・吾水

魚

A 石鼓文・汧殹

A 雲夢・日甲 72

B 隨縣 8

B 包山 256

B 璽彙 0347

B 包山 257

B 包山 259

C 魚顛匕

D 陶彙 3·319

璽彙 2727

E 貨系 2796

鯀

B 郭店・語叢 1·3

B 郭店・語叢 1·5

鯉	 A 石鼓文・汧殹			
魴	 C 璽彙 2728	 C 璽彙 2729		
鱮	 A 石鼓文・汧殹			
鯢	 B 包山 194			
鰋	 A 石鼓文・汧殹			
鮮	 A 石鼓文・汧殹	 A 雲夢・日甲 74	 C 中山圓壺	 C 璽彙 1305
	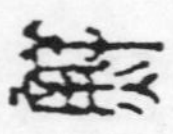 C 璽彙 3227			
鮭	 璽彙 1143	 D 陶彙 3・605	 D 陶彙 3・1152	

〔鯾〕鮩

A石鼓文·汧殹
从便省。

A十鐘

鯛

B包山165

B包山190

魠*

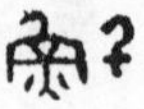
C璽彙4019

鯿*

A石鼓文·汧殹

鮓*

C璽彙1022

C璽彙3006

鮭*

A故宮454

鮰*

B包山170

鮢*

B包山166

B包山185

鯖*

B 郭店・忠信 6

鮭*

B 包山 183

鰟*

A 石鼓文・汧殹

漁

A 石鼓文・汧殹

A 雲夢・日甲 138

龍

A 吉大 138

A 鐵續

A 雲夢・日甲 18

A 包山 138

B 郭店・性自 28

B 璽彙 0278

C 璽彙 0538

C 璽彙 1050

C 璽彙 1822

C 集粹

璽彙 3615

龔*

C 璽彙 1422

飛	 B 隨縣 171	 B 隨縣 172	 B 隨縣 173	 B 隨縣 174
	 B 隨縣 172			
翼	 A 雲夢・日甲 6 反	 B 隨縣 62	 B 隨縣 68	 B 隨縣漆書
	 C 中山方壺			
〔翰〕 䨥*	 A 石鼓文・吾水			
非	 A 十鐘	 A 雲夢・答問 15	 B 包山 137 反	 B 郭店・老甲 8
	 B 郭店・語叢 3·55	 B 帛書甲	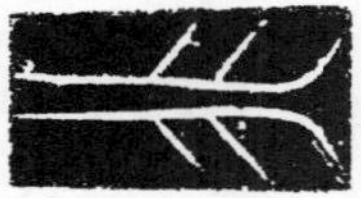 C 中山王鼎	 C 貨系 496
	 C 貨系 498	 C 璽彙 3080		

靡

A 雲夢・秦律 86

A 秦玉版

戰國文字編卷十二

孔

A 集粹

A 石鼓文・汧毆

C 子孔戈

璽彙 0627

乳

璽彙 2721

璽彙 2722

A 雲夢・日甲 29 反

不

A 石鼓文・而師

A 陶彙 5・384

A 陶彙 5・478

A 雲夢・效律 19

B 鳥書箴言帶鉤

B 鳥書箴言帶鉤

B 包山 26

B 包山 38

B 包山 61

B 郭店・老甲 7

B 郭店・老甲 7

B 郭店・語叢 1・71

至

B郭店·語叢1·76

B郭店·語叢2·45

B帛書丙

C中山王鼎

C中山方壺

C中山圓壺

D陳曼匠

D璽彙0266

D陶彙3·649

D陶彙3·650

E不降矛

A雲夢·秦律175

B包山16

B包山142

B包山144

B郭店·忠信3

B郭店·語叢1·71

B郭店·語叢3·26

C中山王鼎

C安邑下官鍾

到

A雲夢·效律4

臺

A珍秦170

A金薤·璧

A陶彙5·38

A集證148·245

B 郭店・老甲 26

C 貨系 2479

C 侯馬

𦤎

B 御𦤎匜

B 郭店・緇衣 26

璽彙 5370

璽彙 5372

西

A 秦公簋

A 官印 0083

A 石鼓文・吾水

A 秦陶 1234

A 文博 1998.1

B 酓璋鎛

B 包山 154

B 郭店・太一 13

B 帛書乙

C 貨系 0058

C 貨系 0060

C 貨系 0061

C 璽彙 0079

D 陶彙 3·433

E 璽彙 3966

E 璽彙 3963

鹵

A 十鐘

A 文物 1991.5

鹽

A 集證 141·128

B 包山 147

D 亡鹽戈

盬	B 璽彙3558	B 包山3	B 包山172	B 包山177
	B 包山189	B 包山227	B 包山238	
户	A 雲夢・效律57	B 包山竹簽 古文户从木。	D 陳貽戈	D 類編354
扇	A 雲夢・答問150			
房	A 雲夢・封診74	B 信陽2·8	B 包山149	
戹	A 雲夢・答問179	B 隨縣61	B 隨縣64	璽彙1240
⿸户巨*	B 隨縣45	B 隨縣88		
⿸户瓜*	C 璽彙2867	C 璽彙2868		

庫*

C 璽彙 2865

C 璽彙 2866

廪*

B 包山 260

廱*

C 璽彙 0647

門

A 雲夢・秦律 196

B 璽彙 0168

B 包山 37

B 郭店・老甲 27

B 郭店・老乙 13

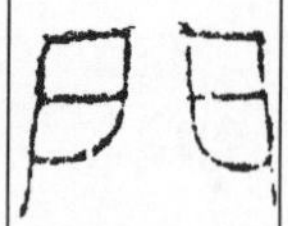
C 貨系 2477

C 璽彙 0171

C 璽彙 2656

D 陶彙 3・6

D 陶彙 3・336

璽彙 0170

閈

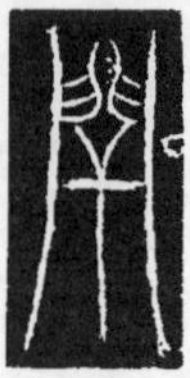
C 中山王鼎

閭

A 十鐘

閭丘戈

D 陶彙 3・419

璽彙 5330

閣

A雲夢·日乙88

A金薤·書

闠

A雲夢·秦律147

闕

A珍秦139

閒

A雲夢·語書12

A集粹

闢

B太武闢兵戈

B郭店·語叢3·42

C中山方壺

C中山王鼎

D璽彙4091

D陶彙3·1220

開

A雲夢·日甲14

A鐵續

閟

B郭店·老乙13

閒	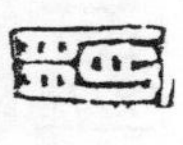	A 珍秦 73		A 香續一 56		A 珍秦 112		A 陶彙 5·361
		A 雲夢・秦律 126		B 曾姬無卹壺		B 郭店・語叢 3·27		B 郭店・老甲 23
		B 包山 220		B 璽彙 0183		B 璽彙 5559		C 兆域圖
		C 七年邦司寇矛		C 璽彙 2075		C 璽彙 3050		D 璽彙 0650
閼		A 印典	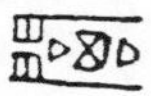	C 璽彙 1206				
闌		A 雲夢・答問 48		B 王子午鼎				
閉		A 雲夢・秦律 196		D 子禾子釜				
關		A 集粹		A 印典		A 雲夢・爲吏 9		B 鄂君啟舟節

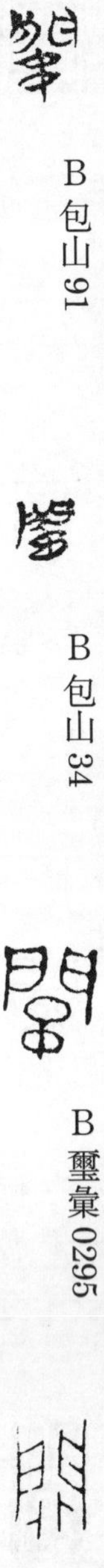

B 包山 91

B 包山 34

B 璽彙 0295

C 錢典 333

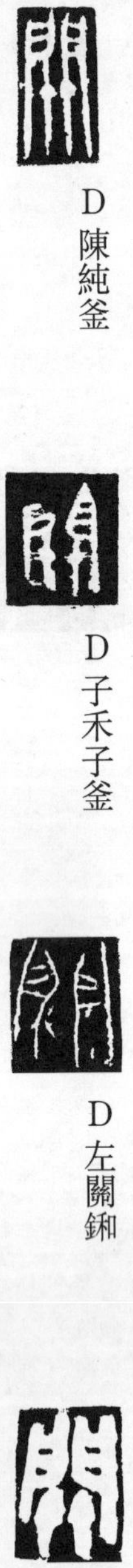

D 陳純釜

D 子禾子釜

D 左關鈉

D 璽彙 0172

D 璽彙 0173

D 陶彙 3·380

D 陶彙 3·400

闇

A 集粹

[門+䜌]

A 文博 1998.1

閱

A 雲夢·答問 164

闊

C 兆域圖

閔

C 璽彙 2563

C 璽彙 3075

璽彙 3498

闖

C 輯存 66

C 輯存 68

⿵門支*

E 璽彙 0188

⿵門又*

B 郭店・忠信 9

⿵門子*

璽彙 1402

璽彙 2013

⿵門子*

吉大 137

閞*

璽彙 2660

C 集粹

⿵門殳*

B 包山 233

B 郭店・老甲 27

璽彙 0734

関*

C 璽彙 0917

C 璽彙 4039

閈*

A 雲夢・日乙30

閞*

D 陶彙3·624

間*

A 相邦樛斿

⿵門力*

璽彙2625

閗*

C 璽彙0916

C 璽彙1538

陶彙9·35

閖*

璽彙1770

⿵門足*

D 璽彙4012
同閭。

D 璽彙4013

D 璽彙4014

D 陶彙3·406

D 陶彙3·414

𨴚*	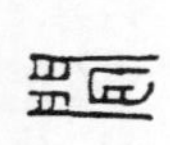	C 璽彙 3086
𨵧*		C 璽彙 0610
	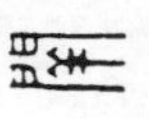	C 璽彙 2723
𨶊*		C 兆域圖 通狹。
閐*		A 秦代印風 102
𨶓*		A 雲夢・答問 25
𨵳*	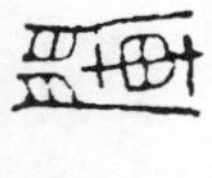	C 璽彙 1982
𨷀*		D 陶彙 3・417 同閭。
𨷖*		A 故宮 415
		A 十鐘
		A 雲夢・編年 13
		璽彙 1362

耳

A 雲夢·效律 45

B 包山 34

B 包山 190

B 包山 265

B 郭店·唐虞 26

B 郭店·語叢 1·50

璽彙 2917

璽彙 2953

D 陶彙 3·76

D 陶彙 3·405

E 璽彙 2797

璽彙 3515

耴

B 包山 143

B 包山 80

C 璽彙 3010
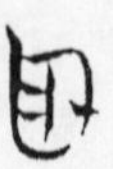
C 侯馬

耿

A 十鐘

璽彙 3625

聯

C 璽彙 2389

聖

A 雲夢·日乙 238

B 曾姬無卹壺

B 包山 94

B 包山 168

B 包山 130

B 郭店·唐虞 1

B 郭店·唐虞 3

B 郭店·唐虞 14

（聖）

B 郭店·成之 26

B 郭店·老甲 31

B 郭店·太一 11

B 郭店·語叢 1·86

B 郭店·語叢 1·94

B 郭店·語叢 1·100

C 中山方壺

C 璽彙 0778

D 陳聖孟戈

E 璽彙 0365

聰

B 郭店·五行 15
从凶聲。

B 郭店·五行 20

B 郭店·五行 23

B 郭店·唐虞 26
从耳，舂〔舂〕省聲。

聽

B 郭店·唐虞 6

C 中山王鼎

璽彙 4511

職

A 雲夢·效律 43

B 曾姬無卹壺

B 帛書乙

C 侯馬

E 燕王職戈

聲

A 集粹

A 珍秦 117

A 雲夢·答問 52

聞

A 雲夢·日甲 148

B 長沙銅量

B 包山 137

B 包山 157

B 郭店·成之 1

B 郭店·五行 23

B 郭店·五行 50

C 中山王鼎

C 璽彙 3975

D 十四年陳侯午敦

D 璽彙 0031

D 璽彙 0193

D 璽彙 0312

D 封成 2

聘

A 商鞅方升

聾

子淵戈

联

璽彙 1849

⿱麻耳

A 雲夢·封診 23

聶

A 十鐘

A 考古與文物1997.1

B 隨縣8

B 隨縣63

聀*

璽彙3434

⿰耳于*

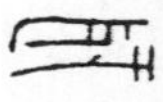
C 璽彙2440

C 璽彙2858

C 陶彙9·57

⿰耳區*

A 雲夢·答問210

⿰耳目*

璽彙3008

璽彙3833

⿰耳王*

E 璽彙1500

E 璽彙2603

E 璽彙3537

E 陶彙4·22

⿰耳欠*

璽彙0780

璽彙1092

璽彙1869

⿰耳夬*

璽彙2441

⿱耳午*		璽彙 0540						
⿱聅巳*		璽彙 1446						
⿱耴口*		B 郭店・唐虞 25						
⿰耳申*		B 包山 72		B 包山 265		B 璽彙 5663		
⿰耳壴*		E 璽彙 3954						
⿱耳矢*		B 郭店・緇衣 45						
⿰臣巳		A 高奴權		A 十鐘		B 璽彙 3224		C 璽彙 3181
		C 璽彙 3183		C 璽彙 3184				

手	掌	指	拳	捧〔拜〕	捾	抵	扶
 A 陶彙 5·384	 璽彙 1824	 A 雲夢・爲吏 29	 A 篁齋	 A 雲夢・日甲 28 反	 A 十鐘	 A 雲夢・封診 69	 A 雲夢・答問 208
 B 郭店・五行 45	 C 陶彙 6·20	 B 郭店・性自 28	 A 雲夢・答問 90	 B 包山 276			
			 B 隨縣 212	 B 郭店・性自 21			
				 E 不降矛			

摯

A 雲夢・雜抄 9

操

A 王四年相邦儀戈

A 秦代印風 198

A 雲夢・秦律 62

搏

A 石鼓文・鑾車

B 包山 142

據

A 十鐘

A 陶彙 9·79

擥

A 十鐘

把

A 十鐘

A 雲夢・日乙 174

搹〔扼〕

A 雲夢・語書 11

搹或从戹。

提

A 雲夢・答問 82

掾

A 雲夢・效律 55

捋

A 青川木牘

措

C 中山方壺

C 璽彙 1968

掄

A 十鐘

A 珍秦 158

擇

A 湖南 90

A 雲夢・秦律 68

B 書也缶

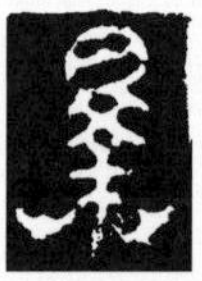
D 陳逆簠

捉

B 郭店・老甲 33

捽

B 雲夢・封診 84

抱

A 雲夢・日甲 45 反

投

A 十鐘

A 雲夢・日乙 106

抉

A 雲夢・秦律 84

B 包山 96

揚

D 陳侯因資敦

D 陳侯因資敦

擧

A 十鐘

A 陶彙 5・63

A 雲夢・爲吏 9

撟

A 集粹

A 印典

揄

A 秦陶 490

A 雲夢・編年 10

擅

A 雲夢・雜抄 34

失

A 詛楚文

A 雲夢・爲吏 13

B 郭店・老乙 6

B 郭店・語叢 2・50

探	拔	援	掇	拾	拓	攫
 B 隨縣 171	 B 郭店・老乙 15  B 郭店・性自 23	 A 十鐘  A 考古與文物 1996.4  璽彙 3105	 A 雲夢・爲吏 7	 A 簠齋	 A 雲夢・日甲 46 反	 B 郭店・老甲 33  B 郭店・六德 41  B 郭店・性自 38

掩

A 考古與文物 2000.1

播

A 雲夢・封診 77

B 信陽 1・24

抈

A 十鐘

扞

A 陶彙 5・288

捕

A 雲夢・答問 66

A 集粹

挐

A 集粹

A 集粹

挌

A 雲夢・答問 66

拲

A 珍秦 183

捐	扣	掖	扢*	抾*	擊*	担*	拘*
 A 集粹	 B 郭店・老甲 33	 A 雲夢・日甲 153	 璽彙 1349	 B 包山 26  B 包山 44	 A 雲夢・答問 90	 B 郭店・緇衣 7	 B 包山 122

捍*

A 陶彙 5·132

A 秦陶 452

A 雲夢・日乙 100

捈*

璽彙 3259

摠*

璽彙 1830

⿰扌畢*

璽彙 3287

擠*

B 隨縣 157

⿰亻手*

璽彙 3314

C 三孔布

掓*

A 雲夢・日甲 111 反

扛*

璽彙 2956

擯*

A 雲夢・日乙259

拱*

A 秦公簋

挹*

璽彙1833

女

A 雲夢・秦律62

B 者汈鐘

B 羕陵公戈

B 鄂君啟車節

B 郭店・唐虞29

B 包山190

B 帛書乙

B 璽彙3580

C 中山王鼎

D 陶彙3・317

璽彙3171

璽彙3663

姓

A 秦玉版

A 雲夢・效律49

E 璽彙1337

E 璽彙2820

姜

A 集粹

璽彙1292

璽彙1293

璽彙3303

姬

B 曾姬無卹壺

B 包山 176

D 禾簋

嬴

B 鄦伯匜

姚

A 珍秦 95

A 珍秦 69

A 集粹

A 華夏考古 1990.4

A 秦印

敀

璽彙 2840

嫁

A 雲夢・日乙 53

婚

A 詛楚文

姻

A 詛楚文

妻

 A 雲夢・封診 87
 B 包山 91
 B 郭店・老甲 18
 B 郭店・六德 28

 B 郭店・語叢 1·34
 B 帛書丙

婦

 A 雲夢・日甲 6
 B 包山 168
 B 包山 173
 B 郭店・六德 20

 B 郭店・成之 32
 B 郭店・語叢 4·10

妃

 D 十四年陳侯午敦

嫣

 A 秦陶 492

母

 A 新郪虎符
 A 珍秦 76
 B 鄂君啟舟節
 B 鳥書箴言帶鈎

 B 鳥書箴言帶鈎
 B 包山 202
 B 郭店・老甲 21
 B 郭店・太一 7

B帛書乙

C中山王鼎

C璽彙0723

D禾簋

姑

D十四年陳侯午敦

D璽彙0175

E燕侯載簋

A雲夢·雜抄40

A雲夢木牘

B帛書丙

威

A詛楚文

B王孫誥鐘

B王子午鼎

D郘公華鐘

妣

D十四年陳侯午敦

姊

A十鐘

璽彙0331

妹

西替簋

妿

A十鐘

好

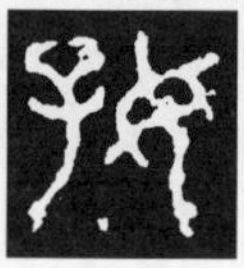
A 石鼓文·吾車

A 雲夢·語書1

B 郭店·老甲8

B 郭店·尊德36

媚

A 秦代印風66

始

A 十鐘

A 雲夢·爲吏47

璽彙0330

璽彙3599

C 璽彙0069

C 璽彙0094

C 陶彙6·195

古文奴从人。

B 郭店·老甲9

C 四年咎奴令戈

C 廿五年戈

C 三晉78

A 雲夢·日甲162

B 包山20

B 包山122

B 郭店·老甲8

奴

A 高奴權

A 六年上郡守戈

A 廿五年上郡守戈

A 十鐘

婢

A 秦代印風207

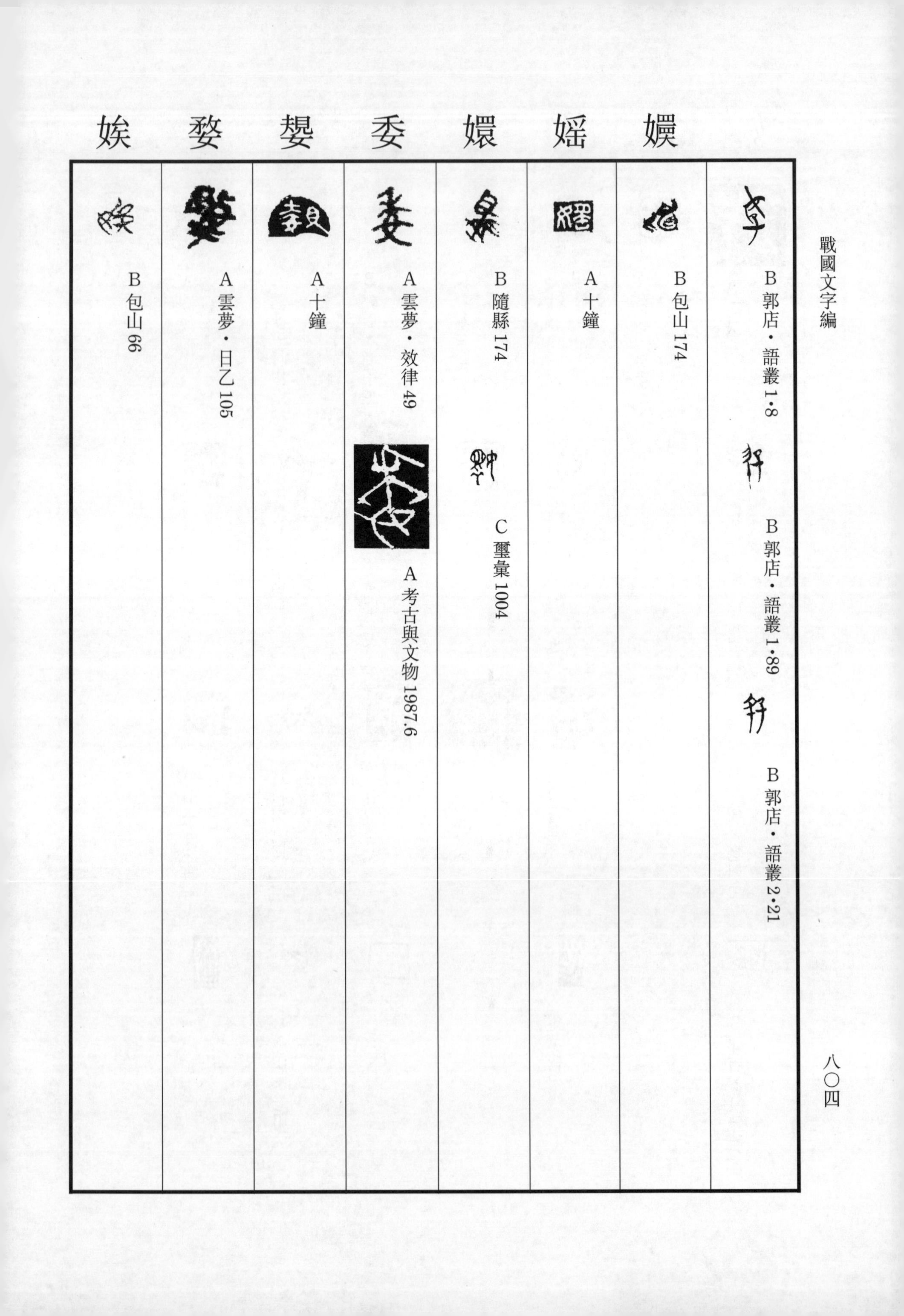

⿰女⿱罒吳

B 郭店・語叢 1·8　B 郭店・語叢 1·89　B 郭店・語叢 2·21

媱

B 包山 174

嬛

A 十鐘

委

B 隨縣 174　C 璽彙 1004

⿱是女

A 雲夢・效律 49　A 考古與文物 1987.6

婺

A 十鐘

娭

A 雲夢・日乙 105

B 包山 66

如	 A 石鼓文・鑾車	 A 陶彙 5・136	 A 陶彙 5・269	 A 秦陶 1115
	 B 信陽 1・4	 B 郭店・五行 45	 D 璽彙 3924	
婧	 A 珍秦 55			
嬰	 A 七年上郡守戈	 A 澂秋 35	 A 集粹	 A 陶彙 5・125
	 A 雲夢木牘	 B 王子嬰次盧	 B 包山 278 反	 璽彙 2360
	 D 陶彙 3・284	 D 陶彙 3・739	 E 璽彙 5350	
妝	 B 郭店・緇衣 23	 B 包山 224	 B 包山 225	 B 璽彙 3756
〔妒〕妬	 A 雲夢・日乙 96			

字	字形及出處
嫈	 A印典
姿	 B之利殘器
嫌	 A十鐘  B包山175
娿	 A集粹
娃	 璽彙2120
㛗	 B包山177
妜	 A香續30
婁	 A雲夢·日甲58  B包山5  B包山66  B包山75

奸　娗　媿〔愧〕

B 郭店・成之 5

B 郭店・成之 27

B 郭店・忠信 9

B 郭店・語叢 1·90

B 郭店・語叢 2·44

C 長子盉

D 璽彙 3662

A 雲夢・答問 172

A 珍秦 150

B 璽彙 0183

B 包山 166

B 包山 172

B 包山 173

B 包山 176

B 郭店・老甲 9

B 郭店・尊德 33

B 郭店・老丙 1

B 郭店・性自 52

B 郭店・性自 60

B 郭店・唐虞 13

C 媿之造戈

E 璽彙 2712

字頭	字形・出處
姦	B 包山 183
妥*	B 曾侯乙鐘　C 陖陰令戈　C 璽彙 3044
⿰女九*	璽彙 3001
妐*	E 璽彙 0190
⿰女尤*	A 秦印
⿰女皮*	B 包山 191
⿰黑古*	B 包山 268
⿰女告*	B 包山 66

⿰女求*

璽彙 2902

婄*

子婄迊子壺

⿱今女*

A 陝續

娠*

A 集粹

媇*

A 詛楚文

同親。

媡*

B 包山 181

婡*

A 金符 6

嬭*

B 王子申盞

字頭	字形出處
嬨*	B 包山 89
嫥*	B 包山 185
媁*	B 包山 35；B 包山 217；B 包山 237
⿰女樂*	A 陶彙 5·158；A 陶彙 5·512
姉*	B 郭店·五行 16
婸*	B 天星
⿱癶女*	A 秦代印風 209
毋	A 十鐘；A 璽彙 4887；B 包山 221；B 包山 245

民

B 信陽1·4

B 郭店·成之29

A 十鐘

A 秦代印風239

A 雲夢·答問157

A 雲夢·日乙57

B 王子午鼎

B 鳥書箴言帶鈎

B 郭店·老甲1

B 郭店·成之1

B 郭店·老甲4

B 郭店·唐虞4

B 郭店·語叢1·68

B 郭店·六德47

B 郭店·忠信2

B 帛書乙

B 隨縣漆書

C 中山方壺

C 中山圓壺

C 魚顛匕

D 陳喜壺

弗

A 雲夢·效律20

B 郭店·成之10

B 郭店·老甲4

B 郭店·老甲7

B 郭店·老甲17

B 郭店·忠信1

B 郭店·忠信2

B 郭店·唐虞1

	 B 郭店・語叢 3·1	 B 郭店・語叢 3·5	 B 郭店・語叢 1·74	 C 中山圓壺
	 C 十年弗官鼎	 C 哀成叔鼎	 璽彙 2786	 C 璽彙 3126
	 璽彙 3417			
弋	 A 十鐘	 B 郭店・魯穆 2	 B 郭店・魯穆 4	 B 郭店・唐虞 12
	 B 帛書乙	 B 玉印 2	 璽彙 3124	
昷*	 D 璽彙 5678 用作胡。	 D 陶彙 3·612	 D 陶彙 3·618	
也	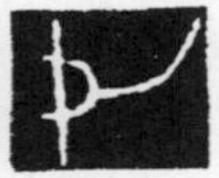 A 詛楚文	 A 雲夢・日甲 110 反	 B 書也缶	 B 郭店・老甲 16
	 B 郭店・老甲 18	 B 郭店・唐虞 2	 B 郭店・六德 17	 B 郭店・語叢 1·57

氏

B郭店・語叢1·86

B郭店・語叢3·37

B郭店・語叢3·66

B郭店・語叢3·25

C平安君鼎

E郭大夫釜甑

A十鐘

A珍秦35

A集證222·277

B隨縣137

B包山13

C中山王鼎

C中山圓壺

C屭氏鐘

C三晉115

C貨系2486

C三晉113

C璽彙2543

C璽彙3335

D陶彙3·685

C陶彙6·43

氐

A詛楚文

B郭店・緇衣37

B帛書甲

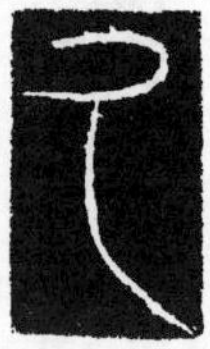
C中山王鼎

C中山侯鉞

D陳逆簠

氏

A 雲夢・日乙 98

A 石鼓文・汧殹

B 隨縣漆書

E 陶彙 4·128

戈

A 雲夢・日甲 47

B 曾侯乙戈

B 子賏之用戈

B 曾侯郕戈

B 包山 261

B 郭店・唐虞 13

C 周王叚戈

C 貨系 0447

D 武城戈

D 陳子皮戈

D 城陽戈

D 陳卯戈

D 陳□散戈

D 陳麗子戈

D 陳豫戈

E 左行議戈

肇

D 禾簋

戒〔戎〕

A 珍秦 75

A 陶彙 5·271

A 雲夢・答問 113

B 𨚕篙鐘

B 救秦戎鐘

B 郭店・成之 13

C 七年邦司寇矛

E 燕王戎人戈

戟

A王四年相邦儀戈

A大良造鞅戟

A雲夢·答問85

B曾侯乙戟

B曾侯乙戟

B曾侯戟

B曾侯戟

B敓戟

B析君戟

B隨縣37

B包山61

B包山269

B包山273

B包山竹牘

C六年安陽令矛

C璽彙2372

C璽彙2374

D鑄雚戈

D子禾子戟

D平阿左戟

賊

A雲夢·封診55

戍

A雲夢·秦律101

戰

A秦代印風211

A雲夢·雜抄36

B酓忎鼎

B酓忎鼎

戲

 B 郭店・成之 6

 B 郭店・老丙 10

 B 郭店・窮達 4

 C 中山圓壺

 璽彙 0071

 A 集粹

 A 集粹

 A 印典

 A 雲夢・封診 32

 C 璽彙 1157

 C 璽彙 1765

 C 璽彙 2023

 C 璽彙 2961

 C 璽彙 3154

或

 A 石鼓文・霝雨

 A 雲夢・效律 49

 B 包山 135

 B 郭店・老甲 2

 B 郭店・老甲 2

 B 郭店・太一 6

 B 郭店・語叢 1・23

 B 郭店・尊德 30

 B 郭店・尊德 31

 B 郭店・語叢 3・43

 B 帛書乙

 C 哀成叔鼎

戮

C 中山圓壺

C 侯馬

C 侯馬

A 詛楚文

B 郭店・尊德 3

B 帛書丙

C 中山王鼎

弋

C 魚顛匕

𢦔

B 包山 167

B 包山 169

武

A 廿六年蜀守武戈

A 武當矛

A 官印 0001

A 陶彙 7・5

B 大武闢兵戈

B 楚王酓璋戈

B 包山 169

B 包山 246

B 帛書丙

C 中山方壺

C 九年鄭令矛

C 上黨武庫戈

C 三晉 51

C 璽彙 0302

D 陳侯因資敦

D 武城戈

戠

D 璽彙 0150

D 璽彙 0174

D 璽彙 0176

D 璽彙 3120

E 璽彙 0121

E 璽彙 1321

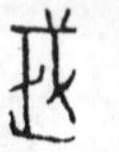
E 璽彙 1809

璽彙 1322

B 璽彙 0320

B 璽彙 5482

B 包山 49

B 包山 88

B 包山 157

B 包山 200

B 包山 203

B 包山 203

B 包山 206

B 包山 243

B 包山 248

B 郭店・六德 10

B 郭店・尊德 18

B 璽彙 0309

C 璽彙 0544

戔

B 鳥書箴言帶鉤

B 郭店・緇衣 18

B 郭店・成之 34

B 信陽 1·64

成*

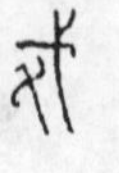
C 璽彙 0930

C 集粹

C 璽彙 2313

C 璽彙 3031

⿰王戈*	戓*	⿰巾戈*	⿰共戈*	⿰求戈*	⿰圭戈*	⿰舌戈*	⿰豆戈*
 B郭店・成之10	 B郭店・老甲31	 B郭店・性自7	 B旟戈	 B包山247 同救。  C中山方壺	 B越王者旨於賜戈	 B包山34	 B包山61  B玉印19

⿰甬戈*

B 郭店・成之9
同勇。

⿱⿰臼戈女*

B 郭店・語叢3·26

B 郭店・語叢3·28

⿱⿰丰戈土*

B 隨縣4

⿰帚戈*

B 包山273
同侵。

B 包山竹牘

B 帛書丙

⿹𢦏東*

B 包山138反

B 郭店・緇衣19

B 郭店・緇衣43

⿰奇戈*

B 郭店・老甲29

⿰車戈*

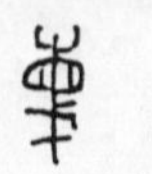
C 香續61

戝*

C 朝歌右庫戈

⿰壴戈*		C 璽彙2356						
⿰易戈*		B 包山144 同傷。		C 陶彙6·79				
⿰骨戈*		B 包山267		B 包山277				
[illegible]*		B 包山3		B 包山10		B 包山91		B 包山167
⿰害戈*		B 包山95						
[illegible]*		B 包山139						
⿰堇戈*		B 包山135反		B 包山138		B 璽彙0310		B 璽彙0335
[illegible]*		B 郭店·尊德26						

戥*	戴*	戲*	戰*	[illegible]*	𢦻*	馘*	𢧀*
C 璽彙 3034	璽彙 2066	C 璽彙 0486	B 隨縣 12	B 包山 272	章子戈	B 天星	B 帛書甲
C 璽彙 3035		C 璽彙 0487		B 包山 273		B 天星	
				B 包山竹牘			

戉

A 雲夢・日甲76反

B 者沏鐘

B 越王州句矛

戚

A 十鐘

A 詛楚文

B 郭店・尊德7

B 郭店・語叢1·34

戕*

璽彙0083

我

A 石鼓文・而師

B 書也缶

B 姑馮勾鑃

B 郭店・成之29

B 郭店・語叢4·6

B 郭店・老甲31

B 郭店・五行10

B 郭店・語叢3·5

C 杕氏壺

C 貨系0448

C 貨系0451

E 廿年距末

義

A 王四年相邦儀戈

A 故宮448

B 王子午鼎

B 包山66

B 包山101

B 包山249

B 郭店・成之31

B 郭店・語叢1·53

B 郭店・老丙 3

B 郭店・緇衣 30

B 郭店・唐虞 8

B 郭店・殘 7

B 帛書丙

C 璽彙 2119

E 璽彙 0601

E 璽彙 2838

璽彙 2281

璽彙 2840

琴

B 郭店・性自 24

瑟

B 隨縣漆書

B 信陽 2·3

B 包山 260

B 郭店・六德 30

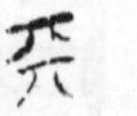
B 郭店・性自 24

B 璽彙 0279

直

A 陶彙 5·83

A 陶彙 5·84

A 雲夢・爲吏 2

B 鳥書箴言帶鈎

B 郭店・唐虞 17

B 郭店・唐虞 20

C 侯馬

C 侯馬

C 侯馬

C 侯馬

璽彙 4001

亡

A 雲夢・雜抄 22

B 之利殘器

B 包山 171

B 郭店・老甲 1

B 郭店・老甲 29

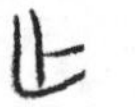
B 郭店・語叢 3·64

B 璽彙 0360

C 中山方壺

C 中山圓壺

C 璽彙 2506

C 璽彙 4528

C 璽彙 4770

D 璽彙 3666

璽彙 4766

乍

A 石鼓文・作原
乍通作。

B 曾姬無卹壺

B 酓璋鐘

B 郘君戈

B 旟戈

B 敓戟

B 書也缶

B 郭店・緇衣 2

B 郭店・忠信 6

B 郭店・語叢 2·42

B 郭店・六德 2

C 中山方壺

望

C中山侯鉞

C哀成叔鼎

D陳侯因𬁽敦

D禾簋

E燕王職戈

無

B郭店·語叢1·104

B郭店·語叢2·33

『無』『森』本一字，後分化爲二字，字形參見卷六『森』。

匃

A十鐘

A秦印

A秦陶1109

區

A十鐘

B璽彙0239

B包山3

B郭店·語叢3·26

D子禾子釜

D陶彙3·13

D陶彙3·27

D陶彙3·647

D陶彙3·723

D陶彙3·726

璽彙5312

匿

A 雲夢・效律 34

B 包山 138 反

B 郭店・緇衣 34

B 郭店・五行 38

B 帛書乙

㔷

A 雲夢・日甲 20 反

匽

A 故宮 454

A 陶彙 5・384

A 雲夢・日甲 81 反

医

E 璽彙 0323

匹

A 雲夢・答問 158

匠

A 陶彙 5・321

璽彙 0234

璽彙 3180

匧

A 雲夢・答問 204

匡

C 山東 002

C 璽彙 4061

E 璽彙 0602

E 璽彙 2800

E 璽彙 3856

E 陶彙 4·96

匫

B 隨縣衣箱

B 隨縣衣箱

B 隨縣衣箱

匱

B 包山 13

⿷匸之*

C 璽彙 2434

⿷匸子*

C 璽彙 3266

⿷匸壬*

C 陶彙 5·239

C 考古學集刊 5

⿷匸文*

璽彙 3179

⿷匚出*	 璽彙 0718	 璽彙 0719	 璽彙 1681	 璽彙 1750
⿷匚禾*	 C 中山王鼎	 C 璽彙 2315		
⿷匚古*	 B 包山 124	 B 包山 265	 B 郭店・窮達 3	 C 璽彙 0869
	 D 陳曼𠤷			
⿷匚多*	 璽彙 2502			
⿷匚坐*	 璽彙 3186			
⿷匚今*	 B 望山 2・9			
⿷匚易*	 E 璽彙 3208			

遠*

E 璽彙 1655

⿷匚⿰耳馬*

E 燕侯載簋

E 璽彙 3410

E 璽彙 3414

E 璽彙 3514

曲

A 官印 0037

A 集證 226·2

A 雲夢・日甲 125

B 鳥書箴言帶鈎

B 包山 260

B 郭店・六德 43

C 貨系 0043

C 貨系 0044

B 鳥書箴言帶鈎

C 曲堤璽

璽彙 4864

瓦

A 陶彙 5·305

A 陶彙 5·384

A 集證 213·190

弓

A 上博 32

A 石鼓文・而師

A 石鼓文・田車

B 隨縣 33

B 包山 260

璽彙 3139

弧

C侯馬

C侯馬

C侯馬

C侯馬

C侯馬

C侯馬

張

A珍秦75

A珍秦88

A珍秦102

A珍秦124

A集粹

A集粹

B璽彙2560

B包山95

B包山189

E九年將軍張戈

E璽彙0622

E璽彙2787

E璽彙2811

E璽彙2830

E璽彙3861

E璽彙3422

疆

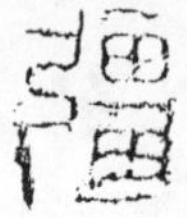
A陶彙5·206

B郭店·語叢3·48

C令瓜君壺

C中山王鼎

C中山圓壺

C九年鄭令矛

C璽彙2544

D陶彙3·1356

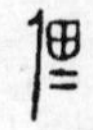
璽彙 2541

璽彙 2543

引

A 雲夢・雜抄 8

弩

A 官印 0078

A 雲夢・雜抄 2

C 璽彙 0096

C 璽彙 0113

C 璽彙 0114

C 璽彙 0115

C 璽彙 0116

發

A 官印 0078

A 珍秦 171

A 雲夢・秦律 65

B 包山 80

B 包山 141

B 包山 143

璽彙 3923

涑鄂戈

弜*

B 隨縣 7

弫*

B 包山 18

同强。

璽彙 2749

璽彙 3553

璽彙 4110

⿰弓昜*	⿰弓方*	⿰弓步*	⿰弓旨*	⿰弓呈*	⿰弓夷*	⿰弓百*	⿰弓畱*
 璽彙 0525 同⿰弓男。  璽彙 0526  璽彙 1045  璽彙 2671	 璽彙 0969 同⿰弓男。	 璽彙 0849	 C 侯馬 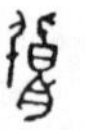 璽彙 2617	 C 侯馬 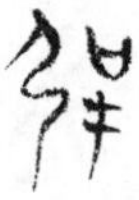 C 侯馬	 B 隨縣 116	 A 十鐘	 E 廿年距末

字頭	字形出處			
孫	A 詛楚文	B 書也缶	B 包山43	B 郭店・魯穆4
系	C 廿三年戈	C 侯馬	C 陶彙6・79	
弦	A 十鐘	A 香續51	A 陶彙5・213	B 包山179
彌	A 雲夢・日甲27			
⿰弓喬*	B 隨縣13	B 隨縣32	B 包山35	B 包山51
⿰弓⿰耳凡*	E 璽彙2626			
⿰弓幸*	C 侯馬			
	C 侯馬	C 侯馬		

緜〔綿〕

C 中山方壺

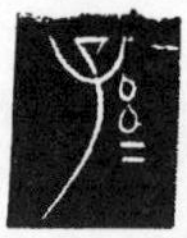
C 中山圓壺

C 璽彙 1514

C 璽彙 1519

C 璽彙 1522

C 璽彙 1558

D 公孫竈壺

D 陳侯因資敦

D 陳遟鐘

D 陳逆簠

D 璽彙 1556

D 陶彙 3·296

E 璽彙 1554

E 璽彙 3893

璽彙 3900

繇

B 信陽 2·8

A 雲夢・秦律 117

B 郭店・窮達 3

B 郭店・成之 12

B 郭店・尊德 9

B 郭店・語叢 1·1

B 郭店・語叢 1·10

B 隨縣 61

B 包山 149

D 陶彙 3·77

D 陶彙 3·89

D 陶彙 3·95

D 陶彙 3·729

戰國文字編卷十三

系  E貨系3687

繭  B包山268  B包山277 《說文》：『古文繭从糸見。』

繹  A集粹  A香續二32  C侯馬  C侯馬

緒  B包山263  D陶彙3·923

純  B仰天2  B仰天6  B信陽2·8  B望山2·9

 B包山261  B包山267  D陳純釜  C中山方壺

綃	紙	經		織	紝	緯	繢
 A 吉大 128	 B 信陽 2·2	 B 隨縣 64  B 包山 268  B 郭店・太一 7  D 陳曼匿	 D 陶彙 3·71	 A 雲夢・日甲 155	 璽彙 2610	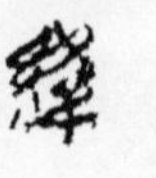 B 包山 259  B 郭店・六德 43	 B 郭店・殘 20  C 璽彙 2908

紀	 A 上博 32	 A 秦陶 1346	 B 郭店・老甲 11	 B 帛書乙
	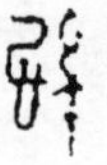 C 璽彙 0771	 C 璽彙 1264	 D 璽彙 2611	 D 山東 166
類	 C 璽彙 3331			
給	 C 璽彙 1998	 C 璽彙 3094	 C 集粹	
納	 B 信陽 2·28			
紡	 A 雲夢・日甲 66	 B 隨縣 7	 B 隨縣 10	 B 信陽 2·15
	 B 包山 268	 B 包山竹簽	 B 郭店・語叢 3·7	
絶	 A 雲夢・日甲 17 反	 B 隨縣 14	 B 郭店・老甲 1	 B 包山 249

B 郭店·老乙 4

B 郭店·六德 29

C 中山方壺

續

A 雲夢·秦律 201

C 璽彙 2604

C 璽彙 2605

D 陶彙 3·931

D 陶彙 3·1175

續之古文，又見『賡』條。

紹

B 畬志盤
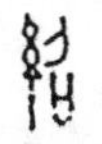
C 集粹

C 璽彙 1188
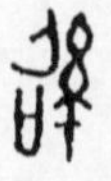
C 璽彙 2660

D 集林

⿰糹盈
〔⿰糹呈〕

B 包山 169

B 包山 184

B 包山 221

B 郭店·成之 35

B 璽彙 5485

《説文》：『⿰糹盈或从呈。』

縱

A 雲夢·答問 63

璽彙 2608

繎	紆	細	繙	級	總	約	繚
 B 天星	 C 璽彙 2600	 A 雲夢・日乙 57	 B 包山竹牘	 A 雲夢・爲吏 7	 A 雲夢・秦律 54	 A 雲夢・答問 139	 A 秦印
 B 天星				 B 郭店・語叢 4·5		 B 包山 268	 A 集粹
						 B 郭店・性自 9	 A 陶彙 5·80

纏

A 十鐘

繞

A 集粹

D 陶彙 3·579

D 陶彙 3·581

D 陶彙 3·582

繯

B 隨縣 123

C 璽彙 2164

C 璽彙 3180

E 璽彙 2225

璽彙 1288

結

A 雲夢・日乙 2

B 包山 272

B 包山竹牘

B 郭店・忠信 2

B 郭店・緇衣 25

D 陶彙 3·111

縛

A 雲夢・答問 81

B 郭店・窮達 6

繃

B 隨縣 82

B 包山 219

B 包山 230

B 包山 242

		B 包山 244						
給		A 雲梦・雜抄 18						
縪		B 隨县漆書						
終		A 雲夢・效律 30		B 曾侯乙鐘	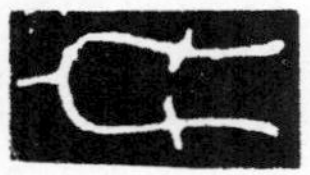	B 曾侯乙簋		B 鳥書箴言帶鈎
		B 郭店・老甲 15		B 郭店・成之 30		B 郭店・語叢 1·49		B 郭店・老乙 13
		B 郭店・老丙 12		B 帛書乙		D 陶彙 3·1149		
繒		A 十鐘		A 陶彙 9·90				
縠		B 包山 263						

練		A 陶彙 9·92		B 郭店・五行 39				
縞		B 仰天 2		B 包山竹牘		B 包山 261		
縵		B 郭店・性自 45						
繡		A 雲夢・秦律 110		B 包山 262				
繪		B 仰天 15						
絹		B 信陽 2·15		B 包山 267		B 包山 268		B 包山 271
		B 包山 277						
綠		B 包山竹牘						

紫	 B 隨縣 62	 B 隨縣 65	 B 包山 259	 B 包山 271
緹	 A 雲夢・封診 21	 B 信陽 2・2		
	 C 集粹	 C 璽彙 1211	 C 璽彙 1379	 C 璽彙 3162
縮	 A 商鞅方升	 A 秦印	 A 集粹	 A 澂秋 35
絀	 A 秦印	 B 帛書乙		
	 C 璽彙 1574			
絑	 B 包山 170	 B 包山竹牘	 B 璽彙 1568	 B 璽彙 1573
縹	 A 雲夢・日甲 80 反			

		B 包山276		B 包山竹牘		B 信陽2·15		B 隨縣木刻
紅		A 雲夢・秦律89		B 信陽2·13				
綦		A 雲夢・爲吏36						
緤		B 仰天19						
紑		璽彙2639						
綊		B 信陽2·13		B 信陽2·15				
纓		B 璽彙1573		B 璽彙5623		B 信陽2·15		B 包山32
		B 包山277		B 郭店・老乙5		B 郭店・老乙6		B 郭店・老乙6

		D 陶彙 3·229		D 陶彙 3·283		D 陶彙 3·1246		D 陶彙 3·1248
紻		B 璽彙 5478		B 包山 67		B 天星		璽彙 0773
		璽彙 3786		吉大 20				
緄		B 信陽 2·7		B 信陽 2·13		B 包山 268		
紳		A 石鼓文·吴人		B 璽彙 1932		B 方氏		B 包山 150
		B 包山 159		B 包山 272		B 包山竹牘		B 郭店·緇衣 37
		B 隨縣 10		B 隨縣 56		D 陳侯因資敦		
綬		A 陶彙 5·69						

組

A 雲夢・雜抄 20

B 隨縣 64

B 隨縣 123

B 信陽 2・15

B 包山 268

B 包山 277

B 包山 259

綸

A 秦印

絙

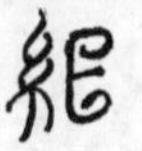
B 天星

紟〔絵〕

B 仰天 3

《説文》：『籀文从金。』

B 仰天 6

B 信陽 2・12

B 信陽 2・12

B 包山 254

B 包山 272

緣

A 雲夢・封診 82

紱

B 包山竹牘

紃	纕		纗	縷	組	繕	絬
 B 包山 271	 B 郭店・成之 18	 D 璽彙 5502	 B 天星	 B 信陽 2·2	 B 望山 2·10	 A 雲夢・雜抄 41	 D 陶彙 3·1171
 B 信陽 2·11	 D 璽彙 2654	 璽彙 2326		 B 包山 259	 B 仰天 10		
	 D 璽彙 3081	 璽彙 3053					
	 D 璽彙 3692	 璽彙 4132					

纍

A 秦印

紉

B 郭店·六德 31

B 郭店·六德 31

D 陶彙 3·1186

繩

B 包山竹牘

縈

B 盛君匿

B 盛君匿

B 隨縣漆書

吉大 26

C 璽彙 0927

C 璽彙 4046

絇

B 仰天 10

絭

A 陶彙 5·7

A 十鐘

B 包山 277

縢

B 隨縣 126

B 隨縣 136

B 包山竹牘

B 包山竹牘

維

B 包山 270

D 璽彙 3827

B 隨縣 123

B 隨縣漆書

B 璽彙 0225

C 廿三年襄城令矛

E 璽彙 0880

E 璽彙 3957

綊

B 仰天 32

緐

B 鄂君啟車節

B 包山 90

B 包山 90

C 璽彙 3276

E 陶彙 4·36

纆

D 陶彙 3·182

紛

B 隨縣 63

B 包山 268

B 包山 271

B 郭店・老甲 27

繢 綃 緍 絜 絡 紙 纑

B 隨縣 43

璽彙 2606

C 侯馬

B 郭店・老丙 3

B 郭店・緇衣 29

B 郭店・六德 38

A 雲夢・封診 82

A 雲夢・雜抄 18

A 雲夢・日甲 61 反

D 璽彙 3921

D 陶彙 3・1048

D 陶彙 3・1049

綌

輯存 65

緰

A 雲夢・語書 10

C 侯馬

C 侯馬

經

B 郭店・成之 8

⿰糸尌

A 詛楚文

B 隨縣 9

D 陶彙 3・161

絜

A 雲夢・爲吏 2

繆

A 雲夢・效律 56

D 陶彙 3・113

D 陶彙 3・267

綢

B 隨縣 133

B 包山竹牘

陶彙 6・20

綏

B 隨縣 88

B 包山 277

璽彙 1414

彝

B曾姬無卹壺

B酓璋鎛

B酓璋鐘

C中山方壺

D禾簋

緅

B信陽2·12

B信陽2·24

B包山竹牘

⿰糸㒼*

B璽彙1834

裁*

B鄂君啟車節

B包山157

⿰糸弋*

B郭店·緇衣3

B郭店·殘2

B九店56·36

⿰糸市*

B隨縣131

⿰糸乇*

B包山277

B包山竹牘

⿰糸反*	 B 信陽 2·12		
紻*	 B 九店 56·123		
⿰糸夫*	 B 天星		
⿰糸王*	 B 信陽 2·13		
⿰糸可*	 B 仰天 2		
綖*	 B 仰天 2	 B 仰天 4	 B 郭店・六德 27
⿰糸犬*	 璽彙 0226		
⿰糸攴*	 璽彙 3596		

絓*

B 包山 268

B 包山 277

絽*

B 包山 271

B 包山竹牘

絣*

B 郭店・緇衣 18

B 包山竹牘

結*

A 雲夢・封診 74

B 信陽 2・23

絈*

B 包山 263

⿰糸石*

B 包山 268

⿰糸宅*

B 郭店・緇衣 44
同⿰糸乇。

紽*

C 璽彙 0495

C 璽彙 1614

絧*

璽彙 4033

紼*

D 陶彙 3·899

D 陶彙 3·900

緈*

B 郭店・緇衣 30

綏*

B 包山 267

絾*

B 包山 270

B 包山 271

絴*

璽彙 3498

璽彙 4074

紶*

B 天星

綸*

璽彙 0498

璽彙 3020

⿰糹巨*

 璽彙 1847

紶*

 C 璽彙 0768

 C 璽彙 2457

⿰糹余*

 D 璽彙 2532

 C 璽彙 2580

 C 璽彙 2962

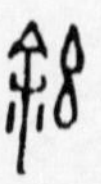 C 璽彙 3353

綐*

 C 侯馬

 C 侯馬

 C 侯馬

 C 侯馬

絓*

 B 隨縣 63

⿰糹里*

 B 包山 268

綉*

 B 仰天 8

 B 包山 254

⿰糹季*

 B 包山 259

綻*	給*	⿰糸豕*	⿰糸屈*	綼*	⿰糸長*	緔*	⿰糸禺*
 璽彙 1415	 璽彙 2307	 璽彙 2876	 B 包山 268	 B 包山竹牘	 C 中山方壺	 B 天星	 C 璽彙 2601

縕*

璽彙 2320

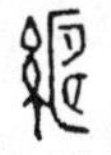
璽彙 2407

緣*

C 璽彙 1493

C 璽彙 2911

緮*

B 隨縣 133

綵*

璽彙 2613

綘*

B 包山 268

B 包山 271

紩*

D 陶彙 3·1101

緒*

B 仰天 6

綒*

B 隨縣 123

⿰糸則*	 B 包山 56			
⿰糸耑*	 B 包山 267			
繯*	 B 包山 268	 B 包山 277		
⿰糸豙*	 B 信陽 2·7	 B 信陽 2·13		
⿰糸冢*	 B 包山竹牘			
⿰糸⿸厂隹*	 B 璽彙 5480	 B 包山 85	 璽彙 0584	
⿰糸帶*	 B 信陽 2·7 同帶。	 B 包山 231	 B 璽彙 1560	 璽彙 2871
	 璽彙 4060	 C 長子盉		

䋲*	 B 天星 同縢。	
緣*	 陶彙 9·107	
繝*	 B 天星	
𦄻*	 B 包山 231	
繐*	 B 隨縣 6	 B 隨縣 10
繨*	 B 仰天 3	 B 包山 259
緦*	 B 包山 268	
緸*	 B 包山 272	

[糸帚]*

B 仰天 2

繏*

B 隨縣 138

B 包山 271

B 包山竹牘

絺*

C 璽彙 2602

[糸悲]*

B 仰天 24

繐*

B 望山 2·6

[糸僉]*

B 仰天 13

[糸虘]*

B 隨縣 31

[糸卣]*

B 信陽 2·7

縩*	⿰糹裴*	⿰糹劃*	繢*	⿰糹虘*	締*	⿰糹厭*	⿰糹桀*
C 璽彙 1216	C 璽彙 1908	B 信陽 2·2	B 望山 2·23	B 仰天 22	B 郭店·語叢 3·55	B 包山 259	B 信陽 2·21

纁*	 B 包山 268
繫*	 B 隨縣 56
繆*	 B 信陽 2·13  B 信陽 2·15  B 郭店·老甲 21
纀*	 B 郭店·老丙 7
綖*	 B 包山 164
緦*	 B 郭店·語叢 1·10
絢*	 B 包山 278 反  B 郭店·唐虞 10  B 郭店·唐虞 23  B 郭店·語叢 1·49
	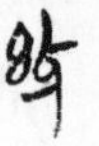 B 郭店·語叢 3·48

紿*	線*	紋*	紺*	緍*	紘*	繝*	纀*
 璽彙 0767	 璽彙 0772  璽彙 1622	 A 雲夢・秦律 126	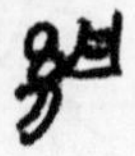 B 望山 2·48	 A 雲夢・秦律 110	 C 璽彙 4059	 B 望山 2·48	 B 包山 270

〔緩〕⿰素爰	〔綽〕繛	素	⿱艹素*	⿰糹⿱罒隹*	⿰糹遷*	紤*	⿰糹午*
[glyph] A 十鐘	[glyph] 璽彙 0496	[glyph] B 天星	[glyph] A 雲夢・封診 82	[glyph] B 天星	[glyph] B 包山 275	[glyph] A 雲夢・秦律 5	[glyph] 璽彙 3943
[glyph] A 印典	[glyph] 璽彙 2920						
[glyph] B 包山 76							
[glyph] B 包山 96							

D 陶彙 3·1141

絲

A 雲夢·日甲 119 反

A 雲夢木牘

B 信陽 2·2

B 郭店·緇衣 29

璽彙 2662

轡

A 石鼓文·鑾車

B 隨縣 7

B 隨縣 11

虫

C 魚顛匕

E 璽彙 0729

璽彙 1099

雖

A 新郪虎符

A 集粹

A 雲夢·效律 21

虺

A 珍秦 59

A 陶彙 9·82

蚰

B 包山 21

⿱丰虫	B 包山 81	B 包山 82	C 侯馬	璽彙 3524
⿱曲虫〔蠆〕	B 包山 185	B 包山 190	B 郭店・老甲 33	C 侯馬
⿱齊虫	C 中山圓壺 次、齊聲通。	C 璽彙 0536	C 璽彙 1842	C 璽彙 2615
	C 璽彙 2731			
強	A 十鐘	A 吉大 130	A 雲夢・雜抄 8	B 包山 103
	B 包山 162	B 郭店・老甲 7	B 郭店・成之 23	C 侯馬
	E 璽彙 2749	E 璽彙 3553	E 璽彙 4110	璽彙 2204
蜀	A 廿六年蜀守武戈	A 蜀西工戈	A 石鼓文・吾車	B 郭店・老甲 21

B郭店・五行16

B郭店・性自7

璽彙3501

璽彙3302

螻

B信陽2・3

蠪

A赫連16

C璽彙2730

C集粹

蠰

B望山1・2

蚩

C魚顛匕

蛬

B郭店・老甲33

蝕

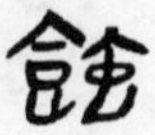
A雲夢・答問65

B包山227

B包山210

螌*

D陶彙3・105

D陶彙3・276

蚺*

B 曾侯乙鐘

蝱*

B 郭店·忠信 2

B 郭店·唐虞 21

B 郭店·唐虞 21

B 郭店·老甲 32

虼*

E 璽彙 2514

E 璽彙 3489

蚣*

E 璽彙 3322

E 璽彙 3452

E 燕下都 166·3

蛆*

E 璽彙 3267

蚘*

C 魚顛匕

蠹*

B 帛書乙

蚀

C 魚顛匕

〔蚤〕𧖸

A 雲夢・日乙 135

B 郭店・尊德 28

蠭

A 雲夢・秦律 2

同蠭。

〔蜜〕蠠

B 包山 255

B 包山 257

蠹

A 雲夢・效律 42

蠡

A 集粹

𧈧*

B 郭店・語叢 4・18

蟄*

A 陶彙 5・384

𧈪*

陶彙 3・143

它

A 十鐘

A 雲夢・答問 25

B 包山 164

B 郭店・老甲 33

風

A 雲夢・效律 42

B 帛書甲

B 帛書甲

蟲

A 集粹

B 包山 191

B 郭店・老甲 21

蠃*

B 曾侯乙鐘

蠶*

B 信陽 1・4

蠡*

C 侯馬

蝨*

B 郭店・老甲 33

蟊*

B 郭店・語叢 1・49

⿰阝黽*

 B 郭店・六德 14  C 三晉 126  C 三晉 126

⿰見黽*

 C 璽彙 0518 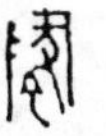 C 璽彙 0991

⿱龍黽*

 B 天星  B 天星

⿰黽區

 B 天星  B 天星

黽

 B 郭店・緇衣 46  B 郭店・緇衣 46

⿰黽目

 A 大良造鞅鐓  A 珍秦 142  A 陶彙 5・118  B 鄂君啟車節

鼈

 A 雲夢・秦律 5

鼂

 A 集粹  A 集粹  A 十鐘  A 珍秦 172

⿺黽耂*

B 包山 172

B 包山 273

B 郭店・窮達 7

⿺黽匕*

B 包山 199

⿺黽刂*

B 包山 85

⿺黽斤*

B 包山 82

⿱雨黽*

B 包山 125

⿰口黽*

B 天星

B 天星

卵

A 珍秦 108

B 包山 265

⿰卵夷*

B 隨縣 18

B 隨縣 137

二

A 雲夢・效律 3

A 青川木牘

B 包山 4

B 郭店・五行 48

《説文》：『弍，古文。』

B 郭店・語叢 3·67

C 東周左官壺

E 燕下都 241·5

亟

A 雲夢・秦律 16

A 秦玉版

B 王子午鼎

B 郭店・唐虞 19

C 侯馬

C 侯馬

C 侯馬

恒

A 珍秦 42

A 珍秦 57

A 雲夢・日乙 134

B 璽彙 5700

B 包山 130

B 包山 197

B 包山 201

B 包山 220

B 包山 222

B 郭店・成之 1

B 郭店・魯穆 1

B 郭店・緇衣 32

		B 帛書乙		C 六年格氏令戈	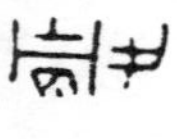	C 璽彙 2675		
竺		B 仰天 7		B 郭店・老甲 9		C 侯馬		
凡		A 新郪虎符		A 雲夢・語書 9		B 隨縣 121		B 包山 4
		B 包山 204		B 九店 56・21		B 郭店・語叢 1・48		B 郭店・性自 10
		B 帛書乙						
土		A 雲夢・日乙 40		B 包山 233		B 郭店・緇衣 13		B 郭店・唐虞 10
		B 帛書乙		C 哀成叔鼎		D 陶彙 3・499		D 陶彙 3・584
		E 貨系 3395		璽彙 2837				

地

 A 十鐘	 A 雲夢・封診 65	 A 秦王版	 B 包山 149
 B 包山 219	 B 郭店・尊德 7	 B 郭店・老甲 18	 B 郭店・太一 1
 B・郭店・五行 48	 B 郭店・語叢 1・12	 B 郭店・語叢 4・22	 B 郭店・語叢 4・22
 B 郭店・忠信 4	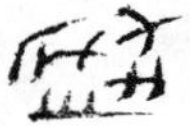 C 侯馬	 C 侯馬	 C 侯馬
 C 侯馬	 C 侯馬	 C 璽彙 1793	 C 璽彙 2163
 C 璽彙 2737	 C 璽彙 2862	 C 中山圓壺	 C 行氣玉銘

坤

 璽彙 1263	 璽彙 1792

堣

 B 仰天 4	 B 仰天 30	 B 郭店・窮達 8

坡

B 包山 188

C 璽彙 2161

C 璽彙 3256

C 兆域圖

坪

B 曾侯乙鐘

B 曾侯乙鐘

B 坪夜君鼎

B 瑚篙鐘

B 隨縣 67

B 隨縣 191

B 包山 138

B 包山 203

B 包山 206

B 包山 240

B 包山 240

B 郭店・老丙 4

B 郭店・尊德 12

B 郭店・尊德 34

B 帛書甲

C 平安君鼎

D 高平戈

E 貨系 2320

E 璽彙 0003

均

A 雲夢・答問 187

B 包山 43

B 郭店・唐虞 2

B 郭店・尊德 34

B 郭店・成之 7

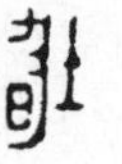
C 香續 101

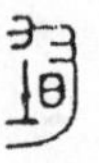
C 集粹

C 璽彙 0782

壤

C 璽彙 0784

C 璽彙 1021

C 璽彙 1129

C 璽彙 2604

C 璽彙 4084

A 雲夢・封診 78

B 郭店・成之 29

B 郭店・成之 34

B 郭店・語叢 4・23

塙

C 三晉 122

B 包山 21

B 包山 27

B 包山 32

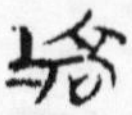
B 包山 37

壚

B 璽彙 1933

D 陶彙 3・415

D 陶彙 3・419

D 陶彙 3・422

璽彙 3328

塊

C 璽彙 1695

坄

C 璽彙 2570

C 集粹

基

B 包山 168

D 古璽通論 185

垣

A 上郡守壽戈

A 十鐘

A 雲夢・日甲 138 反

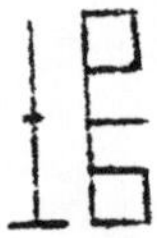
C 三晉 100

C 貨系 4055

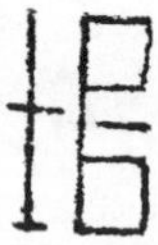
C 三晉 100

堵

A 雲夢・雜抄 40

C 璽彙 0124

璽彙 1328

壁

A 雲夢・日乙 259

B 包山 218

堨

C 璽彙 3003

C 璽彙 3454

堪

A 雲夢・日甲 72

集粹

堂	 A 集粹	 B 郭店・性自19	 C 璽彙3442	 C 璽彙5422
	 D 璽彙3999			
墐	 B 之利殘器			
墍	 A 集證142・147			
在	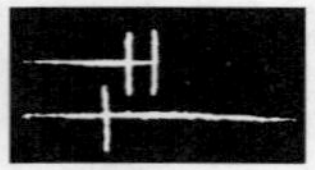 C 中山方壺	 C 璽彙0305	 璽彙1856	 璽彙2378
	 璽彙4569			
坐	 A 雲夢・秦律82	 B 信陽2・18	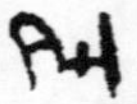 B 包山243	 B 九店56・19
填	 B 隨縣10			

坦

B 包山157

B 包山175

堤

A 雲夢・秦律23

曲堤璽

封

A 陶彙5·384

A 陶彙5·384

A 青川木牘

C 中山王鼎

C 啟封令戈

C 貨系2486

璽彙0839

璽彙0861

璽彙2496

璽彙2569

璽彙4091

璽〔璽鉨〕

A 集粹

《說文》：『籀文从玉。』

A 集粹

A 十鐘

A 璽彙4623

A 雲夢・答問146

B 璽彙0002

B 璽彙0100

B 璽彙0135

B 璽彙0137

B 璽彙0139

B 璽彙0160

B 璽彙0165

 B 璽彙 0166	 B 璽彙 0214	 B 璽彙 0228	 B 璽彙 0279
 B 璽彙 0283	 B 璽彙 3703	 B 璽彙 5549	 B 包山 13
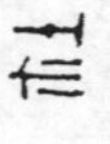 C 璽彙 0341	 C 璽彙 4605	 D 璽彙 0199	 D 璽彙 0236
 D 璽彙 0345	 D 山東 170	 D 陶彙 3·645	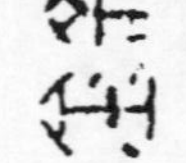 E 璽彙 0158
 E 璽彙 0159	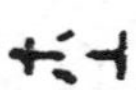 璽彙 4252	 璽彙 5253	 璽彙 5258
 璽彙 5467			

墨

 B 析君戟	 B 璽彙 5477	 B 隨縣 173	 B 包山 7
 B 帛書甲	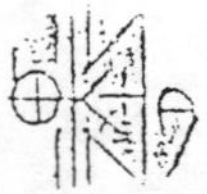 D 貨系 2551 从勹。	 D 陶彙 3·691	

型

B 瑠篙鐘

B 隨縣 170

B 包山 197

B 包山 201

B 信陽 1·2

B 郭店・老甲 16

B 郭店・成之 5

B 郭店・成之 24

B 郭店・成之 39

B 郭店・五行 2

B 帛書丙

C 中山王鼎

C 中山圓壺

璽彙 2573

埻

B 郭店・六德 21

城

A 考古與文物 2000.1

A 雲夢・秦律 122

B 璽彙 0278

B 隨縣 166

B 九店 56·22

B 包山 261

B 郭店・老甲 16

B 郭店・老甲 17

B 郭店・太一 1

B 郭店・太一 12

B 郭店・語叢 3·29

B 帛書丙

B包山2

C中山王鼎

C三晉51

C貨系1080

C璽彙0115

C璽彙4043

C璽彙4047

C度量85

C陶彙6·24

D昌城戈

D成陽高馬里戈

D武城戈

D武城戈

D璽彙0150

D陶彙3·514

D陶彙3·532

D陶彙3·539

D陶彙3·542

E燕侯載簋

E璽彙0119

E璽彙1889

E璽彙2798

墉

B曾侯乙鐘

增

A雲夢·雜抄41

B九店56·50

埤	坿	塞	埱	墠	垑	壘	毀
 A 雲夢・雜抄41	 B 璽彙5548  C 吉大4  C 璽彙1386  C 璽彙2315	 A 雲夢・雜抄41	 A 雲夢・答問28	 B 郭店・成之28	 B 九店56·48	 B 包山190  C 十三年每□令戈	 A 雲夢・日甲61  B 鄂君啟車節  B 郭店・語叢1·108  B 郭店・窮達14

壞

A廿一年相邦冉戈

A雲夢·雜抄40

B郭店·唐虞28

坷

B包山100

堋

B璽彙3720

B天星

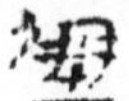
B包山173

龔

乍冢龔戈

場

B璽彙0099

B璽彙2565

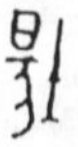
璽彙2566

B包山122

圭

A詛楚文

B郭店·緇衣35

C隨縣漆書

C温縣

圳*

陶彙9·25

圩*

B包山263

坔*		B 冶紹車飾		B 石坔刃鼎		B 貨系 4153		B 包山 157
圩*		B 望山 2·56						
坱*		B 郭店・太一 7						
坉*		B 郭店・老甲 9						
坛*		B 隨縣 208						
坂*		B 曾侯乙鐘						
坸*		璽彙 3239						
埜*		璽彙 5147		璽彙 5150		璽彙 5152		

巻*

C 封成 19

巻*

A 考古 1996.5

皇*

E 璽彙 0186

E 璽彙 0187

E 璽彙 0188

E 璽彙 0189

虘*

C 山東 171

𡋑*

B 包山 255

B 郭店・窮達 13

璽彙 3085

垪*

B 信陽 2・14

璽彙 0720

埘*

B 郭店・語叢 1・95

D 山東 001

𡊅*

D 璽彙 3923

⿱巠土*	⿰土巠*	垎*	⿱⿱亠回土*	⿰土昔*	⿰阝坐*	⿰土戔*
C 三晉 71	D 陶彙 3·427	B 湖南 17	C 吉大 6	C 璽彙 2564	C 璽彙 2568	C 璽彙 2578
		B 湖南 23	C 璽彙 1696			C 璽彙 2579
		B 包山 170	C 璽彙 2314			C 璽彙 2580
			C 璽彙 2563			B 帛書甲

堣*
 B九店56·39  B上海簡  璽彙5267

萛*
 璽彙3295  璽彙3326

埬*
 B望山1·124

恙*
 璽彙0071  璽彙4140  璽彙4141

堹*
 C璽彙3880

塧*
 B九店56·39

堲*
 B包山95

壇*
 璽彙0115

塚*	壄*	埮*	窀*	塞*	墺*	壆*	壥*
 C 温縣	 B 包山 15  B 包山 176  B 郭店・老甲 35	 B 望山 2・56	 B 包山 191 或釋宅。	 B 包山 183	 D 陶彙 3・164  D 陶彙 3・165	 璽彙 1917	 B 郭店・老丙 13  B 郭店・太一 7  璽彙 3668

字頭	字形	出處
⿱亶土*		璽彙 2575
壞*		B 郭店・緇衣 41 同褱。
⿰土難*		B 郭店・老甲 15 同難。
黖*		B 包山 74
黬*		B 黬鐘
		B 隨縣 170
⿰黑喬*		B 包山 98
		B 包山 107
墝*		B 郭店・唐虞 1 同尧。
		B 郭店・唐虞 9
⿰土出*		璽彙 2127

堯

D 璽彙0262

B 郭店・六德7

B 郭店・窮達3

B 帛書乙

堇

B 郭店・老甲24

B 郭店・老乙9

D 陳曼簠

里

A 石鼓文・作原

A 雲夢・語書14

B 璽彙0179

B 包山22

B 郭店・成之31

B 郭店・語叢1・32

C 中山王鼎

C 陶彙6・86

C 陶彙6・155

D 陶彙3・6

D 陶彙3・412

D 陶彙3・664

釐

A 陶彙5・328

B 郭店・太一8

B 郭店・窮達15

B 郭店・尊德33

B 郭店・尊德39

C 中原文物1999.3

野〔埜〕

A 集粹

A 陶彙5・156

A 秦陶335

A 雲夢・日甲144

甸

A 雲夢・答問 190

B 包山 186

畝

A 雲夢・秦律 38

C 璽彙 0349

畸

A 十鐘

A 吉大 155

疇

A 雲夢・秦律 38

田

雍之田戈

A 集粹

A 石鼓文・田車

B 包山 94

B 璽彙 0231

B 包山 171

B 郭店・尊德 14

璽彙 3992

A 官印 0068

B 治盤匕

B 邗王是埜戈

B 璽彙 0252

畔		B 郭店・老甲 25		B 郭店・老甲 30				
畛		A 青川木牘						
略		A 詛楚文						
當		A 武當矛		A 十鐘		A 陶彙 5・1		A 雲夢・秦律 174
	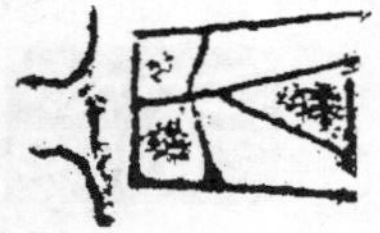	B 貨系 4179						
留		A 屯留戈		A 秦印		A 封成 1670		B 信陽 2・13
	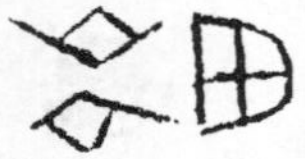	C 三晉 92		C 三晉 94		C 三晉 94		C 璽彙 0920
	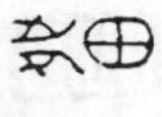	C 璽彙 1960		E 璽彙 2747		璽彙 5360		

畜		A 十鐘		A 雲夢・秦律 77		B 書也缶		B 帛書丙
暘		A 雲夢・秦律 1						
⿰田犛*		B 隨縣 80		B 包山 157		B 包山 157		
疆		B 𩌦鐘		B 𩌦鐘		B 郪陵君豆		B 包山 87
		B 包山 153		C 中山方壺				
畾*		陶彙 3・1381						
⿱畕子*		璽彙 1985		璽彙 1919				
⿰畕周*	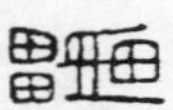	璽彙 2792	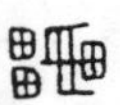	璽彙 5571				

黃

A 十鐘
A 石鼓文・汧殹
A 雲夢・秦律 34
B 曾侯乙鐘

B 璽彙 1251
B 璽彙 1258
B 璽彙 1259
B 隨縣 133

B 包山 107
B 包山 168
B 信陽 2·3
C 哀成叔鼎

C 趙孟庎壺
C 貨系 709
C 璽彙 0728
C 璽彙 0750

D 陳侯因資敦
E 燕王職矛
E 燕王職矛

男

A 雲夢・答問 167
B 黝鐘
B 黝鐘
D 陶彙 3·703

璽彙 3362

力

A 雲夢・爲吏 19
B 郭店・尊德 15
B 郭店・緇衣 19
C 中山王鼎

璽彙 0909

動〔勛〕

C 中山方壺

《說文》：『古文動从員。』

助

A 雲夢·爲吏 9

務

A 雲夢·爲吏 29

勥

B 郭店·太一 9

B 郭店·五行 41

B 郭店·五行 41

B 郭店·尊德 22

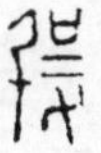
C 璽彙 0525

C 璽彙 0969

勁

A 集粹

B 包山 42

C 璽彙 0843

勉

A 雲夢·日甲 111 反

璽彙 1901

勝		A 集粹		A 集粹		A 集粹		A 故宫 419
		A 雲夢・爲吏 10		B 包山 113		B 包山 164		B 包山 180
		B 郭店・老乙 15		B 郭店・老丙 10		B 郭店・成之 8		B 郭店・成之 36
		B 郭店・尊德 36		C 十三年上官鼎		C 廿九年高都令劍		C 璽彙 0947
	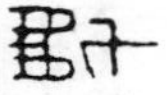	C 璽彙 1186		C 璽彙 2180		C 璽彙 2994		C 集粹
		C 吉大 21		C 考古學集刊 5				
勶		A 雲夢・爲吏 43		璽彙 3983				
[illegible]		A 香續 63						

動

B 郭店・老甲 23

B 郭店・性自 10

B 郭店・性自 26

勞

A 雲夢・雜抄 29

B 包山 16

B 包山 189

B 郭店・緇衣 6

B 郭店・尊德 24

C 中山王鼎

券

B 包山 168

B 包山 183

勤

C 中山王鼎

C 中山方壺

加

B 隨縣 85

B 郭店・窮達 9

B 郭店・語叢 3・5

璽彙 1259

璽彙 1260

璽彙 1680

勇

B 郭店・成之 9

B 郭店・語叢 4・24

B 郭店・尊德 33

B 包山 71

劾

A 雲夢・效律 55

募

A 雲夢・雜抄 35

⿰方壬*

B 郭店・性自 62

⿰方它*

B 包山 67

B 包山 79

B 包山 207

⿰車力*

B 包山 118

⿰立力*

璽彙 0547

⿰目力*

C 侯馬

C 侯馬

C 侯馬

C 侯馬

C 侯馬

牁*	B 包山85	B 包山102　B 包山170
[illegible]*	B 包山168	
[illegible]*	璽彙3168	
[illegible]*	B 郭店・成之35 同争。	
[illegible]*	B 包山51 同弼。	
莇*	璽彙2585	
[illegible]*	B 包山174	
[illegible]*	璽彙3095	璽彙3834

⿱臤力*

B 包山 73

B 包山 85

B 包山 172

⿰谷力*

B 信陽 1·32

⿰臣秀*

B 郭店・唐虞 11

勪*

C 侯馬

族*

B 包山 143

B 璽彙 2256

⿰埶力*

C 吉大 51

壉*

B 包山 163

B 璽彙 2552

勵*

C 侯馬

劦

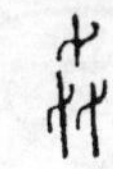

C 璽彙 0460

D 陶彙 3·837

金

A 珍秦187

A 雲夢・效律7

B 書也缶

B 鄂君啟車節

B 王子午鼎

B 包山109

B 包山116

B 包山276

B 信陽2·7

B 郭店・性自5

B 郭店・老甲38

B 郭店・五行20

C 中山方壺

D 十四年陳侯午敦

D 陳逆簠

D 陳昉簋蓋

E 璽彙0363

璽彙3346

鋈

A 雲夢・封診47

錫

B 天星

銅

B 實志鼎

B 隨縣 62

C 長子盉

鐵

A 集證 143·159

A 雲夢·雜抄 23

錯

B 璽彙 5488

鋻

A 石鼓文·田車

鏤

璽彙 3687

鑄

A 雲夢·日甲 13 反

B 書也缶

B 實志鼎

B 集脰鼎

B 長沙銅量

B 鄂君啟車節

B 璽彙 1252

B 湖南 14

鑊 鑑 鍾 銷

C 哀成叔鼎

B 包山 277

C 智君子鑑

C 𪆆羌鍾

C 香續 66

D 陶彙 3·717

A 雲夢・秦律 15

D 璽彙 3760

C 上官鼎

C 三晉 117

D 公孫竈壺

D 邾公華鍾

C 子孔戈

C 中山方壺

C 耳公劍

C 卅年虒令鼎

B 包山 18

C 哀成叔鼎

C 公朱左官鼎

C 郾孝子鼎

鎬

B 大子鎬

B 仰天 38

鉛

B 郭店・語叢 4·15

鑪

E 三晉 143

E 聚珍 154·1

E 璽彙 3057

錯

A 十鐘

A 集粹

A 秦陶 959

鉥

A 雲夢・答問 86

鈹

A 雲夢・答問 85

鈕

B 包山 214

《説文》:『古文鈕从玉。』

錍

C 土匀錍

銖

A 鐵雲

鋸

E 燕王職戈

E 燕王職戈

釱

B 包山 276

B 包山 276

E 燕王職矛

E 燕王喜劍

銍

A 官印 0017

B 包山 276

錢

A 雲夢・效律 9

B 包山 265

B 璽彙 5505

鍦

B 隨縣 11

鑿

A 雲夢・日甲 103

C 侯馬

C 侯馬

C 侯馬

C 侯馬

C 侯馬

C 侯馬

鋝

B貨系4264

B貨系4265

錘

A雲夢・秦律130

鈎

A故宫413

A集粹

鐲

津藝29

鈴

B楚王領鐘

鉦

西替簋

B冉鉦鋮

鐃

B包山270

鐸

B曾侯乙鐘

B□外卒鐸

C中山王鼎

鐘

D 璽彙3666

A 集證138·85

B 曾侯乙鐘

B 隨縣鐘架

B 隨縣石磬

鎛

B 隨縣石磬

B 信陽2·18

B 余義鐘

鑞鎛戈

鈒

璽彙3875

鉈

B 包山266

B 仰天34

B 信陽2·8

錟

B 信陽2·27

錞

D 陳侯因資敦

D 十四年陳侯午敦

鏐	 B 之利殘器　 D 郘公華鐘
釬	 B 信陽2·14
鑾	 A 石鼓文·鑾車
銜	 A 津藝80
鈇	 B 信陽2·17
釣	 B 天星
鍡	 B 隨縣鐘架　 B 隨縣鐘架　 B 隨縣鐘架　 B 隨縣鐘架
鈔	 B 信陽2·8　 B 包山263　 B 郭店·語叢4·23

鉅	鈍	銘	鉽*	釠*	⿰金乇*	⿰金丰*	⿱金日*
A 十鐘	璽彙 2324	C 中山王鼎	B 隨縣 77 C 璽彙 3237	C 璽彙 1346 C 璽彙 2133 C 璽彙 3979	B 信陽 2·15	B 隨縣 106	B 郭店・殘 11

鈚*

E 纕安君鈚

鈛*

D 平阿戈
同戈。

D 平陽戈

鉘*

E 燕侯載戈

鉚*

E 燕王矛

璽彙 3268

鉊*

B 包山 266

B 璽彙 5503

銍*

B 包山 147

B 包山 147

鈲*

B 包山 265

C 中山侯鉞

鉙*

B 信陽 2·24

鈦*

B 安昌里館印存

鈷*

西替匠

銅*

B 信陽 2·14

鉌*

D 璽彙 0064

同鉌。

D 古璽通論 185

[金苟]*

E 璽彙 0864

鉼*

B 包山 252

集粹

鉄*

C 上官豆

C 上官豆

鋁*

B 余義鐘

鉸*

B 集粹

銉*

B 隨縣 11

鉊*

D 璽彙 0019

D 璽彙 0312

鋀*

D 陶彙 3·703

E 璽彙 0292

E 陶彙 4·151

鋧*

B 包山 276

鋯*

B 望山 2·13

鑍*

D 璽彙 0355

D 陶彙 3·650

D 陶彙 3·652

D 古璽通論 122

鋻*

B 信陽 2·8

E 璽彙 0367

E 陶彙 4·18

鍴*

E 璽彙 0126

E 璽彙 0363

E 璽彙 0364

E 璽彙 0365

[illegible]*

璽彙 2957

[illegible]*

D 陵右戟

同戟。

鍨*

E 行議矛

鉌*

D 子禾子釜

D 左關鉌

[illegible]*

B 包山 115

[illegible]*

B 包山 252

鍓*		B 包山 127
鍉*		B 望山 2·6
鍸*		C 十一年閃令矛
鏊*		B 望山 2·50
鑢*		C 侯馬
鍏*		B 隨縣 4
鋸*		B 包山 261
鉼*		B 包山 277

銕*
B 包山 260

⿰金卝*
A 陶彙 5·444
同礦。

⿰金逵*
B 包山 254

⿰金臥*
B 包山 168
C 韓鍾劍

⿰金褱*
璽彙 1090

⿰金舄*
B 包山 254

⿰金帚*
B 隨縣 80

鐱*
B 包山 18
同劍。

字頭		
鑇*	 西替簋	 D 鑇頃戈	 D 陳昉簋蓋
鐶*	 B 仰天 21	 B 集粹	 C 璽彙 3072
鑃*	 B 姑馮勾鑃		
鏷*	 B 包山 260		
鑈*	 B 璽彙 3618		
鑯*	 鑯鑄戈		
鑘*	 B 包山 276		
鍎*	 B 郭店・老丙 7		

鎊*	⿰金堇*	鑐*	鑵*	⿰金舊*	⿰金歸*	鑤*	幵
B 包山 260	B 天星	B 包山 265	B 郭店・語叢 1·101	E 陶彙 4·8	B 曾侯乙鐘；B 曾侯乙鐘	C 韓鍾劍	C 三晉 128

勺

 B 郭店・語叢 4・24
 E 貨系 2675
 鶴廬印存

雩*

 B 天星
 B 天星

与

 B 郭店・語叢 1・107
 B 郭店・語叢 3・11
 B 郭店・語叢 1・109
 B 郭店・語叢 1・110

几

 B 包山 146

尻

 B 鄂君啟車節
 B 包山 3
 B 包山 156
 B 包山 238

処〔處〕

 B 九店 56・47
 B 郭店・成之 8
 B 郭店・性自 54
 B 郭店・緇衣 9
 C 貨系 2487
 C 璽彙 0414
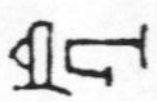 C 璽彙 1726
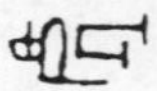 C 璽彙 3145
 A 十鐘
 A 陶彙 5・149
 A 陶彙 5・132
 A 石鼓文・汧殹

且

C 中山圓壺

C 魚顛匕

『処』或从虍聲作『處』。

俎

B 王子午鼎

B 郭店・唐虞 5

D 陳侯因資敦

A 十鐘

B 望山 2·45

斤

A 雲夢・效律 6

C 陶彙 6·82

D 仕斤戈

斧

A 雲夢・封診 57

D 公孫竈壺

斯

B 包山 157

B 包山 157

B 包山 157

B 包山 163

B 包山 168

B 包山 190

斫

A 雲夢・語書 12

璽彙 2606

斫

B 包山 149

C 平安君鼎

斲

A 雲夢・日乙 85

釿

C 平安君鼎

C 信安君鼎

C 貨系 1348

C 貨系 4055

C 璽彙 2963

C 侯馬

所

A 石鼓文・作原

A 雲夢・爲吏 24

A 龍崗 212

B 王子午鼎

B □壽之歲戈

B 隨縣 67

B 包山 154

B 包山 257

B 郭店・成之 3

B 郭店・老甲 2

B 郭店・語叢 1·29

B 郭店・語叢 1·85

C 中山方壺

C 十一年庫嗇夫鼎

C 十一年閔令戈

C 王何戈

新	 A 新郪虎符	 A 陶彙5·183	 A 秦陶1214	 A 考古與文物2000.1
	 B 郭店·語叢2·35			
斷	 B 信陽2·1	 B 包山134	 B 包山137	 B 郭店·六德44
斮	 C 璽彙0847			
斯	 B 郭店·性自34			
	 A 集粹	 B 郭店·語叢3·17	 B 郭店·性自25	 B 郭店·性自34
	 D 陶彙3·279	 E 雍王戈		
	 C 魚顛匕	 C 侯馬	 C 侯馬	 璽彙3586

字頭				
	A 雲夢・效律32	A 雲夢・編年7	B 曾侯乙鐘	B 曾侯乙鐘
	B 璽彙0143	B 璽彙0281	B 隨縣67	B 包山6
	B 包山16	B 包山61	B 包山154	B 包山183
	B 包山202	B 郭店・老甲35	B 郭店・老丙1	B 郭店・成之31
	B 郭店・唐虞5	C 中山圓壺	C 三晉51	璽彙0837
折*	B 中國錢幣1994.3	B 貨系4179	B 貨系4184	
⿰壴斤*	西替臣			
⿰⿱幺言斤*	B 包山145	B 包山177	B 包山187	B 郭店・成之3

斗 斛 料 斞 魁 料

B 郭店・成之 19

A 秦公簋蓋

A 萯陽鼎

A 雲夢・效律 5

C 十一年庫嗇夫鼎

C 璽彙 1069

C 公朱左官鼎

C 陶彙 6・51

A 雲夢・效律 11

D 陶彙 3・725

C 斞量

A 十鐘

C 貨系 2205

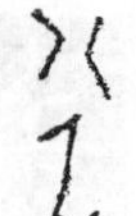
C 三晉 59

C 金頭像飾

C 貨系 952

C 貨系 987

C 陶彙 6·173

C 侯馬

C 侯馬

D 子禾子釜

矡*

A 璽彙 1278

A 津藝 79

A 集粹

升

A 秦公簋蓋

A 萯陽鼎

A 雲夢・效律 4

B 郭店・唐虞 16

B 郭店・唐虞 17

C 金村銅鈁

矛

B 郭店・五行 41

矜*

A 詛楚文

B 郭店・老甲 7

秭*

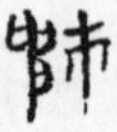
B 天星

車

- A 石鼓文・鑾車
- A 雲夢・秦律 74
- B 鄂君啟車節
- B 隨縣 1
- B 包山 157
- B 包山 267
- C 中山圓壺圈足
- C 集粹
- D 子禾子釜
- E 璽彙 0368
- 璽彙 5270

軒

- B 隨縣 50
- B 隨縣 172
- B 包山 267
- 璽彙 2496
- E 璽彙 0308

軺

- A 龍崗 179

輕

- A 集證 163・283
- A 雲夢・答問 93

輿

- A 詛楚文
- A 雲夢・日乙 90
- B 包山 203
- B 包山 223

輯

A 陶彙 5·384

輅

C 四年邘令戈

C 璽彙 2491

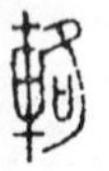
C 璽彙 2492

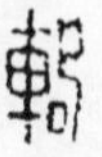
C 璽彙 2495

軝

A 十鐘

軫

A 關沮秦簡

A 雲夢·日乙 95

B 郭店·五行 43

軸

A 雲夢·秦律 125

轂

B 隨縣 74

輨

C 璽彙 2497

C 璽彙 2498

C 璽彙 2500

轅

A 雲夢·秦律 125

輈

B 包山竹牘

軶

B 隨縣 7

B 隨縣 112

軥

B 望山 2·11

轙

B 包山 266

載

A 雲夢・雜抄 8

B 坪夜君鼎

B 鄂君啟車節

B 隨縣 80

B 隨縣 84

B 包山 269

B 包山 273

B 郭店・尊德 29

C 中山方壺

E 燕侯載簋

E 燕侯載戈

軍

A 璽彙 5708

A 雲夢・雜抄 8

B 璽彙 0210

B 包山 88

輸

A 集粹

A 雲夢・效律 49

轉

A 雲夢・爲吏 3

轄

B 隨縣 10

範

B 包山 167

B 包山 172

璽彙 3517

E 陶彙 4・133

D 璽彙 0095

E 枝里瘟戈

E 璽彙 0368

E 璽彙 0126

C 中山王鼎

C 中山侯鉞

C 璽彙 0349

D 璽彙 0047

B 包山 173

B 郭店・老丙 9

B 郭店・成之 9

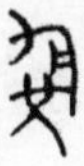
B 郭店・語叢 3・2

字頭	出處			
軌*	B 望山2·10	璽彙2026	璽彙2452	
	璽彙5706			
	C 中山方壺	C 璽彙2496	C 侯馬	D 璽彙2194
輔	B 包山175	郭店·太一1	B 郭店·太一2	B 郭店·太一3
斬	A 雲夢·日甲109	B 隨縣155	B 郭店·六德27	璽彙3818
軭	B 隨縣車害	B 隨縣154	B 隨縣169	B 包山145
輗	B 隨縣76			
輪	B 隨縣12	B 隨縣45	B 隨縣71	B 郭店·語叢4·20

⿰車弋*

B 望山 2·8

⿰車乞*

璽彙 1363

軞*

B 包山 179

⿰車分*

B 包山竹牘

⿰車它*

D 陶彙 3·1050

D 陶彙 3·1051

⿰車加*

C 侯馬

⿰車疋*

B 包山 276

⿰車巨*

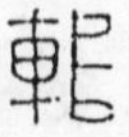

C 集粹

⿰車甬*	⿰車晏*	⿰車每*	輤*	⿰車金*	⿰車隹*	⿰車咎*	⿰戠車*
B 隨縣 63	B 隨縣 71	B 隨縣 76	D 璽彙 0196	C 璽彙 2501 C 璽彙 2502	B 隨縣 45 C 璽彙 0442 C 璽彙 3026 C 書法 1989.1	C □年吂令戈	D 陶彙 3·1161

輏*	⿱罒車*	輩*		⿰車屏*	輸*	⿰車鬲*	⿰車𦉼*
B 帛書殘片	B 隨縣 122 B 隨縣 172	B 隨縣 121 同乘。 B 隨縣 159 B 隨縣 160 B 包山 267	B 包山 271 B 包山 274	B 隨縣 150	璽彙 1127	A 雲夢・秦律 125	B 包山 157

轇*	轓*	輣*	輚*	輸*	輟*	𨍭*	⿱⿰甸攵車*
 璽彙 1254	 B 隨縣 75	 B 天星  B 天星	 B 包山 38	 B 包山 273  B 包山 276	 C 侯馬	 B 隨縣 122	 B 隨縣 206

轎*

A 集粹

A 珍秦 96

輂*

B 包山 271

轚*

B 包山 188

䡴*

C 中山方壺

轡*

B 郭店・忠信 8

B 郭店・性自 30

B 郭店・尊德 1

C 長子盉

C 璽彙 2503

C 璽彙 2506

津藝 28

璽彙 2507

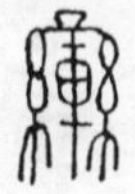
E 璽彙 2508

轖*

B 包山 267

輂*

A 雲夢・秦律 148

轞*

B 九店 56·31

轘*

C 貨系 2481

輤*

C 璽彙 1126

官

A 官印 0010

A 雲夢・答問 95

B 郪陵君豆

B 隨縣 67

B 隨縣 146

B 包山 5

B 包山 18

B 包山 88

B 包山 138 反

B 璽彙 0138

B 璽彙 0140

C 平安君鼎

C 上官豆

C 公朱左官壺

C 東周左官壺

C 璽彙 3998

C 璽彙 4354

C 璽彙 4355

C 陶彙 6·17

璽彙 4268

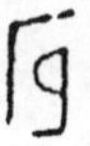
璽彙 4629

璽彙 4631

陵

A 新鄭虎符

A 長陵盉

A 官印 0039

B 曾姬無卹壺

B 鄂君啟車節

B 武陵戈

B 璽彙 0101

B 璽彙 0164

B 璽彙 0209

B 包山 75

B 包山 105

B 帛書乙

D 陳純釜

D 陵右戟

D 璽彙 0156

D 璽彙 2330

D 陶彙 3·21

D 陶彙 3·23

D 陶彙 3·652

陶彙 9·45

陰

A 雕陰鼎

A 中國古文字研究

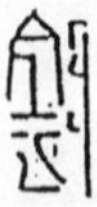
A 集證 176·645

A 官印 0040

陽

 A 上博 34	 A 秦陶 488	 A 石鼓文・鑾車	 A 雲夢・日乙 6
 C 三晉 54	 C 貨系 1422	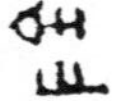 C 璽彙 0073	 C 璽彙 0077
 C 璽彙 2332	 C 璽彙 3134	 D 陰平劍	 E 璽彙 0085
 E 璽彙 0187			
 A 新郪虎符	 A 官印 0032	 A 集粹	 A 珍秦 83
 A 集證 220・256	 A 考古與文物 2000.1	 A 考古與文物 2000.1	 A 石鼓文・霝雨
 A 雲夢・答問 57	 B 集粹	 B 包山 78	 B 包山 96
 B 包山 126	 B 信陽 2・13	 C 貨系 1041	 C 三晉 90

C 三晉115

C 璽彙0171

C 璽彙4047

C 陶彙6·23

C 陶彙6·24

C 陶彙6·25

C 侯馬

D 平陽戈

D 成陽戈

D 平陽戈

璽彙3420

陸

A 珍秦140

A 陶彙8·1

B 包山62

C 吉大6

E 燕下都462·6

璽彙2318

阿

B 璽彙0317

C 貨系2489

D 平阿左戈

D 璽彙0313

璽彙0993

阪

A 石鼓文·作原

A 雲夢·日甲75反

字	字形	出處
隅		A 雲夢・日甲 40 反
險		A 雲夢・語書 12
陮〔堆〕		B 望山 2・13
隗		A 十鐘
		A 十鐘
		A 故宫 430
隥		C 侯馬
		C 侯馬
		C 侯馬
		C 侯馬
陟		D 陶彙 3・1291
		D 陶彙 3・1292
		D 陶彙 3・1293
陷		A 雲夢・雜抄 35
隊		A 新郪虎符
		B 包山 168

降

A 集粹

A 考古與文物 2000.1

A 考古與文物 2000.1

A 雲夢・日乙 134

B 郭店・五行 12

C 中山王鼎

E 不降矛

隕

C 中山王鼎

陸

B 郭店・老甲 16

B 包山 22

B 包山 62

B 包山 163

B 包山 167

B 包山 168

B 包山 179

B 包山 184

阮

B 郭店・唐虞 26

璽彙 2549

璽彙 2937

A 雲夢・語書 12

B 隨縣漆書

防

E 璽彙 1334

E 璽彙 2326

隄

A 雲夢・效律 30

陘

A 十鐘

A 秦印

隱

A 十鐘

A 珍秦 128

A 珍秦 194

A 秦印

A 陶彙 5・370

A 雲夢・答問 125

陝

A 石鼓文・田車

A 陶彙 6・54

A 陶彙 6・55

C 貨系 1399

C 貨系 1406

C 貨系 1408

陭

A 陭氏戈

隃

A 雲夢・秦律 81

阮

A 秦印

A 陶彙 3·907

陳

B 長沙銅量

B 陳旺戈

B 璽彙 0281

B 璽彙 1471

B 集粹

B 包山 7

B 包山 22

B 包山 61

B 包山 228

B 包山 239

C 廿九年高都令劍

C 璽彙 1455

D 陳曼臣

D 十四年陳侯午敦

D 子禾子釜

D 陳肪簋蓋

D 陳侯因資敦

D 陳麗子戈

D 陳逆簠

D 陳窒車軎

D 璽彙 1460

D 璽彙 1463

D 璽彙 1464

D 璽彙 1473

D 陶彙 3·51

D 陶彙 3·24

D 陶彙 3·6

除

A 石鼓文・作原

A 雲夢・效律 58

A 青川木牘

陛

A 雲夢・爲吏 10

陆

A 雲夢・爲吏 8

院

A 雲夢・答問 186

隧

A 十鐘

A 陶彙 5・16

A 陶彙 5・99

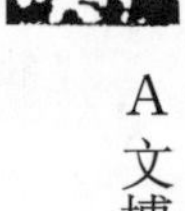
A 文博 1998.1

隉*

C 陶彙 6・60

阢*

B 鄂君啟舟節

阡*

C 璽彙 2332

⿰阝土*

E 燕下都 61·3

⿰阝牛*

C 璽彙 2331

⿰阝予*

C 璽彙 3455

⿰阝全*

E 璽彙 0191

⿰阝开*

B 包山 36

B 包山 37

B 包山 40

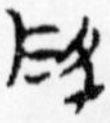
B 包山 42

C 侯馬

C 侯馬

陎*

B 包山 185

⿰阝夬*

A 雲夢・秦律 118

阥*		集粹				
阯*		璽彙 2325				
陦*		B 郭店・唐虞 27		C 侯馬		C 侯馬
陦*		B 包山 119 反				
陑*		C 侯馬				
陛*		C 璽彙 2266		C 璽彙 3446		
陸*		C 璽彙 3021	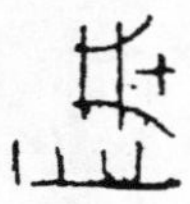	C 貨系 2484		C 陶彙 6・35
陸*		C 侯馬				

字頭	字形	出處
陧*		D 陶彙 9·45
⿰阝⿱网山*		E 璽彙 0011
		E 璽彙 0191
阱*		C 璽彙 1547
		C 璽彙 2575
		C 璽彙 2773
⿰阝馬*		C 七年宅陽令矛
⿰阝并*		B 包山 2
		B 包山 3
		B 包山 5
		B 方氏
⿰阝⿱少土*		C 璽彙 2329
⿰阝巨*		璽彙 0519
		璽彙 2835
⿰阝⿱丗灬*		C 璽彙 1381
		C 璽彙 1829

[阝畺]*	[阝坐]*	[阝象]*	[阝享]*	[阝乘]*	隱*	陣*	隋*
 B 冉鉦鉞	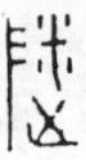 璽彙 1380	 B 包山 86	 A 陶彙 5·384	 B 包山 119 反	 C 中山王鼎	 璽彙 1541  璽彙 3113  B 郭店・成之 23	 璽彙 0830

隵*	𨻗*	𨽐*	陸*	𨻪*	陀*	𨻭*	絫

D 陳喜壺	B 隨縣 63	A 石鼓文・田車	B 郭店・尊德 14	C 珍秦 4	C 中山方壺	A 雲夢・日甲 89 反	A 十鐘

四		A 石鼓文・鑾車		A 陶彙 5・384		B 璽彙 0316		B 先秦 277
		B 包山 111		B 包山 254		B 包山竹牘		B 郭店・老甲 9
		B 郭店・窮達 10		B 郭店・性自 9		B 郭店・六德 3		B 帛書乙
		B 隨縣漆書		C 令瓜君壺		C 郾孝子鼎		C 梁廿七年鼎
		C 中山圓壺		D 十四年陳侯午敦		E 陶彙 4・6		E 燕下都 463・11
叕		A 雲夢・日乙 145						
綴		D 璽彙 1460		D 璽彙 3519		D 陶彙 3・147		
亞		A 詛楚文		B 包山 122		B 包山 145 反		B 包山 162

五

 B 包山189	 B 包山213	 B 郭店・魯穆2	 B 郭店・魯穆5
 B 郭店・語叢3・1	 B 郭店・性自48	 B 亞將軍璽	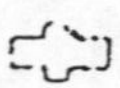 C 集粹
 A 陶彙5・403	 B 酓章鐘	 B 璽彙3084	 B 包山173
 B 郭店・尊德26	 C 司馬成公權	 C 璽彙0353	 D 陳助簋蓋
 D 陶彙3・662	 D 陶彙3・663		

六

 A 石鼓文・鑾車	 B 曾侯乙鐘	 B 曾姬無卹壺	 B 包山118
 B 隨縣石磬	 C 六年格氏令戈	 C 象牙干支籌	 C 金頭像飾
 C 陶彙6・206	 D 陳侯因資敦		

七

A 雲夢・答問 6

B 隨縣 210

B 信陽 2・12

B 包山 108

B 包山 110

B 包山 118

九

秦陶 130

B 隨縣 121

B 包山 23

B 包山 36

C 中山圓壺圈足

C 東周左官壺

C 貨系 2477

C 陶彙 6・231

C 象牙干支籌

C 璽彙 1551

D 陳喜壺

D 陶彙 3・656

E 王后鼎

璽彙 5407

禽

A 石鼓文・鑾車

离

C 貨系 2441

C 三晉 51

C 妥陰令戈

C 璽彙 3119

萬	 A 璽彙 4493	 A 珍秦 187	 A 雲夢・答問 181	 B 郭店・老甲 13
	 B 郭店・老甲 17	 B 郭店・老甲 19	 B 帛書甲	 C 令瓜君壺
	 梁十九年鼎	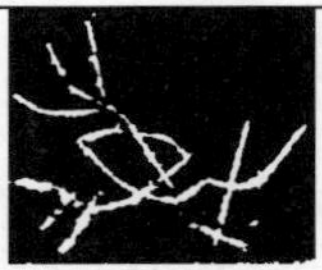 D 公孫竈壺	 D 陳侯因咨敦	 D 陳逆簠
	 璽彙 4466	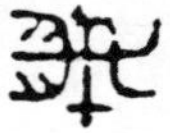 璽彙 4471	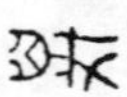 璽彙 4491	 璽彙 4736
	 璽彙 4811	 璽彙 4815	 璽彙 4816	 璽彙 4920
禹	 A 集粹	 A 陶彙 5・276	 B 郭店・成之 33	 B 郭店・唐虞 10
	 璽彙 0904	 璽彙 5124	 璽彙 5125	
嘼	 B 包山 168	 B 郭店・成之 22	 B 帛書甲	 C 令瓜君壺

獸	 A 石鼓文・鑾車	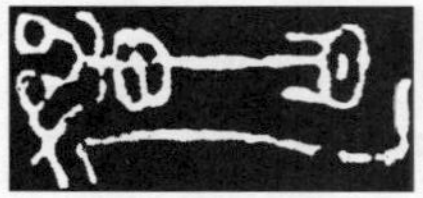 B 曾侯乙鐘	 B 曾侯乙鐘	
	 B 曾侯乙鐘	 B 隨縣石磬	 B 隨縣石磬	 B 隨縣石磬
	 B 包山 142	 B 包山 150	 B 郭店・老甲 24	 B 郭店・緇衣 38
甲	 A 十鐘	 A 集粹	 A 陶彙 5・449	 B 隨縣 130
	 B 隨縣 136	 B 包山 141	 B 包山 143	 B 包山 90
	 C 象牙干支籌			
乙	 A 雲夢・日乙 31	 B 曾侯乙鐘	 B 曾侯乙戟	 B 鄂君啟舟節
	 B 璽彙 2540	 B 包山 7	 B 包山 36	 B 包山 162

B包山241

C公朱左官鼎

C貨系0101

D陶彙3·271

E陶彙4·60

E燕下都216·6

乾

A雲夢·封診89

亂

A雲夢·爲吏27

B包山192

B九店56·28

B帛書乙

B郭店·唐虞28

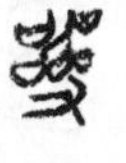
B郭店·尊德5

B郭店·成之32

B郭店·老甲26

B郭店·尊德6

尤

A上博36

丙

A石鼓文·吾水

A雲夢·封診34

B長沙銅量

B包山36

丁

	B 包山 225		B 帛書丙		C 象牙干支籌		C 貨系 0106
	D 子禾子釜		E 璽彙 0747				
	A 十鐘		A 雲夢・語書 1		A 雲夢・日乙 110		B 王子午鼎
	B 天星		B 包山 4		B 包山 141		B 郭店・窮達 4
	C 象牙干支籌		C 璽彙 1724		D 陳逆簠		E 燕下都 220・5
	王印 2		璽彙 0418		璽彙 1689		

戊

	A 集粹		A 陶彙 5・223		B 包山 42		B 包山 59
	B 包山 162		B 郭店・老甲 34		B 郭店・六德 28		C 貨系 0107

成

	D 陳純釜		E 九年將軍張戈		璽彙 0703		
	A 珍秦 41		A 陶彙 5·115		A 陶彙 5·159		A 雲夢・爲吏 38
	B 坪夜君鼎		B 鄂君啟車節		B 璽彙 0179		B 包山 120
	B 包山 147		B 帛書乙	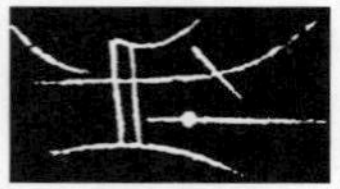	C 中山方壺		C 三晉 54
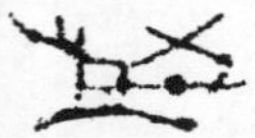	C 三晉 71		C 三晉 71		C 哀成叔鼎		C 集粹
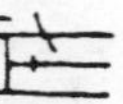	C 璽彙 0374		C 璽彙 1308		D 陳侯因資敦		D 成陽高馬里戈
	D 陶彙 3·1179		璽彙 5326		璽彙 5504		

己

	A 青川木牘		A 雲夢・日乙 67		B 青也缶		B 長沙銅量

庚　弄*　吕*

	B 兼陵公戈		B 璽彙 3696		B 包山 31		B 包山 226
	C 象牙干支籌		C 貨系 0111		D 陳璅鐘		D 禾簋
	D 璽彙 2191		E 璽彙 1391		E 璽彙 3322		
	璽彙 0766		集粹				
	B 包山 69		B 包山 182	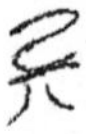	B 郭店・緇衣 11		B 郭店・尊德 5
	A 陶彙 3・1104		A 雲夢・日乙 250		B 王子午鼎		B 隨縣 1
	B 包山 7		B 包山 220		C 哀成叔鼎		C 鄲孝子鼎
	C 象牙干支籌		E 璽彙 0059		E 璽彙 0117		璽彙 1999

辛

A 陶彙 5·384

B 包山 22

B 包山 169

C 貨系 0113

C 貨系 0116

C 璽彙 1511

D 成陽高馬里戈

D 璽彙 1269

D 陶彙 3·619

D 陶彙 3·622

D 陶彙 3·710

璽彙 0406

璽彙 1266

皋

A 雲夢・效律 1

B 郭店・老甲 5

B 郭店・五行 35

B 郭店・五行 38

C 中山王鼎

辜

A 雲夢・日甲 36 反

薛

A 雲夢・爲吏 6

吉林 200

璽彙 0416

璽彙 2261

辭

A 石鼓文·作原
籀文辭从司。

C 中山方鼎

辯

A 雲夢·爲吏 15

壬

A 十鐘

B 包山 163

B 包山 191

C 貨系 0121

C 璽彙 2291

C 璽彙 1393

D 陶彙 3·1205

癸

A 集粹

A 陶彙 5·384

A 秦陶 1220

A 雲夢·日甲 82 反

B 璽彙 1929

B 璽彙 1533

B 包山 23

B 包山 205

C 侯馬

D 陳侯因資敦

D 陶彙 3·371

子

A 珍秦 70

A 石鼓文·汧殹

A 雲夢·日乙 88

B 書也缶

孕 字 㝅

B 子賏之用戈

B 包山 2

B 九店 56·32

B 帛書丙

B 郭店·老甲 1

B 郭店·語叢 1·69

C 中山方壺

C 中山侯鉞

C 鄆孝子鼎

C 貨系 0127

C 貨系 1497

C 貨系 1548

C 璽彙 1651

D 子禾子釜

D 陳侯因脊敦

D 璽彙 0233

D 陶彙 3·492

璽彙 4732

殅子劍

A 詛楚文

A 雲夢·封診 86

B 郭店·六德 28

璽彙 5412

A 十鐘

A 珍秦 148

A 雲夢·日甲 145

B 包山 191

季

B 帛書乙

E 纕安君鈢

E 永用休涅壺

A 集粹

A 珍秦 132

A 雲夢・日乙 111

B 書也缶

B 吉林 202

B 包山 127

B 郭店・老甲 1

D 陳逆簠

D 陶彙 3·673

孟

A 十鐘

A 集粹

C 吉大 57

C 璽彙 1349

C 璽彙 1352

C 璽彙 1353

C 璽彙 1363

D 禾簋

D 陶彙 3·435

璽彙 1362

孽

A 雲夢・爲吏 27

孳

B 郭店・老丙 3

B 郭店・緇衣 25

孤

A 雲夢・爲吏 2

A 雲夢・日乙 238

存

A 雲夢・秦律 161

疑

A 商鞅方升

A 十鐘

A 陶彙 5・395

A 陶彙 5・398

孨

D 陶彙 3・226

D 陶彙 3・227

孱

A 孱陵矛

C 陶彙 6・114

⿰子甘*

璽彙 2754

璽彙 2755

璽彙 2757

⿰古子*

璽彙 2363

璽彙 4025

丑	 C 貨系0128	 D 陳璋鐘	 E 陶彙4·111	 E 璽彙2285
	 B 包山205	 B 九店56·32	 C 卅三年大梁戈	 C 象牙干支籌
	 A 雲夢·日甲4	 B 書也缶	 B 包山23	 B 包山166
疏	 A 雲夢·封診91			
孱*	 B 包山5			
孯*	 B 包山193	 B 郭店·成之16		
⿱幽子*	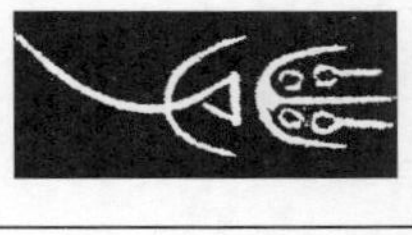 C 中山王鼎 同幼。			
孳*	 C 中山圓壺	 C 侯馬		

羞		A 官印 0005	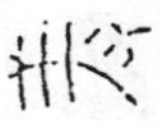	A 集證 137·70				
寅		A 故宮 403		B 包山 163		B 包山 180		C 鄲孝子鼎
		C 侯馬		C 侯馬		C 侯馬		D 陳純釜
		D 陳逆簠		璽彙 3841				
卯		A 雲夢·日甲 72 反		B 璽彙 1467		B 包山 120		B 包山 134
		B 包山 226		B 郭店·語叢 1·3		B 郭店·語叢 2·21		B 郭店·語叢 3·32
		C 象牙干支籌		D 陳卯戈		E 先秦 457		璽彙 2852
		璽彙 3832						

辰

A 珍秦 63

A 陶彙 5·92

A 雲夢·日乙 113

B 隨縣漆書

B 包山 141

B 包山 143

B 包山 171

B 包山 173

B 帛書乙

C 璽彙 2018

D 璽彙 0579

D 璽彙 3106

辱

A 雲夢·日甲 60

B 包山 21

B 郭店·老甲 36

B 郭店·老乙 5

B 郭店·老乙 6

巳

A 雲夢·日乙 46

B 包山 4

B 包山 36

B 包山 169

B 九店 56·20

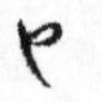
B 郭店·老甲 7

B 郭店·緇衣 20

B 郭店·性自 15

B 郭店·語叢 3·4

C 公朱左官鼎

C 象牙干支籌

璽彙 3340

㠯〔以〕

璽彙 3767

璽彙 5533

A 石鼓文・吾車

A 陶彙 5・384

B 書也缶

B 長沙銅量

B 酓忎鼎

B 包山 2

B 郭店・老甲 6

B 郭店・老乙 18

C 中山圓壺

C 貨系 40

C 陶彙 6・123

午

A 集粹

B 王子午鼎

B 璽彙 1201

B 包山 162

B 九店 56・30

C 哀成叔鼎

C 貨系 0134

C 璽彙 0666

D 十四年陳侯午敦

E 璽彙 2796

E 璽彙 3851

E 璽彙 3949

E 陶彙 4・83

E 陶彙 4・120

铻

A 香續 54

未

A 陶彙 5·384

A 秦陶 423

A 雲夢·雜抄 35

B 包山 3

B 包山 8

B 包山 22

B 九店 56·21

B 帛書甲

B 郭店·成之 2

B 郭店·魯穆 4

B 郭店·老甲 14

B 郭店·語叢 2·45

B 郭店·語叢 3·28

C 中山王鼎

C 錢典 603

D 陳侯因資敦

申

璽彙 5420

A 珍秦 131

A 石鼓文·吾水

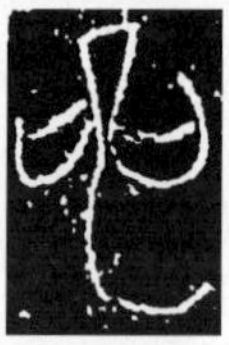
B 鄴陵君豆

B 鄴陵君豆

B 璽彙 1258

B 玉印 28

B 包山 42

B 包山 98

臾		B 包山 162		B 郭店・忠信 6		C 象牙干支籌		C 璽彙 1295
		璽彙 0876		璽彙 3137				
		A 雲夢・日甲 135		C 六年格氏令戈	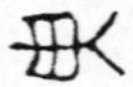	C 璽彙 0410		C 璽彙 1078
		C 考古 1990.8						
酉		A 商鞅方升		A 集粹		A 陶彙 5・384		A 青川木牘
		B 包山 203		B 包山 204		B 包山 233		C 璽彙 2081
		C 璽彙 3419		D 陳喜壺				
醉		B 包山 18						

醴

A 雲夢・日乙240

酷

B 包山124

B 包山125

D 陶彙3·439

D 陶彙3·444

D 陶彙3·450

D 陶彙3·751

配

D 陳逆簠

酌

璽彙3670

酖

B 包山165

B 包山177

醫

A 津藝80

A 故宮467

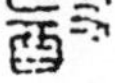
A 集證133·8

A 上博36

莤

B 包山255

酸

 C 酸枣戈

酢

 A 陶彙5·384

 A 雲夢·日乙185

醬

 A 雲夢·日甲26反

 B 包山142

 B 包山144

 B 包山253

 B 郭店·老甲10

 B 郭店·尊德13

 B 帛書乙

 C 中山方壺

 C 璽彙0048

 C 璽彙0093

 C 陶彙6·20

 C 中山守丘石刻

 C 侯馬

 C 璽彙0096

 D 璽彙0095

 D 璽彙0307

 D 陶彙9·104

 璽彙0176

醢

 B 包山255

 B 郭店·窮達9

 B 郭店·語叢4·10

酓*			⿰酉垔*	⿰酉系*	醬*	⿰酉齊*	酪*
 B 酓忎鼎	 B 酓□盤	 B 包山 246	 C 中山方壺	 B 包山 256	 D 璽彙 0177	 B 包山 255	 璽彙 0001
 B 酓璋鐘	 B 包山 171	 B 郭店・老甲 33			 D 璽彙 0234	 C 中山方壺	
 B 酓璋戈	 B 包山 190	 D 陶彙 3·686				 E 燕侯載簋	
		 D 陶彙 3·1184				 E 燕下都 167·9	

酉

 璽彙 5268

尊

 A 商鞅方升
 A 秦代印風 163
 A 十鐘
 A 雲夢・爲吏 27

 B 曾姬無卹壺
 B 郭店・唐虞 7
 B 郭店・唐虞 8
 B 郭店・唐虞 6

 B 郭店・五行 22
 B 郭店・五行 35
 B 郭店・五行 44
 B 郭店・語叢 1・78

 B 郭店・語叢 1・79
 B 郭店・語叢 1・82
 B 郭店・尊德 4 从关聲。
 B 郭店・尊德 20

 C 令瓜君壺
 D 璽彙 1956
 E 璽彙 1486

戌

 A 故宮 409
 B 包山 12
 B 包山 42
 B 包山 162

 B 九店 56・26
 C 象牙干支籌
 C 璽彙 2897
 E 璽彙 0704

亥

 A 雲夢·日乙35	 B 楚王領鐘	 B 王孫誥鐘	 B 王子午鼎
 B 鄂君啟車節	 B 包山27	 B 包山43	 B 包山54
 B 包山64	 B 九店56·26	 B 九店56·27	 C 象牙干支籌
 C 璽彙0074	 C 璽彙2334	 D 陳助簋蓋	 D 陳逆簋
 D 禾簋	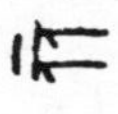 璽彙3468	 璽彙5398	

一夫  B包山3  B包山8

一耳  B包山47

一邑  B包山153

一車  B鄂君啟車節

一滕  B鄂君啟舟節

一刀  E幣編247

一月

B 帛書甲

二日

A 石鼓文・作原

三耳

B 包山 20

四人

C 司馬成公權

四分

C 四分鼎

C 金頭像飾

C 金頭像飾

C 六年寧鼎

C 上芑床鼎

五日

A 石鼓文・作原

五月

C 璽彙 1613

五鹿

 C 璽彙 0458

 C 璽彙 1764

 C 璽彙 2762

 C 璽彙 3275

 C 吉大 37

六刀

 E 幣編 247

六馬

 B 隨縣 173

 B 隨縣 176

七日

 B 帛書甲

七月

 C 璽彙 5333

八月

 B 隨縣 1

 B 包山 7

 B 包山 173

八年

 E 八年弩機

八分  C 金半球形飾

九月  B 九店 56·96

九侯 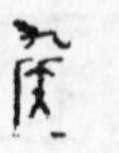 C 璽彙 1095

九單  C 璽彙 3384

九嗌  C 璽彙 1551

芄嗌 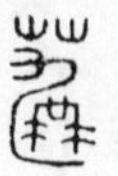 C 璽彙 2294

十月  B 包山 16 反  B 包山 176

十七年  E 陶彙 4·16

字頭	字形
百萬	 璽彙 4739
千金	 璽彙 5494
又五	 B 隨縣 140
又六	 B 隨縣 141
又日	 C 璽彙 0941 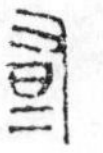 C 璽彙 3243
女曷	 C 璽彙 1536
土地	 B 郭店・六德 4
大夫	 A 商鞅方升  A 陶彙 5・384  B 隨縣 210  B 包山 15

B 包山 65

B 包山 130

B 包山 157

B 璽彙 0097

B 璽彙 0099

B 璽彙 0100

B 璽彙 0101

C 中山方壺

C 璽彙 0103

C 璽彙 0107

D 璽彙 0098

D 山東 006

E 郭大夫釜甑

E 郭大夫釜甑

大死

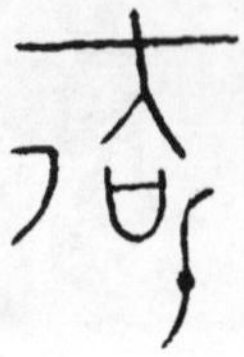
D 錢典 1013

大狐

B 隨縣 26

大弔

C 璽彙 3428

C 璽彙 3350

大吉

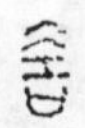
C 璽彙 2635

小人

B包山141

B包山142

B包山143

B包山144

B包山144

B包山144

B郭店・語叢4・11

B包山125

B郭店・尊德25

小具

C襄公鼎

小大

A石鼓文・而師

小魚

A石鼓文・汧殹

上下

B九店56・26

B帛書丙

上月

C山東160

上各

C 璽彙 3228

上高

A 秦陶 469

璽彙 0425

璽彙 0919

璽彙 3783

璽彙 1518

上官

C 璽彙 3967

C 璽彙 3971

C 集粹

先之

B 郭店・尊德 16

下沱

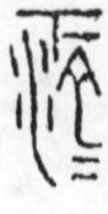

C 璽彙 4057

下⿱沱土

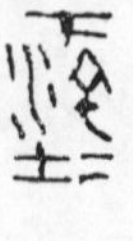

C 璽彙 4058

下庫

C 三年鈹

亡巳		璽彙 2209
亡朱		璽彙 2097
亡羊		璽彙 3583
亡忌	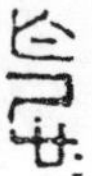	C 璽彙 1385
亡戚		C 璽彙 0615
亡魊		C 璽彙 1628
		C 璽彙 2674
亡垟	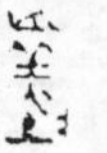	C 璽彙 4140
亡智		C 璽彙 2982

亡澤	C 璽彙0858			
之日	B 長沙銅量	B 包山7	B 包山201	B 包山205
	B 包山221	B 包山226		
之月	B 包山2	B 包山197	B 包山199	B 包山205
	B 包山207	B 包山226		
之市	B 包山63			
之志	B 郭店・性自45	B 郭店・六德33		
之首	B 包山竹牘			

之所

 B 郭店・老乙5
 B 郭店・太一5
 B 郭店・太一6
 B 郭店・太一7

 C 侯馬
 C 侯馬

之冢

 C 中山圓壺圈足
 C 卅三年平安君鼎

之歲

 B 包山218
 B 包山221
 B 包山226

丌母

 C 璽彙4001
 C 璽彙4002
 C 璽彙4004
 C 璽彙4005

 C 陶彙6·20

子孫

 B 信陽1·6
 B 郭店・老乙16

弋昜

 B 璽彙0276

工市

C 廿二年戈

C 三年付余令戈

C 十一年皋落戈

C 六年格氏令戈

C 六年邙相鈹

C 司馬成公權

C 陶彙 9·106

□市

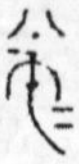
C 集粹

少曲

C 十一年皋落戈

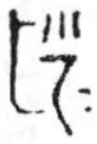
C 璽彙 3404

少府

C 長子盉

公子

C 公子□壺

曹公子沱戈

公子耳

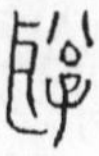
C 璽彙 2212

公孫

B 包山 145

B 璽彙 3907

D 璽彙 3912

D 璽彙 3921

	 D 璽彙 3922	 D 璽彙 3925	
公乘	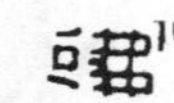 C 璽彙 4068	 C 璽彙 4069	 C 中山守丘石刻
公釿	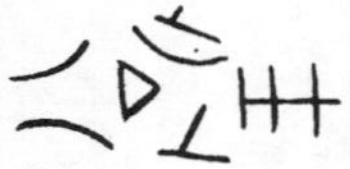 C 幣編 257	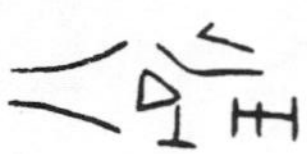 C 幣編 257	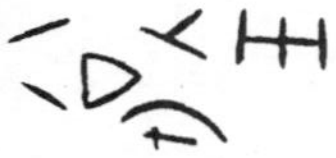 C 幣編 257
公區	 D 陶彙 3·279		
公石	 D 璽彙 0266		
公卿	 D 陶彙 3·334		
宮毛	 A 集證 206·106	 A 集證 207·128	
中月	 C 璽彙 0463	 C 璽彙 3067	 C 璽彙 3336

中易

E 璽彙 5562

日月

B 帛書甲

B 帛書乙

它人

C 玉印 28

D 璽彙 1556

文是

C 璽彙 2890

C 璽彙 2891

C 璽彙 2897

C 璽彙 2913

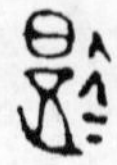
C 璽彙 2916

C 璽彙 2920

C 陶彙 9·11

白牛

C 吉林 181

白犬

B 包山 208

白羊

C 璽彙 3099

北宫

C 璽彙 3274

北坪

E 陶彙 3·752

疋于

C 璽彙 3260

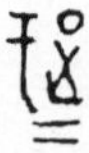

C 璽彙 3261

疋[illegible]

C 集粹

禾石

C 司馬成公權

司工

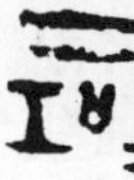

C 璽彙 0080

C 璽彙 0089

C 璽彙 0090

C 璽彙 0091

C 璽彙 2227

C 陶彙 6·45

司馬

C 十二年邦司寇矛

C 十六年喜令戈

C 璽彙 0045

C 璽彙 3767

	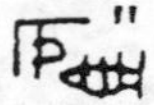 璽彙 3779	 璽彙 3782	 璽彙 3816	 璽彙 3829
	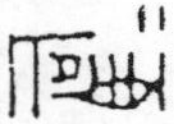 C 集粹	 集粹	 文物 1988.6	
司徒	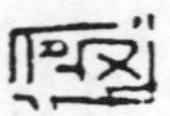 璽彙 3762	 陶彙 4·130		
司寇	 C 璽彙 0067	 C 璽彙 0074	 C 璽彙 3831	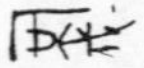 C 璽彙 3835
	 C 璽彙 3839	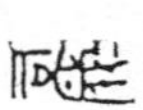 C 集粹	 C 香續 115	
私璽	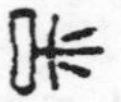 璽彙 4601	 璽彙 4603	 璽彙 4618	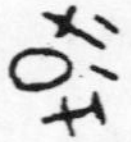 璽彙 4619
私官	 C 信安君鼎	 C 中私官鼎	 C 私官鼎	 C 陶彙 6·56
私庫	 C 私庫衡飾	 C 私庫衡飾		

兄弟 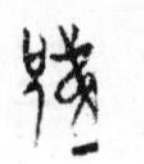 B 郭店・五行33

必正 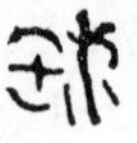 C 璽彙5222 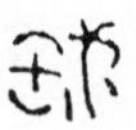 C 璽彙5223

句丘  璽彙0340

句𦎫  C 璽彙3430

玉[王+它] 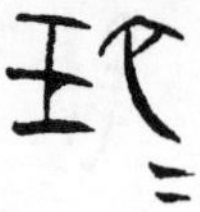 C 中山玉器

玉珩 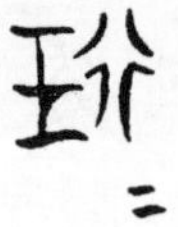 C 中山玉器

玉環 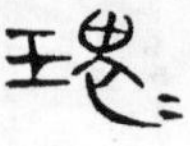 C 中山玉器

玉琥  C 中山玉器

合文

左角  A 陶彙 5·266

左旦  A 陶彙 5·300

左邑  C 璽彙 0046  C 璽彙 0109 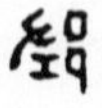 C 璽彙 110

左鞭  C 珍秦 2

匹馬  B 隨縣 210

羊閔  C 璽彙 3514

尾石  C 集粹

並立  B 郭店·太一 12

艸茅	 B 郭店·唐虞16	
行昜	 C 貨系2462	 C 貨系2463
行子	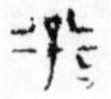 C 璽彙5347	
至于	 C 令瓜君壺	 C 侯馬
厽分	 C 梁上官鼎	 C 上樂床鼎
厽余	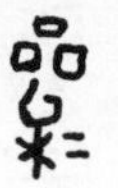 C 璽彙0305	
郚鄙	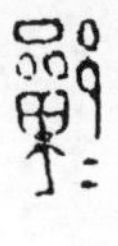 璽彙2226	 璽彙2245
缶攻	 E 陶彙4·116	

缶工士

E 陶彙 4·103

竹篓

B 包山 260

平宿

C 東亞 3·41

曲昜

C 襄公鼎

C 十七年蓋弓帽

C 文物春秋創刊號

余子

C 璽彙 0594

C 璽彙 0907

C 璽彙 5345

C 玉印 18

C 陶彙 9·60

C 璽彙 0110

余爲

C 璽彙 1360

余亡

C 貨系 2482

余唯	C 璽彙 3118			
弟原	C 璽彙 0862	C 璽彙 1097		
門楣	C 璽彙 4000			
□於	C 璽彙 2461			
君子	B 郭店・六德 38	B 郭店・忠信 3	B 郭店・成之 3	B 九店 56・45
	璽彙 3219			
車右	璽彙 0835	璽彙 3024	D 璽彙 5682	
車左	C 璽彙 2149			

孝子

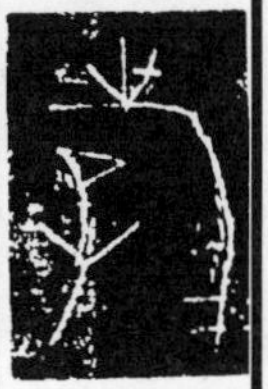
C□孝子壺

C己孝子壺

孝孫

D莒侯簋

豕裹

C璽彙1218

汭涇

B者汈鐘

彤周

B天星

者余

C璽彙3238

C璽彙3311

到于

A陶彙5·384

邯鄲

C璽彙4034

C璽彙4035

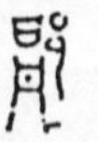
C集粹

C侯馬

東□		璽彙 3995
東方		璽彙 5669
東谷		璽彙 3434
空侗		C 璽彙 3972
		C 璽彙 3974
		C 璽彙 3976
		C 璽彙 3977
		C 璽彙 3980
臯車		B 隨縣 206
犆牛		B 包山 222
青中		璽彙 5385

合文

邶[illegible]
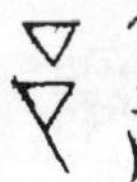
C 三晉 128

金夫

C 中山木條

芑子

C 璽彙 5348

鄩臣

璽彙 2368

附車

B 隨縣 171

B 隨縣 204

享月

B 包山 200

韋雜

B 信陽 2·11

韋車

B 包山 273

革韃		B 包山 273						
封人		璽彙 0192						
鬼月		璽彙 2767		璽彙 2934		C 輯存 50		
相如		C 璽彙 0565		C 璽彙 0788		C 璽彙 1005		璽彙 2789
宿胡		C 璽彙 2736		C 璽彙 2737				
疾已		C 陶彙 4·163						
去痏		C 璽彙 2331						
乘馬		B 隨縣 124		B 隨縣 210	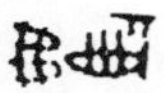	C 璽彙 4009		

乘車  B 隨縣 137

胡剔 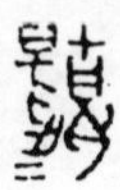 C 璽彙 0561

事史  A 雲夢・答問 59

厚奉  B 信陽 2·8

旅衣 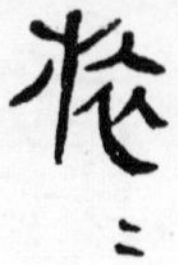 A 雲夢・效律 41

冢子  C 梁上官鼎  C 璽彙 3102

冢工  左冢工矢鏃

冢冢  B 包山 243

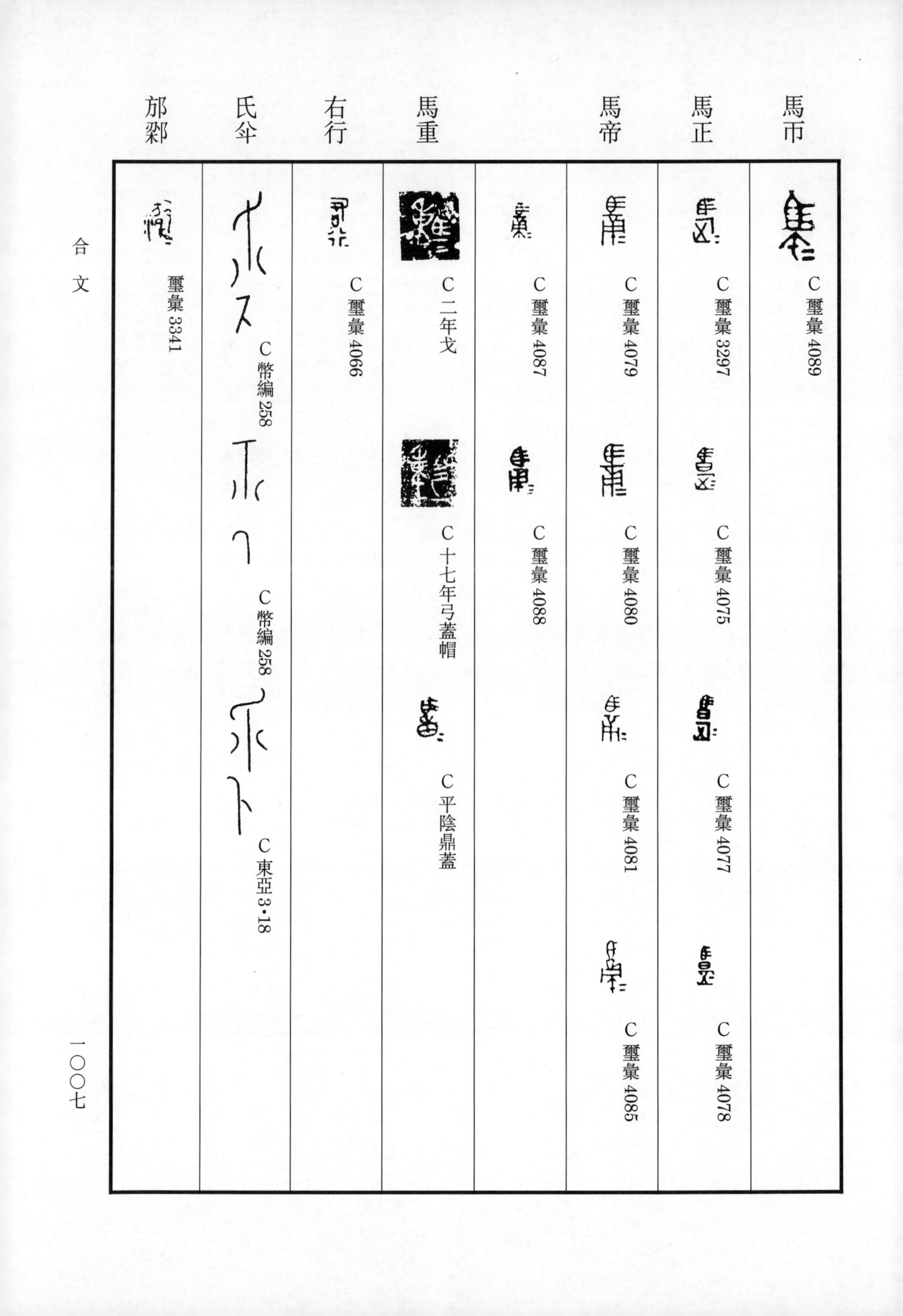

馬帀
C 璽彙 4089

馬正
C 璽彙 3297　C 璽彙 4075　C 璽彙 4077　C 璽彙 4078

馬帝
C 璽彙 4079　C 璽彙 4080　C 璽彙 4081　C 璽彙 4085

C 璽彙 4087　C 璽彙 4088

馬重
C 二年戈　C 十七年弓蓋帽　C 平陰鼎蓋

右行
C 璽彙 4066

氏伞
C 幣編 258　C 幣編 258　C 東亞 3·18

郁郯
璽彙 3341

長子  C 錢典 268

甘丹  C 六年襄城令戈  C 廿三年襄城令矛

莫臣 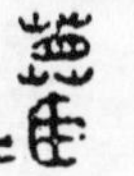 C 璽彙 3025

黑牛  璽彙 1389

申辵  璽彙 2625

羊鼻  璽彙 2566

宫犬  B 包山 145

□□  E 璽彙 4120

迈之

璽彙 4311

迈讀作慎。

犢邑

C 璽彙 2131

冬古

璽彙 1332

者奇

璽彙 0555

臧馬

D 璽彙 3087

商之

B 隨縣鐘架

婁女

B 隨縣漆書

雩人

璽彙 1550

高女  C 貨系 1433

祭豆  D 陶彙 3·838

清青  B 郭店・老乙 15

郚郘  B 包山 127

不脂  C 璽彙 2735

視日  B 包山 132

戠牛  B 包山 205  B 天星

備玉 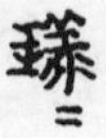 B 天星

貨貝  A 雲夢・日甲 103

婺女 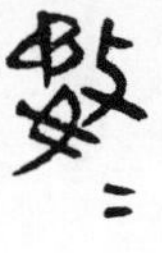 A 雲夢・日乙 105

牽牛  A 雲夢・日甲 3 反

貴鼎  B 望山 2・46

釿月  C 璽彙 1841

敦于  璽彙 3195  璽彙 4024  璽彙 4025  津藝 8

北九門  C 東亞 4・74

剢生  E 璽彙 3306

歐牛		集粹
折衣		A 雲夢・日乙 129
善人		璽彙 5383
睪之		C 璽彙 2676
聞是		C 璽彙 3256
嗌沓		璽彙 3758
負月		B 包山 125
聖人		B 郭店・尊德 6

澫岦

B 包山 256

鮏于

C 璽彙 4015

C 璽彙 4017

C 璽彙 4018

坒車

B 隨縣 204

寡人

C 中山王鼎

□仁

璽彙 2318

淺澤

B 郭店・性自 22

孯子

B 孯子環權

敬上

璽彙 4211

敬文		璽彙 4236		
敬守		璽彙 4231		璽彙 4234
敬事		璽彙 4193		璽彙 4196
慶忌		璽彙 5587		
魯人		璽彙 2560		
暴虎		C 璽彙 3994		
樹木		B 九店 56·39		
駟馬		B 隨縣 146		B 隨縣 149

膚牛

B 包山 237

B 包山 243

窮身

B 包山 197

B 包山 198

B 包山 201

B 包山 202

B 郭店・唐虞 2

數之

C 璽彙 0859

絫組

B 仰天 4

庸用

C 中山王鼎

敏車

B 隨縣 160

B 隨縣 204

翟□

B 璽彙 0230

膚于		C 璽彙 4022
營宮		A 雲夢・日甲 3 反
顔色		B 郭店・五行 32
驀馬		A 雲夢・雜抄 10
蠆蟲		B 郭店・老甲 33
教學		B 郭店・語叢 1・61
肆之		B 曾侯乙鐘架
阩車		B 隨縣 62

近慾	 璽彙 4970 近讀作慎。			
㬎子	 璽彙 5681			
膚虒	 C 三晉 48	 C 幣編 260	 C 錢典 436	
榆即	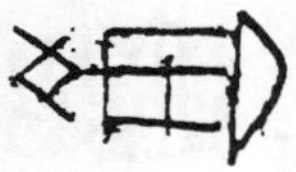 C 貨系 955	 C 貨系 957	 C 幣編 259	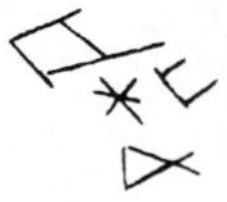 C 幣編 259
大匠	 A 考古與文物 2000.1			
赤陰	 C 璽彙 4070			
非字	 璽彙 1365			
甘土	 璽彙 1285	 璽彙 5570		

此巂

A 雲夢・日甲 87

石子

璽彙 2202

璽彙 2371

犢月

璽彙 4034

喬豫

D 淳于公戈

夆朱

B 中國錢幣 1994.3

百牛

璽彙 3280

羌年

璽彙 3230

工口

璽彙 3671

多□		璽彙3192
		璽彙3193
□□		璽彙5106
□□		璽彙3241
不□		璽彙1067
志心		B 郭店・語叢1·52
平州	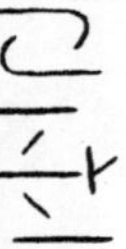	C 幣編258
		C 幣編258
一十		B 仰天3
十一		C 中山盃
		C 幣編247
	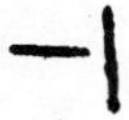	C 幣編247
		C 錢典437

	C 公朱左官鼎	C 東亞4·71		
十二	A 商鞅方升	C 中山盃	C 中山盃	C 幣編248
	C 錢典443	C 東亞4·74	E 東亞5·49	
十三	C 東亞3·19	C 錢典376	E 十三年乘馬戈	
十四	C 幣編248	C 東亞3·29	C 幣編248	
十五	C 幣編249	C 幣編249	C 東亞3·24	C 錢典510
十六	C 貨系832	C 東亞3·26	C 陶彙9·106	E 東亞5·11
十七	C 幣編249	C 幣編249	E 陶彙4·15	

十八	 C 幣編 249	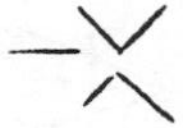 C 幣編 249	 E 東亞 5·11	 E 東亞 5·12
十九	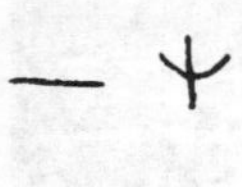 C 幣編 249	 C 幣編 250		
廿	 A 商鞅方升	 A 陶彙 5·384	 C 左內儈壺	 C 貨系 842 背
	 C 幣編 250	 C 幣編 250	 C 東亞 4·71	 D 錢典 937
	 E 東亞 5·11	 E 東亞 5·49	 E 陶彙 4·4	
廿一	 C 錢典 393	 C 錢典 417	 E 幣編 251	
廿二	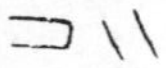 C 幣編 251			
廿三	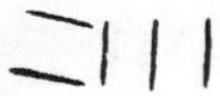 C 東亞 3·44			

廿四

C 錢典 481　C 東亞 3·41　C 東亞 4·69

廿五

C 幣編 251　C 東亞 3·42　E 錢典 1143

廿六

C 幣編 252

廿七

C 東亞 3·44

廿八

C 東亞 3·44

廿九

C 幣編 252　C 東亞 3·20

卅

A 秦陶 183　B 包山 117　C 幣編 252　C 幣編 252

E 東亞 5·58　E 錢典 1091

卅一	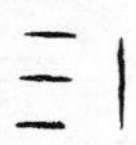 C 幣編 253	 C 東亞 4·69	 E 幣編 253
卅二	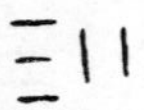 C 東亞 3·20	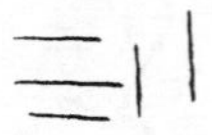 C 東亞 3·41	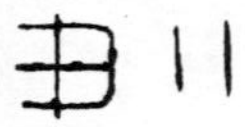 C 東亞 4·68
卅三	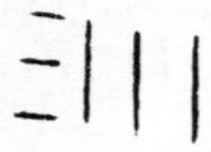 C 東亞 3·33		
卅四	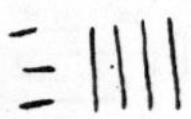 C 東亞 3·14	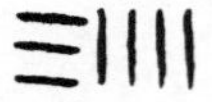 C 錢典 365	
卅五	 C 幣編 254	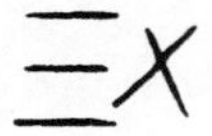 C 東亞 3·29	
卅六	 C 幣編 254	 C 東亞 4·69	
卅七	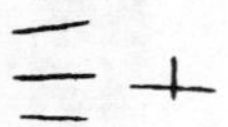 C 幣編 254	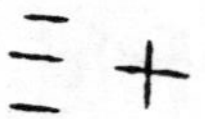 C 東亞 3·28	
卅八	 C 幣編 254	 C 錢典 377	

卅九		C 幣編 255						
卌		A 秦陶 192		B 隨縣 121		B 包山 269		B 包山竹牘
		B 九店 56·7		B 信陽 2·22		C 幣編 255		C 東亞 3·32
卌一		C 幣編 255						
卌三	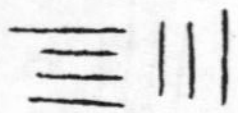	C 東亞 3·20						
卌四	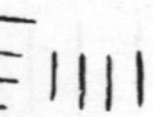	C 東亞 3·21		C 東亞 4·69				
卌五	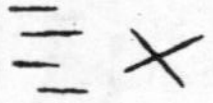	C 東亞 3·21	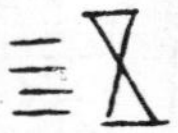	C 東亞 3·21				
卌八	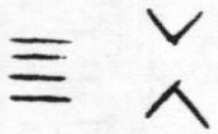	C 幣編 256		C 東亞 3·33				

卌九		C 幣編256						
五十		B 郭店・唐虞26		C 貨系1336		C 貨系1340		C 兆域圖
		C 貨系1101		C 東亞3·33				
五十一		C 幣編256						
五十二		C 東亞3·21						
五十三		C 東亞3·33	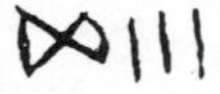	C 錢典444				
五十五	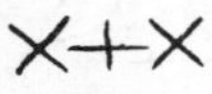	C 東亞3·21	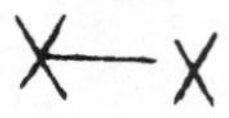	C 東亞3·21		C 錢典497		
五十九	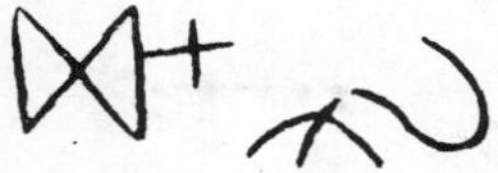	C 幣編257						

六十	B 隨縣140	C 東亞4·69	C 貨系862
六十一	C 錢典514		
六十五	C 錢典513		
七十	B 郭店・窮達5	B 郭店・唐虞26	C 中山提鏈圓壺
八十	B 隨縣141	B 包山140反	C 中山圓壺
	C 兆域圖		
	E 東亞5·10	E 東亞5·10	
二百	□□御戈		
八百	C 璽彙5597		

二千	 E 貨系3180	
二万	 E 幣編247	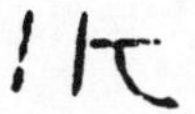 E 幣編247
六万	 E 幣編247	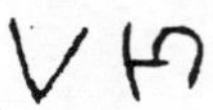 E 幣編247
七万	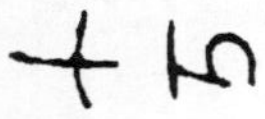 E 幣編247	
八万	 E 幣編247	 E 幣編247

戰國文字編附録

001

A 秦陶 1420

002

B 隨縣鐘架

003

D 陶彙 3·801

004

B 郭店・成之 7

005

B 信陽 2·19

006

璽彙 5514

007	 璽彙 0315	
008	 B 包山 258	
009	 B 包山 120	
010	 璽彙 2278	
011	 C 璽彙 2264	 C 璽彙 2263
012	 E 璽彙 3207	 E 璽彙 3208
013	 D 璽彙 1465	 D 璽彙 3544  D 璽彙 0576
014	 A 秦印	

015  A 秦印

016  璽彙 5448  璽彙 1267

017  C 璽彙 2292

018  C 璽彙 2388

019  璽彙 3282

020  璽彙 4053

021  D 璽彙 1954

022  B 包山 255

023

B包山116

024

A輯存204

025

D陶彙3·314

026

D陶彙3·1260

027

C魚顛匕

C魚顛匕

028

B□壺

029

陶彙4·129

030

陶彙4·129

031		C 璽彙0303
032		A 集粹
033		香續87
034		A 秦印
035		B 隨縣175
036		C 璽彙0075
037		D 璽彙2303
		D 陶彙3·675
038		B □君戈

039  D 陶彙 3·282  D 陶彙 3·132

040  D 璽彙 2196

041  E 璽彙 1677

042  璽彙 1646

043  璽彙 1209  玉印 27

044  B 璽彙 0221

045  D 璽彙 3576

046  璽彙 5429

047		C 璽彙 1306
048		璽彙 5495
049		璽彙 5355
050		E 璽彙 1688
051		D 陶彙 3·346
052		E 璽彙 2883
053		D 陳□簋
054		C 上官豆

055  E 燕下都 360·1

056  C 璽彙 3715

057  D 璽彙 3560

058  E 燕下都 219·8

059 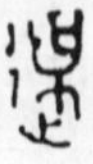 璽彙 1921  璽彙 1922

060  B 璽彙 3611

061  D 璽彙 0240

062  C 璽彙 0513

063

璽彙 3641

064

C 璽彙 2619

065

A 輯存 250

066

B 郭店・成之 19

067

B 郭店・性自 60

068

D 璽彙 0148

D 璽彙 0328

069

B 包山 152

B 包山 164

B 包山 97

070

璽彙 1268

071		B 郭店・尊德 17
072		B 郭店・尊德 24
073		B 包山 182
074		A 石鼓文・作原
075		E 燕下都 224·6
076		集粹
077		C 文物春秋創刊號
078		璽彙 0055

編號	字形	出處
079		璽彙 2111
080		E 璽彙 5592
081		E 璽彙 0021
082		B 璽彙 0206
083		E 璽彙 4094
084		B 郭店·唐虞 20
		B 郭店·唐虞 13
085		A 集粹
086		A 雲夢耳盃

087

集粹

088

D 陶彙 3·326

089

A 秦印

090

C 侯馬

091

璽彙 2624

092

D 陶彙 3·984

093

璽彙 3843

094

D 陶彙 3·1282

D 陶彙 3·1283

D 陶彙 3·1284

095

B 包山 87

B 包山 116

096

E 燕下都 358·7

E 燕下都 358·8

097

C 璽彙 1429

098

E 璽彙 3485

099

璽彙 2633

100

A 集粹

A 珍秦 33

A 秦印

101

D 璽彙 0194

102

C 璽彙 3428

103

C 璽彙 0822

C 璽彙 2293

104

B 璽彙 2528

B 璽彙 2529

105
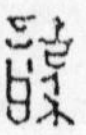
C 集粹

106

C 侯馬

107

璽彙 3541

108

D 璽彙 0225

109

D 陳喜壺

110

C 貨系 154

111		D 子禾子釜
112		B 郭店・尊德 17
		B 郭店・成之 19
113		B 郭店・性自 38
114		集粹
115		璽彙 3424
116		B 隨縣 32
		B 隨縣 75
117		C 侯馬
118		D 陶彙 3·459

119

D 璽彙 3912

120

璽彙 3725

121

集粹

122

B 郭店・成之 34

123

B 郭店・六德 22

124

B 郭店・緇衣 12

125

D 璽彙 0643

126

D 陶彙 3・503

D 陶彙 3・672

D 璽彙 0035

D 璽彙 0041

	 D 璽彙 0034　 D 璽彙 1285　 D 陶彙 3·27　 D 陶彙 3·499
	 D 陶彙 3·14　 E 陶彙 4·1　 E 璽彙 0881
127	 璽彙 3682
128	 璽彙 1797
129	 璽彙 5377
130	 A 秦印
131	 D 陶彙 3·739
132	 B 郭店·唐虞 2

133		D 璽彙 3598
134		A 陶彙 5·272
135		E 燕下都 408·7
136		E 璽彙 4108
137		璽彙 5379
138		璽彙 5511
139		D 璽彙 3702
140		D 璽彙 0063

141		C 貨系 285
142		A 珍秦 131
		A 集粹
		A 集粹
		A 集粹
143		E 璽彙 3876
144		E 璽彙 1233
145		C 中山守丘石刻
146		包山封泥
147		C 七年侖氏令戈
148		璽彙 5519

149  包山封泥

150  C 璽彙 2740

151  璽彙 5357  璽彙 5358

152  A 集粹

153  璽彙 3445

154  B 包山 141  B 包山 143

155  璽彙 1918

156 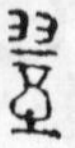 璽彙 3356

157	 D 陶彙3·787
158	 B 璽彙3486  B 璽彙5515
159	 D 璽彙0632  D 璽彙1950  璽彙3734
160	 D 璽彙1473  璽彙3319
161	 璽彙2507
162	 D 陶彙3·137
163	 D 陶彙3·88
164	 D 陶彙9·60

165

D 陶彙 3·847

D 陶彙 3·848

166

D 璽彙 3695

167

C 璽彙 2778

168

D 璽彙 0344

169

E 璽彙 2581

170

B 集□鼎

B 集□鼎

171

璽彙 3915

172

包山封泥

173	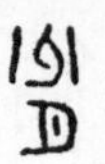 E 璽彙 4130	 E 璽彙 4139
174	 璽彙 3931	
175	 B 䣛□鼎	 B 沈□玉圭
176	 璽彙 1600	
177	 A 鐵續	
178	 璽彙 0416	
179	 B 包山 277	
180	 C 璽彙 3245	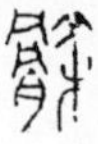 C 璽彙 3432

181		E 璽彙 4124
182	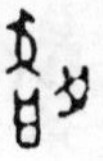	璽彙 1048
183		E 璽彙 3488
184		璽彙 1583
185	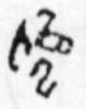	E 璽彙 4098
186		E 璽彙 3872
		E 璽彙 3947
187		C 温縣
188		C 璽彙 1994

189		B 璽彙 2527
190		C 璽彙 2328
191		C 廿五年陽春嗇夫戈
192		C 十六年喜令戈
193		璽彙 0504
194		璽彙 0301
195	 璽彙 0502  璽彙 0990  璽彙 1708	
196		璽彙 1603

197  B 隨縣 70

198  A 集粹

199  A 集粹

200  C 十七年弓蓋帽

201  D 璽彙 3106  D 璽彙 3107

202  璽彙 3109

203  璽彙 3110

204  D 陶彙 3·929

205		B 郭店・成之 34
206		D 貨系 3796
207		璽彙 3111
208		C 公朱左官鼎
209		璽彙 0372
210	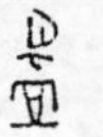	集粹
211		B 郭店・五行 49
212		C 侯馬

213  C 侯馬

214  D 璽彙 0198  D 璽彙 0199  D 璽彙 0202  E 燕下都 244·5

215  D 子禾子釜

216  D 子禾子釜

217  璽彙 3293

218  B 望山 1·89

219  B 包山 129

220  B 信陽 1·23

221		璽彙 2409
222		璽彙 5335
223		D 陶彙 3·678
224		D 陶彙 3·1238
225	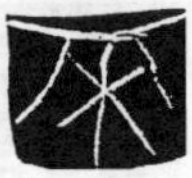	C 陶彙 6·181
226		D 璽彙 2559
227		B 望山 2·15
228		A 集粹

229  璽彙 1815

230  C 侯馬

231 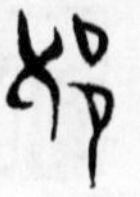 C 侯馬

232  D 陶彙 3·703

233  D 璽彙 0152

234 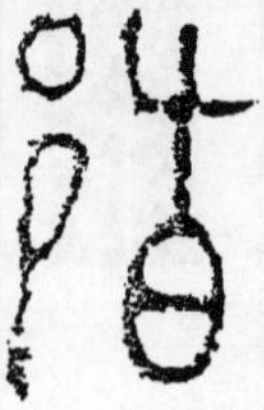 陶彙 9·52

235  E 璽彙 2240

236  D 陶彙 3·361

237		玉印 27
238		D 陶彙 3·815
239		璽彙 2083
		璽彙 2085
240		B 包山 68
241		D 陶彙 3·51
242		D 陶彙 3·788
243		B 包山 157
		B 包山 157 反
244		B 包山 88

245  B 析君戟

246  B 包山 143

247  D 陶彙 9·45

248  D 田齊銅量

249  璽彙 0481

250  璽彙 3689

251  A 十鐘

252  A 陶彙 5·280

253

D 陶彙 3·1174

254

D 陶彙 3·425

255

D 璽彙 3225

D 璽彙 3702

256

D 陶彙 3·846

D 陶彙 3·1344

257

D 陶彙 3·780

258

C 貨系 433

C 貨系 434

259

D 陳純釜

260

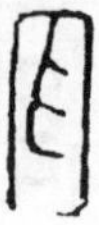

C 璽彙 2619

261

C 集粹

262

A 秦印

263
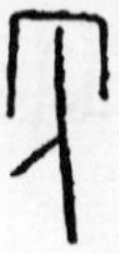
C 貨系 1839

264

C 貨系 706

265
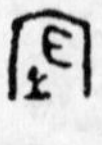
C 璽彙 0068

266

璽彙 5463

267

B 郭店·五行 13

B 郭店·五行 33

268

B 曾姬無卹壺

269  B 郭店・忠信 1  B 郭店・忠信 3

270  璽彙 2089

271  璽彙 3455

272  D 陶彙 3・781

273  璽彙 3840

274  璽彙 1443

275  璽彙 2867

276  A 赫連 15

277  E燕侯載簋

278  C陽安君鈹

279  璽彙 4121

280  D陶彙 3·1074

281  E燕下都 243·4

282  璽彙 0351

283  B包山 277

284  C中山方壺  C侯馬

285		璽彙 3151
		璽彙 3152
286		D 陶彙 3·1044
287		璽彙 3258
		璽彙 3308
288		D 陶彙 3·944
289		璽彙 5332
290		A 秦印
291	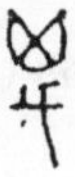	集粹
292	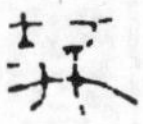	E 璽彙 0082

293  D 璽彙 0273

294  璽彙 3492

295  璽彙 2509

296  璽彙 1478

297  璽彙 3576

298  D 陶彙 3·74  D 陶彙 3·75

299  B 郭店・尊德 15

300  陶彙 3·940

301

A 集粹

302

A 十鐘

303

A 集粹

304

D 陶彙 3·609

305

璽彙 3488

306

D 陶彙 3·614

307

璽彙 1057

308

E 璽彙 1036

309  陶彙9·30

310  璽彙1785  璽彙3311

311  璽彙2276

312 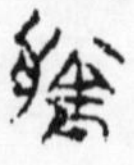 B 包山233

313  A 十鐘

314  冶□戈

315  侯馬

316  D 陶彙3·1237

317	 C 璽彙 1030  C 璽彙 1605  C 璽彙 2904
318	 璽彙 3896
319	 B 包山 102 反
320	 璽彙 1866
321	 D 陶彙 3·285
322	 E 燕下都 231·7
323	 璽彙 0331
324	 璽彙 2323

325		D 璽彙 0195		E 陶彙 4·1		E 陶彙 4·5		E 陶彙 4·17
326		C 侯馬						
327	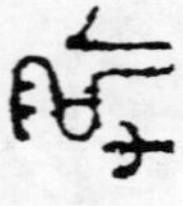	璽彙 5391						
328		璽彙 0883						
329		璽彙 5404						
330		D 陶彙 3·480						
331		E 燕下都 233·11						
332		璽彙 3487						

333	 璽彙 4682			
334	 B 郭店・忠信 5			
335	 B 隨縣鐘架	 B 隨縣鐘架	 B 隨縣鐘架	 B 隨縣鐘架
336	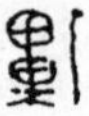 璽彙 3479	 璽彙 3755		
337	 D 璽彙 0330			
338	 A 香續			
339	 璽彙 5380			
340	 C 考古 1990.8			

341  B 㘳□鼎

342  B 㘳□鼎

343  集粹

344  E 陶彙 4·46

345  E 璽彙 3869

346  璽彙 2824

347  D 璽彙 3692

348  璽彙 5580

349  E 陶彙 4·44

350  C 璽彙 3524  津藝 17

351  C 璽彙 1532

352  璽彙 0691

353  D 璽彙 2303

354  D 璽彙 3681

355  D 陶彙 3·97

356  D 陶彙 3·469

編號	字形	出處
357		D 璽彙 0241
358		C 温縣
359		C 璽彙 0981
360	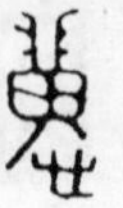	E 璽彙 2746
361		B 郭店・性自 33
362		D 璽彙 3560
363		E 燕侯載簋
364		C 廿九年高都令劍

365  子□子戈

366  D 陶彙 3·244

367  D 陶彙 3·168  D 陶彙 3·169

368  C 中山侯鉞

369  D 陶彙 3·788

370  E 璽彙 1650

371  D 陶彙 3·72

372  璽彙 0982  璽彙 1753  璽彙 3045  璽彙 3257

373  璽彙 1625

374  璽彙 5431

375  D 陶彙 3·272  D 陶彙 3·273

376  C 廿三年襄城令矛

377  D 陶彙 3·793

378  C 温縣

379  B 郭店·尊德 33

380  B 寒香

381  C 侯馬

382  D 陶彙 3・252

383  C 陶彙 9・23

384  D 陶彙 3・1118

385  璽彙 1462  璽彙 3112

386  D 陶彙 3・709

387  C 集粹

388  D 陶彙 3・110

389  D 陶彙 3·230

390 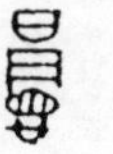 C 璽彙 1748

391  璽彙 3606

392  D 陶彙 3·946

393  B 包山 147

394  B 包山 90

395  D 陶彙 3·737

396  D 陶彙 3·443

397		D 陶彙 3・1126
398		璽彙 3656
399		A 秦陶 663
400		D 陶彙 3・1100
401		D 陶彙 3・231
402		D 陶彙 3・985
403		B 信陽 2・28
404		A 集證 202・69

405		璽彙3400
406		E 璽彙1675
407		C 侯馬
408	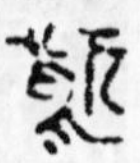	E 吉林188
409		璽彙0532
410		B 包山42
411		A 秦印
412		D 陶彙3·1304

413  B 包山 213  B 包山 227 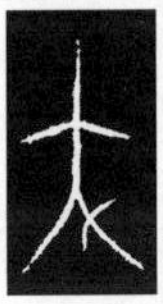 C 中山方壺  璽彙 3546

414  B 郭店・性自 31

415  C 陶彙 9・106

416  B 郭店・語叢 1・107  D 陶彙 3・1140

417  A 珍秦 34

418  B 信陽 2・8  B 包山 260

419  B 楚王孫漁戈

420  D 陶彙 3・1334

421	422	423	424	425	426	427	428
 璽彙 3334	 D 陶彙 3·328	 璽彙 3423	 璽彙 3413	 璽彙 2745	 璽彙 2599	 D 陶彙 3·806	 璽彙 3356

429	430	431	432	433	434	435	436
 D 陶彙 3·1346  D 陶彙 3·1347	 C 侯馬	 津藝 7  璽彙 1947	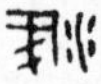 璽彙 1616	 璽彙 4120	 D 陶彙 3·1359  D 陶彙 3·1360	 璽彙 5518	 A 璽彙 5523

437

璽彙 3640

438

璽彙 0332

璽彙 1935

璽彙 1936

璽彙 3288

陶彙 9・4

439

璽彙 1156

440

集粹

441

璽彙 3670

442

C 璽彙 1042

C 璽彙 1624

C 陶彙 4・162

443

D 璽彙 0198

444

D 璽彙 0249

445

璽彙 0321

446

E 璽彙 0914

E 璽彙 1521

447
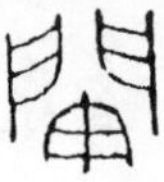
璽彙 5328

璽彙 5329

448
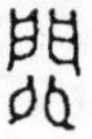
A 集粹

449

璽彙 0483

450

璽彙 0645

璽彙 1509

璽彙 3879

451

D 璽彙 1059

D 璽彙 2732

452		D 津藝 7
		璽彙 2792
		璽彙 3440
		E 璽彙 3816
453		D 陶彙 3·658
454		D 璽彙 0154
		D 璽彙 0157
		D 璽彙 0314
455		B 信陽 2·23
456		B 帛書乙
457		C 長子盉
458		B 望山 2·15
459		B 信陽 2·23

460

B包山竹牘

461

璽彙 5346

462

D陶彙 3·1342

463

C璽彙 1189

C璽彙 2623

464

E璽彙 4111

E璽彙 4116

E璽彙 4118

E璽彙 4123

465

E璽彙 3870

466

D陶彙 3·1192

467

璽彙 0342

468

E 璽彙 1229

E 璽彙 2286

E 燕下都 234·10

469

B 璽彙 0204

470

C 璽彙 0171

471

璽彙 1562

472

璽彙 0253

璽彙 1569

璽彙 2528

璽彙 3996

473

璽彙 2572

璽彙 3331

474

璽彙 0273

D 璽彙 0312

D 璽彙 0336

D 陶彙 3·381

475

A 陶彙 5·77

476  集粹

477  E 燕侯載戈  E 燕王職戈

478  璽彙 3621

479  璽彙 1868

480  璽彙 4138

481  E 璽彙 4101  E 璽彙 4104 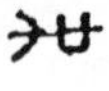 E 璽彙 4108  E 璽彙 4116

482  E 璽彙 4112  E 璽彙 4123

483  C 侯馬

484  C 璽彙 2944  C 璽彙 2945

485  C 璽彙 3845

486  B 郭店・語叢 4・18

487  A 雲夢・日甲 47 反

488  A 珍秦 125

489  A 秦印

490  B 仰天 13

491  D 十四年陳侯午敦

492		C 長子盉
493		C 長子盉
494		上官豆
495		B 郪陵君豆
496		B 包山 265
497		B 慈利楚簡
498		B 慈利楚簡
499		B 隨縣車䡞

500  B 楚□鼎

501  C 侯馬

502  B 楚王酓璋戈

503  吉大 8

504  璽彙 3210

505  璽彙 3925

506  璽彙 3324

507  D 璽彙 0193

508

B 璽彙 0311

509

璽彙 3575

510

B 璽彙 0333

511

B 璽彙 0358

512

D 陶彙 3·163

513

D 陶彙 3·432

514

璽彙 3395

515

B 集□爐

B 鑄客盉

516

B 鑄客盉

517

B 璽彙 1477

B 璽彙 3720

518

D 陶彙 3·796

519

D 陳純釜

520

E 璽彙 3478

521

D 陶彙 3·317

522

D 陶彙 3·1226

523

D 陶彙 3·348

524		D 陶彙 3·446
525		D 陶彙 3·491
526		D 陶彙 3·611
527		D 陶彙 3·52
528		D 陶彙 3·677
529		D 陶彙 3·679
530		B 隨縣 10
531		B 隨縣 128

532

B 隨縣 207

533

B 隨縣 84

B 隨縣 105

534

B 隨縣 67

535

B 隨縣 67

536

C 侯馬

537

B 隨縣 213

538

B 包山 46

539

B 包山 140

540  B 包山 86

541  B 包山 273

542  B 包山 109

543  B 信陽 2·24

544  B 信陽 2·4

545  B 信陽 1·45

546  A 五年相邦吕不韋戈

547  B 包山 70

548		B 包山 122
549		B 包山 72
550		B 包山 256
551		B 包山 277
552		B 包山 156
553		B 貨系 4172
554		B 璽彙 0311
555		B 璽彙 0161

556  C 中山守丘石刻

557  D 陳逆簋

558  B 璽彙 0280

559  B 包山 266

560  A 秦代印風 58

561  C 吉大 7

562  璽彙 2203

563  璽彙 1149

564		璽彙 2304
565		璽彙 0273
566		C 璽彙 3099
567		集粹
568		集粹
569	 璽彙 1230 	C 貨系 292
570		璽彙 3713
571		璽彙 5466

572		璽彙 3551
573		璽彙 0100
574		璽彙 0879
575		璽彙 0357
576		璽彙 2850
577		A 集粹
578		A 集粹
579		璽彙 1856

580  璽彙 0724  璽彙 2034

581  璽彙 5525

582  D 山東 166

583  D 陶彙 3·107

584  E 燕下都 231·6

585  E 燕下都 231·5

586 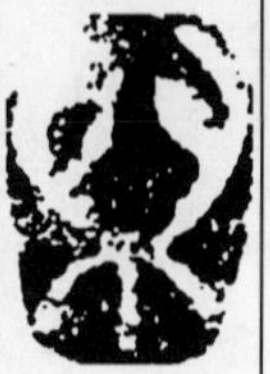 E 燕下都 237·6

587  E 燕下都 136·1

588		E 燕下都 242·8
589		封成 6
590		集粹
591		吉林 205
592		B 郭店・六德 16
593		B 郭店・六德 31
594		B 郭店・成之 24
595		B 郭店・唐虞 11

編號	字形	出處
596		B 郭店・尊德 13
597		B 郭店・尊德 34
598		B 郭店・六德 32
599		B 郭店・性自 64
600		璽彙 5473
601		璽彙 5499
602		璽彙 3028
603		璽彙 3359

604		璽彙 3497
605		璽彙 3375
606		璽彙 1250
607		璽彙 0284
608		璽彙 3255
609		璽彙 3471
610		璽彙 1867
611		璽彙 3600

612  璽彙 3458

613  璽彙 3479

614  璽彙 0260

615  璽彙 3690

616  集粹  璽彙 3240

617  璽彙 1876

618  香續 28

619  D 陳貺簋蓋

620  璽彙3441

621  璽彙0252

622  C 錢典84

623  A 集粹

624  璽彙4709

625  璽彙3594

626  璽彙0144

627  A 秦印

628  璽彙 1275

629  璽彙 0357

630  璽彙 3615

631  E 燕下都 137·4

632  璽彙 0461

633  璽彙 1484  璽彙 1991

634  璽彙 2727

635  璽彙 2802

636		璽彙 3246
637		璽彙 3909
638		璽彙 4895
639		璽彙 5437
640		D 陶彙 3·445
641		A 集粹
642		A 秦印
643		璽彙 0314

644  B 郭店・忠信 5

645  C 十二年邦司寇矛

646  右□□矛

647  C 集粹

648  B 郭店・五行 28  B 郭店・五行 31

649  B 郭店・五行 36

650  B 包山 85  B 郭店・語叢 4·26

651  B 包山 121

652		B 郭店・六德 22
653		B 郭店・語叢 2・14
654	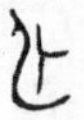	B 郭店・語叢 2・39
		B 郭店・語叢 2・47
655		B 郭店・語叢 2・44
656		璽彙 3940
657		C 侯馬
658		A 璽彙 3553
659		C 侯馬

編號	字形	出處
660		B 璽彙 5604
661		D 陶彙 3·101
662		璽彙 3049
663		A 考古與文物 1987.6
664		A 集粹
665		集粹
666		集粹
667		集粹

編號	字形	出處
668		C 六年安陽令矛
669		D 陶彙 3·817
670		D 陶彙 3·1263
671		C 幣編 283
672		璽彙 0334
673		璽彙 0245
674		璽彙 1331
675		璽彙 2086

676  璽彙3669

677  璽彙3637

678  璽彙3749

679  璽彙5432

680  輯存67

681  C 三年□令戈

682  A 輯存207

683  A 秦印

684		A石鼓文・霝雨
685		B幣編 298
686		B隨縣漆書
687		B信陽 2・13
688		B信陽 2・28
689		C長子盉
690		璽彙 0083
691		璽彙 3249

編號	字形	出處
692		B 璽彙 0219
693		璽彙 0241
694		D 璽彙 0312
695		D 陶彙 3·1228
696		C 璽彙 1674
697		A 秦印
698		B 鄂君啟舟節
699		D 陶彙 3·934

700		璽彙 0339
701	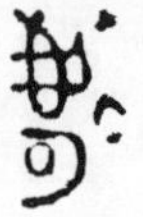	璽彙 0980
702		C 璽彙 0743
		C 璽彙 2993
703		璽彙 0284
704		璽彙 0714
705		E 燕節
		E 燕節
706		B 郭店・殘 22
707		璽彙 1316

708  D 陶彙 3·93

709  D 陳純釜

710  D 陶彙 3·1097

711  E 燕下都 221·6

712  E 悍矢形器

713  璽彙 5676

714  璽彙 5677

715  璽彙 5568

716		E 璽彙 5690
717		C 璽彙 0348
718		B 隨縣 171
719		D 陶彙 3·756
720		D 陶彙 3·775
721		D 陶彙 3·792
722		D 陶彙 3·794
723		D 陶彙 3·810

724  D 陶彙3·827

725  D 陶彙3·827

726  D 陶彙3·864

727  E 纕安君鈚

728  C 春平侯劍

729  A 六年漢中守戈

730  A 四年相邦儀戈

731  C 九年戈

732	733	734	735	736	737	738	739
 C 六年格氏令戈	 C 三年□令戈	 A 相邦冉戈	 B 包山 121	 B 包山 121	 B 包山 135	 B 包山 190	 B 隨縣 67  B 隨縣 115

740		B 帛書甲
741		B 帛書甲
742		璽彙 3574
743		璽彙 3521
744		璽彙 0614
745		璽彙 0069
746		璽彙 0411
747		璽彙 1329

748		璽彙 0629
749		璽彙 3409
750		璽彙 5445
751		璽彙 5413
752		璽彙 5402
753		璽彙 5396
754		璽彙 5428
755		璽彙 0574

756

璽彙 0616

757

璽彙 1256

758

璽彙 4708

璽彙 4709

759

璽彙 3571

760

B 文物 1988.6

761

璽彙 1588

762

C 貨系 0135

763

C 貨系 0129

764		A 玉印 28
765		A 玉印 28
766		璽彙 2499
767		璽彙 3318
768		璽彙 3823
769		C 三年付余令戈
770		璽彙 0546
771		璽彙 2979

772

璽彙 3301

773

璽彙 0053

774

D 陶彙 3·854

775

E 陶彙 4·54

776

D 陶彙 3·1288

777

D 陶彙 3·210

D 陶彙 3·213

778

C 陶彙 6·1

779

C 陶彙 6·222

780

E 陶彙 4·67

E 燕下都 239·7

781
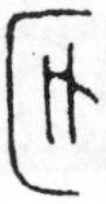
璽彙 3187

782

D 陶彙 3·1239

783

D 陶彙 3·1267

784

D 陶彙 3·1240

D 陶彙 3·1241

785

D 陶彙 3·1258

786

D 陶彙 3·1257

787

璽彙 3254

788

D 陶彙 3·1331

789

D 陶彙 3·5

790

A 秦陶 577

791

D 陶彙 3·1177

792

D 陶彙 3·970

D 陶彙 3·971

793

D 陶彙 3·268

794

B 璽彙 0163

795

D 陶彙 3·1230

796

C 陶彙 6·104

797

E 陶彙 4·72

E 陶彙 4·73

E 燕下都 462·13

798

C 陶彙 6·89

799

C 陶彙 6·87

C 陶彙 6·86

800

E 陶彙 4·57

801

E 陶彙 4·8

802

D 陶彙 3·49

803

E 陶彙 4·112

804  D 陶彙 3·441

805  D 陶彙 3·437

806  D 陶彙 3·703

807  D 陶彙 3·708

808  D 陶彙 3·708

809  D 陶彙 3·731

810  D 陶彙 3·732

811  D 陶彙 3·988

812  D 陶彙 3·730

813  D 陶彙 3·738

814  香續 88

815  D 陶彙 3·342

816  D 陶彙 3·345

817  D 陶彙 3·1158

818  D 陶彙 3·142

819  D 陶彙 3·177

820

D 陶彙 3·1139

821

D 陶彙 3·248

822

A 秦陶 1430

823

A 秦陶 403

824

C 陶彙 6·190

825

D 陶彙 3·995

826

C 陶彙 6·180

827

B 集□鼎

828

B 集□鼎

829

□客之官壺

830

C 錢典 65

831

陶彙 9・64

832

璽彙 5384

833

E 璽彙 0055

834

B 璽彙 5603

835

D 璽彙 2610

836

B 璽彙 5602

837

璽彙 5439

璽彙 5440

838

璽彙 1293

839

璽彙 1410

840

璽彙 1638

841

璽彙 1641

842

B 長沙銅量

843

B 璽彙 0164

844  B 郭店・老乙16

845  C 璽彙2938  C 璽彙2928  C 璽彙2942

846  璽彙5699

847  A 珍秦78

848  C 珍秦193

849  C 貨系0587

850  C 貨系0587

851  E 璽彙0369

852	853	854	855	856	857	858	859

C 四年咎奴令戈	B 璽彙 0144	璽彙 5434	璽彙 5436	璽彙 5444	璽彙 2551	璽彙 1953	C 璽彙 5447

860		璽彙 3318
861		D 璽彙 3685
862		B □戈
863		B □戈
864		B 四字戈
865		B 四字戈
866		B 四字戈
867		B 四字戈

868	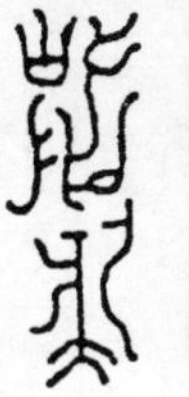	B 二字戈
869		B 二字戈
870		C 貨系 497
871		C 貨系 268
872		C 貨系 2282
873		C 貨系 2282
874		C 貨系 427
875	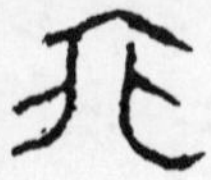	C 貨系 500

876

C 貨系 506

877

C 貨系 400

C 貨系 403

C 貨系 405

878

A 秦印

879

璽彙 0232

880

E 璽彙 0158

E 璽彙 0159

881

璽彙 0759

882

璽彙 1366

883

璽彙 2403

884		璽彙 3513
885		璽彙 3534
886		B 包山 164
887		B 郭店・尊德 14
888		B 包山 130
889		B 包山 155
890		B 包山 182
891		B 包山 95

892 
B 包山 60

893 
C 廿四年晉戈

894 
D 不□戈

895 
D 不□戈

896 
D 公孫竈壺

897 
B 包山 19

898 
B 隨縣 171

899 
C 安平守鈹

900

B 隨縣 171

901

B 隨縣 28

902

D 陶彙 3·958

903

D 陶彙 3·950

904

D 陶彙 3·950

905

D 陶彙 3·1077

906

D 陶彙 3·1046

907

D 陶彙 3·1047

908

D 陶彙3·1103

909

D 陶彙3·1043

910

C 陶彙6·115

911

C 陶彙6·116

912

E 陶彙4·43

913

D 陶彙3·678

914

E 陶彙4·77

915

E 陶彙4·127

916  D 陶彙 3·760

917  D 陶彙 3·1142

918  吉大 50

919  璽彙 3364

920  C 五年龔令思戈

921  C 五年龔令思戈

922  C 卅三年大梁戈

923  B 璽彙 0264

924	925	926	927	928	929	930	931

悍矢形器	悍矢形器	璽彙5373	D陶彙3·861	B包山16	D陶彙3·23	璽彙0315	B上海簡

			D陶彙3·862				

932

B 郭店・五行 32

933

A 十鐘

934

集粹

935

集粹

936

集粹

937
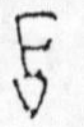
集粹

938
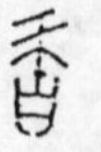
集粹

939
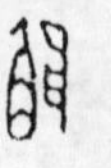
集粹

940  集粹

941  集粹

942  璽彙 3279

943  A 陶彙 5·452

944  A 考古與文物 2000.1

945  A 石鼓文·而師

946  璽彙 1355

947  璽彙 0760

948

璽彙 0709

949

璽彙 3633

950

D 陶彙 3·1124

951

D 陶彙 3·1114

952

D 陶彙 3·1063

953

D 陶彙 3·986

954

D 陶彙 3·364

D 陶彙 3·365

955

D 陶彙 3·961

D 陶彙 3·962

D 陶彙 3·960

956  D 陶彙 3·1133

957  D 陶彙 3·1091

958  D 陶彙 3 · 616

959  C 璽彙 2776

筆畫檢字表

一畫

二畫

三畫

四畫

五畫

六畫

七畫

八畫

九畫

十畫

美 377 梅 377 極 378 栖 378 林 381 桑 385 師 387 索 388 敖 388 華 391 圃 394 圂 395 員 396 財 397 貣 398 貢 404 貟 405 貤 405 都 412 郵 414 部 415

郪 417 郫 419 郰 421 郯 422 郭 423 郳 423 郮 424 郤 425 郘 427 郟 430 郚 432 郠 433 郲 434 郗 434 郢 434 郣 434 郬 435 郃 435 郔 435 郐 435 郝 435

旆 436 郗 436 郁 436 郹 437 郜 437 鄧 437 郿 437 郪 438 娜 438 鄘 439 郗 440 鄆 440 郗 440 鄘 440 郷 441 郔 442 郇 450 郗 450 郉 451 時 455 晉 456

晏 457 晐 460 軌 463 旆 465 旂 465 旅 466 旃 466 旄 466 冥 468 朔 470 胡 471 函 474 栗 475 秫 481 秩 482 租 484 秦 485 秱 486 香 486 兼 487 粉 489

氣 489 舀 491 舀 491 家 493 瓜 493 宨 495 宧 496 宴 498 容 499 宰 500 宵 502 害 504 宮 507 害 512 宨 512 躬 515 窋 516 窌 517 疾 518 病 519 疴 521

疻 523 疲 523 疸 524 疳 526 疶 526 疵 526 痃 526 疼 526 痂 526 痄 527 疴 527 疿 527 疬 527 疨 527 痒 536 冡 537 冣 537 罟 539 罛 541 帬 544 幗 545

帢 545 席 545 帨 546 帤 546 倓 551 倨 552 倗 552 俱 554 倚 554 敥 555 借 556 倌 558 俾 558 倍 559 倀 559 傷 560 倜 562 倅 562 倫 565 倡 565 偖 565

倜 565 叕 565 真 568 倠 568 㞕 569 衮 575 袗 575 袑 577 被 578 袓 579 衷 579 衰 580 袮 581 袿 581 袛 582 耆 584 毤 586 展 587 屖 588 般 591 朕 591

埕 891	紝 838	拲 796	浗 756	悒 719	坡 694	砌 638	舫 591
垎 891	紡 839	拏 796	淏 756	寥 720	跕 694	砧 638	尋 596
坙 891	納 839	捕 796	淲 756	悚 721	竝 696	豺 646	欬 600
竾 893	紑 846	捐 797	涅 757	悘 721	蛇 696	豹 646	欿 601
畝 896	紟 848	捍 798	涉 761	浙 734	竧 696	豻 647	欲 601
畛 897	紛 851	姬 800	流 761	涂 735	竘 698	馬 651	欷 601
留 897	紙 852	娭 804	原 763	涇 735	息 699	臭 667	剌 612
畔 897	紳 854	娌 806	扇 778	海 740	恕 704	狼 669	弱 613
畜 898	紩 855	嬰 806	庨 779	涓 741	恭 704	狃 670	彭 614
務 900	紘 855	娟 808	閔 783	渙 741	恩 704	猖 670	峇 617
勂 904	紻 855	妹 809	閉 784	浮 742	悭 708	狟 671	飦 617
埥 904	紼 857	娡 809	耿 786	浩 742	悍 709	狎 672	卿 618
毀 905	絣 866	戕 819	耿 789	浥 744	恁 709	虔 673	冢 620
釚 915	紋 866	或 822	耺 789	浦 745	悝 710	能 676	峑 627
料 929	絆 867	匿 827	戢 789	涗 749	悁 712	烒 680	㥄 627
軒 931	絅 867	匽 828	耶 789	浴 751	恚 712	臬 680	庫 628
軌 936	素 867	弱 833	聽 789	泰 752	悔 713	威 680	扉 633
陵 942	蚩 870	强 833	颐 790	浣 752	恙 714	皋 691	屠 634
陰 942	蚣 871	弢 833	拳 791	涑 752	恐 716	奉 691	破 637
陸 944	蚘 871	孫 834	捋 793	涕 753	恥 716	竘 693	砠 638
陷 945	蚑 871	純 837	捉 793	浨 756	恧 717	沼 694	砥 638

十二畫

十四畫

十五畫

十六畫

十七畫

二十畫

廿一畫

廿二畫

廿三畫

廿四畫

三十二畫

三十三畫

主要參考文獻

專著

《三代吉金文存》 羅振玉編 上虞羅氏集古遺文本 一九三七年版。
《商周金文録遺》 于省吾編著 科學出版社一九五七年版。
《殷周金文集成》 中國社會科學院考古研究所編 中華書局一九八四年版。
《商周青銅器銘文選》 馬承源主編 文物出版社一九九〇年版。
《中國古代度量衡圖集》 國家計量局等编 文物出版社一九八四年版。
《淅川下寺春秋楚墓》 河南省文物研究所等編 文物出版社一九九一年版。
《河北省出土文物選集》 河北省博物館 文物管理處編 文物出版社一九八〇年版。
《秦銅器銘文編年集釋》 王輝著 三秦出版社一九九〇年版。
《秦文字集證》 王輝著 臺北藝文印書館一九九九年版。
《吴越文字彙編》 施謝捷編著 江蘇教育出版社一九九八年版。
《中山王嚳器文字編》 張守中編著 中華書局一九八一年版。
《新出青銅器研究》 李學勤著 文物出版社一九九〇年版。
《古文字論集》 裘錫圭著 中華書局一九九二年版。
《唐蘭先生金文論集》 唐蘭著 紫禁城出版社一九九五年版。
《朱德熙古文字論集》 朱德熙著 中華書局一九九五年版。
《林澐學術文集》 林澐著 中國大百科全書出版社一九九八年版。

《兩周金文辭大系考釋》 郭沫若著 科學出版社一九五八年版。
《郭沫若全集·考古編九》 科學出版社一九八二年版。
《戰國銘文選》 湯餘惠 吉林大學出版社一九九三年版。
《戰國文字通論》 何琳儀著 中華書局一九八九年版。
《戰國古文字典》 何琳儀著 中華書局一九九八年版。
《睡虎地秦墓竹簡》 睡虎地秦墓竹簡整理小組編 文物出版社一九九〇年版。
《雲夢龍崗秦簡》 劉信芳 梁柱編著 科學出版社一九九七年版。
《秦簡文字編》 張世超 張玉春編著 日本中文出版社一九九〇年版。
《睡虎地秦簡文字編》陳振裕 劉信芳編著 湖北人民出版社一九九三年版。
《睡虎地秦簡文字編》 張守中編著 文物出版社一九九四年版。
《曾侯乙墓》 湖北省博物館編 文物出版社一九八九年版。
《信陽楚墓》 河南省文物研究所編 文物出版社一九八六年版。
《望山楚簡》 湖北省文物考古研究所 北京大學中文系編 中華書局一九九五年版。
《包山楚簡》 湖北省荊沙鐵路考古隊編 文物出版社一九九一年版。
《江陵九店東周墓》 湖北省文物考古研究所編 科學出版社一九九五年版。
《九店楚簡》 湖北省文物考古研究所 北京大學中文系編 中華書局二〇〇〇年版。
《郭店楚墓竹簡》 荊門市博物館編 文物出版社一九九八年版。
《湖北出土商周文字輯證》 黄錫全著 武漢大學出版社一九九二年版。
《楚帛書》 饒宗頤 曾憲通著 中華書局香港分局一九八五年版。
《楚系簡帛文字編》 滕壬生編著 湖北教育出版社一九九五年版。
《古璽彙編》 羅福頤主編 文物出版社一九八一年版。

《古璽文編》　羅福頤主編　文物出版社一九八一年版。
《秦漢南北朝官印徵存》　羅福頤主編　文物出版社一九八七年版。
《故宫博物院藏古璽印選》　羅福頤主編　文物出版社一九八二年版。
《上海博物館藏印選》　上海書畫出版社編　上海書畫出版社一九七九年版。
《湖南省博物館藏古璽印集》　湖南省博物館編　上海書店一九九一年版。
《吉林大學藏古璽印選》　吉林大學歷史系文物陳列室編　文物出版社一九八七年版。
《吉林出土古代官印》　張英等編　文物出版社一九九二年版。
《香港中文大學文物館藏印集》　王人聰編　一九八〇年版。
《香港中文大學文物館藏印續集二》　王人聰編　一九九六年版。
《珍秦齋古印展》　蕭春源編　澳門市政廳一九九三年版。
《古玉印精萃》　韓天衡　孫慰祖編　上海書店一九八九年版。
《平庵考藏古璽印選》　日·加滕慈雨樓　臨川書店一九八〇年版。
《中國璽印集粹》　日·菅原石廬　二玄社一九九五年版。
《天津市藝術博物館藏古璽印選》　李東琬主編　文物出版社一九九七年版。
《山東新出土古璽印》　賴非主編　齊魯書社一九九八年版。
《十鍾山房印舉》　陳介祺編　中國書店一九八五年影印本。
《鐵雲藏印初集》　劉鶚編　抱殘守缺齋鈐印本。
《鐵雲藏印續集》　劉鶚編　抱殘守缺齋鈐印本。
《金薤留珍》　蔣溥編　故宫博物院鈐印本。
《澂秋館印存》　陳寶琛編　上海書店一九八八年版。
《十六金符齋印存》　吳大澂藏輯　上海書店一九八九年版。

《吉金齋古銅印譜》何昆玉藏輯　上海書店一九八九年版。
《齊魯古印攈》高慶齡藏輯　上海書店一九八九年版。
《續齊魯古印攈》郭裕之藏輯　上海書店一九八九年版。
《璽印集林》林樹臣編　上海書店一九九一年版。
《赫連泉館古印存》羅振玉藏輯　上海書店一九八八年版。
《方氏集古印譜》方雨樓藏輯　鈐印本。
《古璽通論》曹錦炎著　上海書畫出版社一九九六年版。
《秦代印風》許雄志主編　重慶出版社一九九九年版。
《善齋吉金録》劉體智編著　一九三四年　石印本。
《古封泥集成》孫慰祖主編　上海書店一九九四年版。
《古陶文彙編》高明編著　中華書局一九九〇年版。
《古陶文字徵》高明　葛英會編著　中華書局一九九一年版。
《秦代陶文》袁仲一編著　三秦出版社一九八七年版。
《燕下都》河北省文物研究所編　文物出版社一九九六年版。
《侯馬盟書》山西省文物工作委員會編　文物出版社一九七六年版。
《中國歷代貨幣大系・先秦貨幣》汪慶正主編　上海人民出版社一九八八年版。
《古錢大辭典》丁福保編著　中華書局一九八二年版。
《三晉貨幣》朱華著　山西人民出版社一九九四年版。
《燕下都東周貨幣聚珍》石永士　石磊編著　文物出版社一九九六年版。
《古幣文編》張頷編纂　中華書局一九八六年版。
《東亞錢誌》日・奥平昌洪編　東京巖波書店。

《中國錢幣大辭典·先秦卷》　朱活主編　中華書局一九九五年版。
《古幣叢考》　何琳儀著　臺北文史哲出版社一九九六年版。
《古錢新探》　朱活著　齊魯書社一九八四年版。
《長沙子彈庫戰國楚帛書研究》　李零著　中華書局一九八五年版。
《楚地出土文獻三種研究》　饒宗頤　曾憲通著　中華書局一九九三年版。
《〈古璽文編〉校訂》　吴振武　吉林大學博士學位論文　一九八四年。
《略論戰國文字形體研究中的幾個問題》　湯餘惠　吉林大學博士學位論文　一九八四年。
《古文字構形研究》　劉釗　吉林大學博士學位論文　一九九一年。
《石鼓文綜論》　賴炳偉　吉林大學碩士學位論文　一九九二年。
《隸定古文疏證》　徐在國　吉林大學博士學位論文　一九九七年。
《楚文字編》　李守奎　吉林大學博士學位論文　一九九七年。
《先秦布幣出土地整理及相關問題研究》　吴良寶　吉林大學碩士學位論文　一九九八年。

期刊　雜誌

《文物參考資料》
《文物》
《考古通訊》
《考古》
《考古學報》
《考古學集刊》
《文物資料叢刊》

《考古與文物》
《中原文物》
《華夏考古》
《江漢考古》
《文物研究》
《文物春秋》
《文物季刊》
《東南文化》
《遼海文物學刊》
《湖南考古輯刊》
《中國錢幣》
《內蒙古金融研究·錢幣專刊》
《簡帛研究》
《故宫博物院院刊》
《中國歷史博物館館刊》
《中國文字》
《上海博物館集刊》
《出土文獻研究》
《古文字研究》
《中國古文字研究》
《華學》

《國學研究》
《印林》
《文博》
《中國文物報》
中國古文字研究會歷屆年會論文

後記

本書是李學勤先生和湯餘惠先生的國家『八五』社科重點項目成果。課題的研究，湯先生自己做了大量工作，後因身體狀況欠佳之故，本書編纂工作便由我們幾位學生協助完成。編纂工作很辛苦，但我們很愉快。因爲跟隨湯先生從事这項工作是一個學習和吸取知識的機會，從中我們分享到了收獲的喜悦。

初稿完成後，湯先生認真審閲了兩遍，做了大量的修改。可是湯先生没能來得及在本書卷首或卷後向讀者説幾句話，没能看到樣書，便匆匆離世了。这是本書的遺憾，也是我們的遺憾。但湯先生爲本書所耗費的心血和所做的貢獻，將永遠留存在本書每一頁裏。

李學勤先生對本項工作給予了大力支持和幫助，撥冗審閲書稿，提出寶貴意見並作序；本書還得到了許多老師、同學的關心和幫助，吸取了學界朋友和前輩們的學術成果，在此我們表示衷心的感謝。書中若有不妥之處，完全是我們幾位學生疏失所致，懇望廣大讀者指正。

賴炳偉　徐在國　吴良寶　二〇〇一年十二月